wednesd.
8 ¹⁵
home
267- 2273
wk.
727 - 4712.

Alice Miller

I begynnelsen var uppfostran

Översättning av Philippa Wiking

Wahlström & Widstrand   Stockholm 1986

Tyska originalets titel: Am Anfang war Erziehung
Fackgranskning av Emmy Gut
© 1980 Alice Miller, Zollikerberg
Alle rechte vorbehalten

Tryckt hos Grafica i Malmö AB, 1986
ISBN 91-46-14024-7
Sjunde tryckningen

Innehåll

Fruktan, vrede och sorg – men inga skuldkänslor – på vägen till försoning

Det är helt naturligt att själen vill ha sin vilja, och om man inte under de två första åren går riktigt till väga, har man sedan svårt att nå målet. Dessa första år har bland annat också den fördelen att man då kan använda våld och tvång. Barnen glömmer med åren allt som de varit med om under sin tidigaste barndom. Kan man då förta dem viljan så minns de senare aldrig mer att de har haft en vilja, och den hårdhet man måste tillgripa får därför heller inga skadliga följder.

(1748)

Olydnad är detsamma som en krigsförklaring mot er personligen. Er son vill beröva er herraväldet, och det är fullt befogat om ni driver ut våld med våld för att befästa ert anseende, utan vilket ingen uppfostran kan ske. Denna aga får inte vara någon lek utan måste övertyga honom om att ni är hans herre.

(1752)

Bibeln säger (Syrak 30:1): "Den som älskar sin son, han spar icke på riset, på det att han till slut må få glädje av honom."

(1902)

Framför allt påpekades det alltid för mig att jag ofördröjligen skulle uppfylla eller utföra alla önskemål eller föreskrifter som föräldrarna, läraren, prästen, ja alla vuxna, även tjänstefolket gav uttryck åt, och inte låta någonting hindra mig. Vad dessa sade var alltid rätt. Dessa uppfostringsprinciper har gått mig i blodet.

(Auschwitzkommendanten Rudolf Höss)

Vilken lycka för de styrande att människor inte tänker.

(Adolf Hitler)

Förord

Man har kritiserat psykoanalysen för att den i bästa fall bara kan hjälpa en privilegierad minoritet, och det bara under mycket speciella omständigheter. Denna kritik är också berättigad så länge frukterna av den genomförda analysen blir förbehållna ett fåtal privilegierade. Men så behöver det inte vara.

Reaktionerna på min bok *Det självutplånande barnet* visade mig att motståndet mot det jag har att säga ingalunda är större bland lekmän – tvärtom mindre i den unga generationen – än bland fackfolk, och att det följaktligen är meningsfullt och nödvändigt att det vetande som man vunnit genom analyser av ett fåtal inte lagras i bibliotek utan läggs fram för allmänheten. För mig personligen betydde denna insikt att jag beslöt mig för att ägna de närmaste åren av mitt liv åt författarskap.

Jag skulle framför allt vilja skildra sådana processer som utspelas överallt i livet, utanför den psykoanalytiska situationen, men som man kan få en djupare förståelse av tack vare de psykoanalytiska rönen. Det betyder nu inte att man har en färdig teori som man "tillämpar på samhället". För att verkligen förstå en människa tror jag att jag måste höra och känna vad hon säger mig utan att komma henne till mötes med teorier. Men genom djuppsykologiskt arbete med andra och med sig själv får man en inblick i människosjälen som man bär med sig överallt i livet och som skärper ens sensibilitet även utanför samtalsrummet.

Att det som händer med ett barn under de första levnadsåren oundvikligen återverkar på hela samhället, att psykoser, narkotikaberoende och kriminalitet är förtäckta uttryck för de tidigaste livsupplevelserna, det är något som ännu inte alls har ingått i det allmänna medvetandet. Man bestrider detta faktum eller medger det intellektuellt, samtidigt som de praktiska tillvägagångssätten (inom politiken, rättsväsendet eller psykiatrin) alltjämt behärskas av medeltida föreställningar och projektioner av det onda. Intellektet kommer inte åt känslorna. Är det möjligt att nå emotionell insikt med hjälp av en bok? Det vet jag inte, men förhoppningen att läsandet hos en eller annan ska sätta igång en inre process förefaller mig så pass välgrundad att det är värt att försöka.

Den här boken har sitt upphov i min önskan att gå närmare in på alla brev jag fått från läsare av *Det självutplånande barnet*. Dessa brev har betytt mycket för mig men jag har inte kunnat besvara alla personligt. Det har delvis, men inte enbart, berott på tidsbrist. Jag har märkt att jag måste vara mera utförlig i framställningen av mina tankar och erfarenheter från senare år, därför att jag inte kan hänvisa till en föreliggande litteratur. Ur kollegers sakkunniga frågor och ur intresserade personers allmänmänskliga frågor har två problemkomplex utkristalliserats för mig: å ena sidan min teoretiska syn på den tidiga barndomens verklighet, som skiljer sig från psykoanalysens driftmodell, å andra sidan nödvändigheten av att tydligare markera skillnaden mellan skuldkänslor och sorg. Detta hänger nämligen ihop med den brännande fråga som allvarliga och ambitiösa föräldrar så ofta ställer: Vad kan vi göra för våra barn när vi väl har fått klart för oss hur starkt upprepningstvånget påverkar våra liv?

Jag tror inte att recept och råd är till någon större hjälp, åtminstone inte när det är fråga om omedvetet beteende, och därför ser jag det inte som min uppgift att *vädja till föräldrarna* att såvitt möjligt behandla sina barn annorlunda. I stället vill jag försöka klargöra sammanhangen, ge *bildmässig och känsloanknuten information åt barnet i den vuxne*. Så länge detta barn inte får veta vad som hänt det, är en del av dess känsloliv infruset och dess lyhördhet för barndomens förödmjukelser är försvagad.

Man kommer ingen vart med vädjanden till kärlek, solidaritet och barmhärtighet *om denna viktiga förutsättning för medmänsklig känsla och förståelse saknas.*

För professionella psykologer är detta faktum av speciell betydelse. Utan empati kan de inte hjälpa patienterna med sin sakkunskap, hur mycket tid de än ägnar dem. Lika lite förmår föräldrarna förstå sina barn, även om de är välutbildade och har gott om tid för barnen, ifall de är emotionellt främmande för sin egen barndoms lidande. Däremot kan en yrkesarbetande mor i vissa fall på ett ögonblick fatta sitt barns situation, om hon är fri och öppen för det i sitt inre.

Jag ser det alltså som min uppgift att väcka ett allmänt medvetande om den tidiga barndomens lidande, och detta vill jag försöka göra på två plan. Det är hela tiden det barn som den vuxne läsaren en gång varit som jag vänder mig till. I första delen ger jag en framställning av den "svarta pedagogiken", dvs de uppfostringsmetoder som våra föräldrar och far- eller morföräldrar utsattes för. Hos många läsare kommer kanske det första kapitlet att väcka känslor av vrede och raseri som kan komma att visa sig mycket hälsosamma. I den andra delen av boken skildrar jag tre olika människors barndom, en narkotikamissbrukares, en politisk ledares och en barnamördares. Dessa utsattes själva under sin barndom för svåra förödmjukelser och misshandel. Framför allt i två av fallen bygger jag på deras egna beskrivningar av sin barndom och sina vidare öden och skulle vilja hjälpa läsaren att uppfatta dessa skakande vittnesbörd med mitt analytiskt tränade öra. Samtliga dessa tre människoöden vittnar om uppfostrans förödande inverkan, om hur den förintar det levande och utgör en fara för samhället. Även inom psykoanalysen finns spår av den pedagogiska inställningen, särskilt i driftmodellen. Från början hade jag planerat att låta en undersökning av detta tema ingå som ett kapitel i den här boken, men med tanke på omfånget måste det få anstå till ett senare tillfälle och publiceras för sig. I det sammanhanget kommer jag då att avgränsa mina tankegångar från de olika psykoanalytiska teorierna och modellerna tydligare än jag hittills har kunnat göra.

Den här boken har växt fram ur min inre dialog med läsarna av *Det självutplånande barnet* och ska ses som en fortsättning på den. Men man kan också läsa den utan att ha läst den föregående boken. Om de förhållanden som här beskrivs skulle leda till skuldkänslor i stället för till sorg gör läsaren klokt i att ta del också av det tidigare arbetet. Vid läsningen är det viktigt att tänka på att det inte är bestämda personer som avses, då det talas om föräldrar och barn,

12 Förord

utan bestämda *tillstånd, situationer och rättsförhållanden* som angår oss alla, eftersom alla föräldrar en gång har varit barn och de flesta av dem som idag är barn en gång kommer att bli föräldrar.

Till sist vill jag här uttala min tacksamhet till några människor utan vilkas hjälp den här boken inte hade kommit till, åtminstone inte i sin nuvarande form.

Vad uppfostran egentligen är blev jag fullt medveten om först när jag upplevde dess fullständiga motsats i min andra analys. Därför vill jag rikta ett särskilt tack till min andra analytiker, Gertrud Boller-Schwing, författare till en enastående bok om erfarenheter med intagna patienter (*Der Weg zur Seele des Geisteskranken*, Racher, 1940). För henne var *varandet* alltid viktigare än *beteendet*, och hon försökte varken uppfostra mig eller undervisa mig, inte direkt och inte heller "mellan raderna". Just tack vare denna erfarenhet blev det möjligt för mig att lära mig mycket om min allra innersta egenart och bli sensibel för den pedagogiska atmosfär som omger oss.

Otaliga samtal med min son, Martin Miller, har också spelat en mycket viktig roll i denna kunskapsprocess. Om och om igen har han gjort mig medveten om min generations från barndomen inrotade, omedvetna uppfostringstvång. Själv har jag befriats från detta tvång delvis just tack vare det rena och klara uttryck han givit sina upplevelser, och befrielsen kunde ske först när jag blivit lyhörd för de raffinerade och knappt märkbara nyanserna i den pedagogiska attityden. Många av de tankar jag här lägger fram har jag diskuterat igenom med min son innan jag skrivit ned dem.

Lisbeth Brunner har varit till ovärderlig hjälp för mig med utskriften av manuskriptet. Hon har inte bara maskinskrivit det utan spontant reagerat på varje kapitel med intresse och inlevelse och alltså varit min första läsare.

Slutligen har jag haft turen att hitta en redaktör som helt förstått mitt syfte, nämligen Friedhelm Herborth vid Suhrkamps förlag. Han har aldrig varit hårdhänt med texten utan endast föreslagit sådana språkliga justeringar som kunnat göras utan att den ursprungliga innebörden förändrats. Denna varsamhet i umgänget med orden och respekten och förståelsen för en annans tankar upplevde

jag redan i samband med min första bok som en oväntad gåva.
Tack vare dr Siegfried Unselds personliga engagemang i *Det självutplånande barnet* och hans stora insatser har mina arbeten inte slukats av ett fackförlag utan kunnat nå vidare kretsar av så kallade "patienter", dvs lidande människor, som de från början skrivits för. Redaktionen för facktidskriften Psyche avböjde publicering av den första av de tre uppsatserna i *Det självutplånande barnet* och andra förläggare var den gången inte heller särskilt intresserade, och det är alltså den förståelse mina arbeten mött hos Suhrkamps förlag som möjliggjort utgivningen på tyska.

Uppfostran — förföljelse av det levande

Den "svarta pedagogiken"

Straffet följde i stor stil. I tio dagar, längre än något samvete kunde orka med, signade min far sitt barns utsträckta, fyraåriga handflator med en hård käpp. Sju slag om dagen på var hand: det gör etthundrafyrtio slag och vad mer är, det gjorde slut på barnets oskuld. Vad som kan ha hänt i paradiset, med Adam, Eva, Lilit, ormen och äpplet, den bibliska rättfärdighetens ljungeld, den allsmäktiges rytande och hans förvisande finger – om detta vet jag ingenting. Det var min far som drev ut mig därifrån.

Chr. Meckel (1980), s 59

Den som frågar efter vår barndom vill veta något om vår själ. Om frågan inte bara är en tom klyscha och om frågaren har tålamod att lyssna, kommer han att få veta att vi med fasa älskar och med oförklarlig kärlek hatar det som har berett oss den största smärtan och mödan.

Erika Burkart (1979), s 352

Inledning

Varje förälder som inte lever i en fullständig förljugenhet vet av egen erfarenhet hur svårt det kan te sig för en människa att tolerera vissa sidor hos sitt barn. Detta är särskilt smärtsamt när man älskar barnet och verkligen skulle vilja hysa aktning för dess egenart men inte kan det. Storsinthet och tolerans är ingenting som man kan uppnå med hjälp av intellektuellt vetande. Om det inte är möjligt för en att medvetet uppleva och bearbeta det förakt som man själv visats i sin barndom, kommer man att ge det vidare. En rent intellektuell kunskap om lagarna för barnets utveckling skyddar oss inte mot irritation eller vrede när barnets beteende inte motsvarar våra föreställningar eller behov, för att inte tala om när det hotar våra försvarsmekanismer.

Helt annorlunda är det för barn: De har inget förflutet som står i vägen och *deras tolerans* mot föräldrarna *saknar gräns*. I barnets kärlek är varje medveten eller omedveten själslig grymhet hos föräldrarna skyddad för upptäckt. Vilka krav man saklöst kan ställa på ett barn kan man utan svårighet bilda sig en uppfattning om i nyare barndomsskildringar (jfr t ex B. Ph. Ariès, 1960; L. de Mause, 1974; M. Schatzman, 1978; I. Weber-Kellermann, 1979; R. E. Helfer och C. H. Kempe, [utg] 1978).

Om barn förr utsattes för misshandel, utnyttjades och förföljdes, så tycks de på senare tid mer ha drabbats av psykisk grymhet, en grymhet som dolt sig bakom det välmenande ordet "uppfostran". Eftersom uppfostran hos många folk börjar redan i spädbarnsåldern, i den fas då mor och barn är symbiotiskt knutna till varandra, uppstår en tidig betingning som gör att barnet knappast kan upptäcka det rätta förhållandet. Barnets beroende av föräldrarnas kärlek gör det även senare omöjligt för det att förstå de traumatiseringar som ofta livet igenom döljer sig bakom de första årens idealisering av föräldrarna.

Fadern till den paranoida patienten Schreber, som Freud beskrivit, skrev ett flertal böcker om pedagogik vid mitten av 1800-talet, och dessa blev så populära i Tyskland att de gavs ut i upp till fyrtio upplagor och blev översatta till flera andra språk. I dessa böcker betonas det alltid att man måste börja uppfostra barnet så tidigt som möjligt, redan i femte månaden, om man ville "befria" det från skadligt "ogräs". Jag har stött på liknande åsikter i föräldrars brev och dagböcker. För en utomstående belyser de klart orsakerna till de svåra sjukdomar som drabbat deras barn, som längre fram blivit mina patienter. Till en början kunde dessa emellertid inte få något ut av dessa dagböcker. Det krävdes långvarig och djup analys innan de över huvud taget kunde se den verklighet som dagböckerna skildrade. Först måste de frigöra sig från banden med föräldrarna och utveckla sin egen avgränsade personlighet.

Övertygelsen om att föräldrarna alltid har rätten på sin sida och att varje medveten eller omedveten grymhet är uttryck för deras kärlek är så djupt rotad i människan därför att den går tillbaka på de första levnadsmånadernas internaliseringar, till tiden före separationen från objektet.

Två citat ur dr Schrebers råd för uppfostrare från år 1858 kan illustrera hur det kunde gå till:

De första prövningar som de andligt-pedagogiska principerna måste hålla stånd mot kan anses vara de lynnesutbrott hos de små som tar sig uttryck i omotiverat *skrikande* och *gråtande* ... Har man förvissat sig om att inget verkligt behov, inget obehag eller smärttillstånd, ingenting sjukligt föreligger, så kan man vara säker på att skrikandet är uttryck just för *dåligt humör*, är ett infall, det första tecknet på *egensinne.* Man får nu inte som i början förhålla sig enbart avvaktande mot det utan måste redan nu ingripa mera positivt: genom ett snabbt *avvändande av uppmärksamheten, stränga ord, hotfulla åtbörder, bultande på sängen* ... eller om detta inte hjälper – genom naturligt avpassade lätta, *kroppsligt kännbara förmaningar,* som med små pauser upprepas tills barnet lugnat sig eller somnat ... En sådan procedur behöver bara förekomma *en eller högst två gånger,* sedan är man *för alltid herre över barnet.* Därefter *räcker en blick, ett ord, en enda hotfull åtbörd* till för att *styra barnet.* Man betänke här att man därigenom bevisar barnet självt den största *välgärning,* i det att man besparar det många stunder av oro som menligt inverkar på dess tillväxt och befriar det från alla sådana inre plågoandar som i annat fall lätt kan utbreda sig och bli allt svårutrotligare livsfiender (jfr Schatzman, 1978, s 32 f.).

Dr Schreber vet inte att det egentligen är sina egna impulser han bekämpar i barnet, och för honom råder det inget tvivel om att det enbart är i barnets intresse han utövar sin makt:

Om föräldrarna härvid förblir trogna sig själva kommer de snart att få sin *lön genom uppkomsten av det goda tillstånd* varvid *barnet nästan genomgående kan styras endast med en blick från föräldrarna* (jfr a.a., s 36).*

* Kursiveringar i citaten här och i det följande är gjorda av Alice Miller.

Så uppfostrade barn märker ofta inte ens på gamla dagar när de utnyttjas av en annan människa, bara denna talar "vänligt" med dem.

Man har ofta frågat mig varför jag i Det självutplånande barnet mest talar om mödrar och så sällan om fäder. Barnets viktigaste referensperson under det första levnadsåret kallar jag "mor". Det behöver inte vara dess biologiska mor, eller ens en kvinna.

I min förra bok var jag angelägen om att visa på det faktum att de stränga, föraktfulla blickar som spädbarnet möts av kan bidra till uppkomsten av svåra störningar, bl a perversioner och tvångsneuroser, i vuxen ålder. I familjen Schreber var det inte den köttsliga modern som "med blickar" styrde de båda sönerna i deras späda ålder utan fadern. Båda sönerna led senare av psykiska sjukdomar med förföljelsemani.

Jag har hittills aldrig befattat mig med sociologiska teorier om faders- respektive modersroller.

Under senare tid händer det allt oftare att fadern övertar en del av de positiva modersfunktionerna och visar barnet ömhet, värme och inlevelse i dess behov. Vi upplever nu en period då det, till skillnad från den patriarkaliska familjens epok, pågår ett sunt experimenterande med könsrollerna, och på detta stadium har jag svårt att tala om faderns eller moderns "sociala roll" utan att förfalla till traditionella normativa kategorier. Jag kan bara säga att varje litet barn behöver en empatisk, inte härskande, människa (likgiltigt om det är far eller mor) som ledsagare.

Man kan göra oerhört mycket med ett barn under dess första två levnadsår, böja det, förfoga över det, bibringa det goda vanor, tukta och straffa det utan att det händer uppfostraren något, utan att barnet hämnas. Förutsättningen för att barnet ska kunna övervinna den oförrätt man tillfogar det utan svåra följder är att det kan värja sig, dvs artikulera sin smärta och vrede. Men om barnet inte ges tillfälle att reagera på sitt eget sätt därför att föräldrarna inte kan tåla dess reaktioner (skrik, sorg, ilska) utan förbjuder dem med hjälp av blickar eller andra uppfostrande åtgärder, då lär sig barnet att vara stumt. Stumheten blir visserligen en garanti för uppfostringsprincipernas effektivitet, men den döljer i sig stora *risker för den senare utvecklingen*. Om adekvata reaktioner på utståndna kränkningar, förödmjukelser och våld i vidaste mening måste *utebli*, kan dessa upplevelser inte integreras i personligheten, känslorna får aldrig utlopp och behovet att artikulera sig blir aldrig tillfredsställt. Det finns inget hopp om att någonsin kunna artikulera dessa omedvetna trauman med tillhörande känslor, och det är denna *hopplöshet* som leder till svår psykisk nöd för de flesta människor. Neurosens upphov ligger som bekant inte i de verkliga händelserna utan i tvånget att tränga bort dem. Jag ska försöka påvisa att denna tragik inte bara bidrar till uppkomsten av neuroser.

Att driftsbehoven måste undertryckas ingår som ett led i det massiva förtryck mot individen som samhället utövar. Men eftersom detta förtryck inte börjar utövas först mot den vuxne utan mot barnet redan under dess första levnadsdagar genom ofta välmenande föräldrar, kan individen längre fram inte upptäcka spåren av detta förtryck hos sig själv utan hjälp. Det är som om en människa fått ett brännmärke på ryggen som hon aldrig kan se utan spegel. En sådan spegel erbjuder bl a den analytiska situationen.

Psykoanalys är och förblir ett privilegium för ett fåtal, och dess terapeutiska resultat ifrågasätts ofta. Men om man många gånger och med olika människor har upplevt vilka krafter som frigörs när följderna av uppfostran undanröjs, när man ser hur dessa krafter överallt annars måste ta sig destruktiva uttryck och förstöra det levande i sig själva och hos andra eftersom man från späd ålder har lärt sig att betrakta det som något fult och farligt, då vill man gärna förmedla till samhället något av de erfarenheter man fått i den analytiska situationen. Om det låter sig göra är en öppen fråga. Men samhället har rätt att, om det över huvud är möjligt, få veta vad som egentligen sker i analytikernas kammare. Det som här kommer i dagen är nämligen inte bara en privatsak för några sjuka eller förvirrade människor utan något som angår oss alla.

Hatets smittohärdar
(Pedagogiska skrifter från två århundraden)

Jag har länge frågat mig hur jag ska kunna ge en åskådlig och inte bara rent intellektuell framställning av vad som i många fall tillfogas barn vid livets början och vilka konsekvenser detta har för samhället. Frågan är hur jag ska kunna skildra det som människor upptäcker om sin tidigaste barndom genom årslånga mödosamma rekonstruktionsarbeten. Det är svårt att beskriva, och därtill kommer den gamla konflikten: Å ena sidan har jag tystnadsplikt, å andra sidan är jag övertygad om att här finns det en lagbundenhet, och kunskapen om den får inte vara förbehållen ett fåtal invigda. Vidare känner jag till den ej analyserade läsarens avvärjande inställning, skuldkänslorna som infinner sig när det talas om grymhet utan att vägen till sorg ännu är öppnad. Vad ska man då ta sig till med denna sorgliga kunskap?

Vi är så vana vid att uppfatta allt vi hör som föreskrifter och moralpredikningar att vi ofta upplever även ren information som förebråelse och därför inte kan ta emot den. Vi värjer oss med all rätt mot nya krav om man alltför tidigt och ofta med våld ställt för stora moraliska anspråk på oss. Kärlek till nästan, osjälviskhet, offervilja – det låter så vackert, men dessa ord kan vara en förklädnad för stor grymhet redan därför att de tvingas på barnet vid en tidpunkt då det omöjligt kan finnas förutsättningar för osjälviskhet. Tvånget gör ofta att förutsättningarna kvävs i sin linda och kvar blir en livslång ansträngning. Den liknar en alltför hård mark där ingenting kan växa. Enda hoppet att tvinga fram den begärda människokärleken ligger i uppfostran av de egna barnen mot vilka man då obönhörligt riktar samma krav.

Av denna anledning vill jag avhålla mig från varje form av moraliserande. Jag vill uttryckligen inte säga att man ska göra respektive inte göra det eller detta. Jag anser att sådana förmaningar inte tjänar någonting till. I stället vill jag inrikta mig på att visa upp hatets rötter, som endast få människor tycks ha upptäckt, och att söka förklaringen till att de är så få.

Medan jag var sysselsatt med dessa frågor fick jag i mina händer Katharina Rutschkys *Schwarze Pädagogik* (1977). Det är en samling pedagogiska skrifter, och där beskrivs alla tekniker för en tidig betingning till att inte märka vad som egentligen händer med en. Här bekräftas klart och tydligt de rekonstruktioner som jag under ett

långvarigt analytiskt arbete kommit fram till. Jag kom då på idén att
välja ut några stycken ur detta utmärkta men mycket omfångsrika
arbete och sammanställa dem så att läsaren med hjälp av dem på
egen hand och helt personligt kan besvara en del frågor som jag
skulle vilja ta upp, framför allt följande: Hur uppfostrades våra för-
äldrar? Vad behövde och fick de göra med oss? Hur hade vi kunnat
märka det som små? Hur hade vi kunnat handla annorlunda med
våra egna barn? Kan denna onda cirkel någonsin brytas? Och till
sist: Är skulden mindre om man blundar?

Det kan inte uteslutas att det jag skulle vilja uppnå med dessa
texter antingen inte alls är möjligt eller är helt överflödigt. För om
en människa inte vågar se en sak måste hon se förbi den, missförstå
den eller på något sätt värja sig mot den. Men om den redan är till-
gänglig för henne, då behöver hon inte få veta den igen genom mig.
Denna bedömning är riktig, men trots det vill jag inte ge upp min
plan. Jag anser att det är meningsfullt att försöka, även om det för
närvarande bara finns ett fåtal läsare som kan dra nytta av dessa
citat.

Detta urval av texter avslöjar enligt min uppfattning tekniker
som tjänat till att dressera inte bara "vissa barn" utan mer eller
mindre *oss alla* (men framför allt våra föräldrar och förfäder) till
att inte märka. Jag använder här ordet "avslöja" trots att dessa
skrifter inte var hemliga utan allmänt utbredda och utgivna i många
upplagor. Ändå kan en människa idag läsa ut ur dem sådant som
angår henne personligen och som var fördolt för hennes föräldrar.
Vid läsningen får hon kanske en känsla av att ha kommit en hemlig-
het på spåren, något nytt men ändå välbekant, som hittills har för-
dunklat och samtidigt bestämt hennes liv. Det upplevde jag person-
ligen vid läsningen av *Schwarze Pädagogik*. Dess spår i de psyko-
analytiska teorierna, i politiken och i vardagens oräkneliga tvång
framstod plötsligt tydligare för mig.

Det som sedan gammalt bereder uppfostraren störst sorg är barnets
"halsstarrighet", egensinne och trots och dess häftiga känslor. Det
betonas ständigt att man inte kan börja nog tidigt med fostran till
lydnad. Som exempel kan vi betrakta följande utläggning av J.
Sulzer:

Vad *egensinnet* beträffar så yttrar det sig som en naturlig egenskap redan i den tidiga barndomen så snart barnen med sitt beteende kan visa vad de vill. De ser något som de gärna vill ha, men de kan inte få det. Då blir de förbittrade och skriker och fäktar. Eller också ger man dem något som inte passar. Det kastar de ifrån sig och börjar skrika. Sådant är *farliga oarter* som hindrar hela uppfostran och inte leder till något gott hos barnen. Om egensinne och elakhet inte utrotas kan man omöjligt ge ett barn en god uppfostran. Så snart dessa fel alltså yttrar sig hos ett barn är det *hög tid att sätta stopp för det onda* så att det inte blir en svår vana som alldeles förstör barnen.

Jag råder alltså alla som har att göra med barnuppfostran att ta det som sin *huvuduppgift att driva ut egensinne och elakhet* och att arbeta med det *tills de har nått målet.* Som jag ovan påpekat kan man inte *resonera* med omyndiga barn, utan egensinnet *måste fördrivas på mekanisk väg*, och det finns då inget annat medel än att visa barnen att man menar allvar. Ger man en gång efter för deras egensinne så är det redan nästa gång starkare och svårare att utrota. Har barnen en gång märkt att de kan få sin vilja fram genom vredesutbrott och skrik så dröjer det inte länge förrän de åter använder samma medel. Till sist regerar de sina föräldrar och sköterskor och får ett elakt, egensinnigt och odrägligt lynne, varigenom de därefter kommer att plåga och trakassera sina föräldrar så länge de lever som en välförtjänt lön för den goda uppfostran. Är det däremot så lyckligt att föräldrarna *redan från början* genom allvarliga bannor och *med riset fördriver egensinnet,* då får de lydiga, fogliga och snälla barn, som de sedan kan ge en god uppfostran. Vill man lägga en god grund för uppfostran får man inte ge upp utan arbeta tills man ser att egensinnet är borta, ty det får absolut inte finnas kvar. Ingen skall inbilla sig att man kan åstadkomma något gott med uppfostran innan dessa två huvudfel är undanröjda. Arbetet blir då förgäves. Det är nödvändigt att först lägga grunden.

Dessa två saker är alltså det som man först och främst bör ge akt på under *det första året av uppfostran.* När barnen väl har blivit över ett år och alltså kan börja förstå och tala lite är det också andra saker att tänka på, dock alltid med den förutsättningen att *egensinnet är huvudföremålet för allt arbete till dess att det är helt utrotat.* Huvudsyftet är alltid att göra barnen till rättskaffens, anständiga människor, och detta huvudsyfte bör föräldrarna städse ha i tankarna så ofta de betraktar sina barn, så att de *tar varje tillfälle i akt att arbeta med dem*. De måste alltid ha levande för sig den skiss eller avbild av ett på dygd inriktat sinnelag som jag ovan framställt, så att de vet vad de har att göra. Det första och mest grundläggande som man nu har att tillse är att man inplantar kärlek till ordning hos barnen: Det är det första som krävs av en dygdig människa. *Under de tre första åren* kan detta emellertid liksom allt annat som man företar sig med barnen inte ske annat än på ett rent mekaniskt sätt. Allt man företar sig med barnen måste ske enligt regler för god ordning. Ätande och drickande, klädedräkt, sömn och över huvud taget hela det lilla hushållet för barnen måste vara ordentligt och aldrig på minsta sätt ändras efter deras egensinne eller nycker. Från den tidigaste barndomen måste de lära sig att helt rätta sig efter ordningsreglerna. Den ordning man vänjer dem vid har otvivelaktigt ett inflytande på sinnelaget, och om barnen som helt små får vänja sig vid en god ordning så *kommer de att uppfatta den som något helt naturligt*; *de vet inte längre att den är något som man skickligt har lärt dem*. Om man för att tillmötesgå ett barn skulle ändra ordningen för dess lilla hushåll allt efter barnets nyck, så skulle det komma att tro att det inte var så viktigt med ordningen utan att den kan rättas efter våra nycker. Det vore en fördom vars skadliga inverkan skulle sträcka sig långt in i det moraliska livet, som man lätt kan förstå av det som ovan sagts om ordningen. När man väl kan tala med barnen bör man vid varje tillfälle framställa ordningen för dem som något heligt och orubbligt. Om de vill något som strider mot ordningen bör man säga till dem: Mitt kära barn, detta är omöjligt, det är mot ordningen, den får vi aldrig överskrida, el. dyl. ...

Det andra huvudstycke som man måste beflita sig om vid uppfostran redan under andra och tredje året är en noggrann lydnad mot föräldrar och överordnade och en barnslig förnöjsamhet med allt som de gör. Dessa egenskaper är inte bara oundgängligen nödvändiga för en framgångsrik fostran, de har också ett starkt inflytande på uppfostran över huvud taget. De är nödvändiga för uppfostran därför att de inger sinnet ordning och underdånighet under lagarna. Ett barn som är vant att lyda sina föräldrar kommer också när det blir fritt och får styra sig självt att gärna underkasta sig förnuftets lagar och regler, *emedan det redan har blivit vant att inte handla efter sin egen vilja*. *Denna lydnad är så viktig att hela uppfostran egentligen inte är annat än inlärning av lydnad*. Det är en allmänt erkänd grundsats att högt uppsatta personer, som förbereds för uppgiften att regera hela stater, måste lära sig konsten att regera genom lydnad. *Qui nescit obedire, nescit imperare.* Detta beror just på att lydnaden gör människan skickad att följa lagarna, något som är en regents första dygd. Sedan man alltså först har arbetat med att fördriva egensinnet från barnens späda sinnen bör det huvudsakliga arbetet sedan inriktas på lydnad. Att inprägla lydnad i barn är emellertid inte så alldeles lätt. Det är helt naturligt att själen vill ha sin vilja fram, och *om man inte har skött saken rätt under de första två åren* är det svårt att därefter uppnå målet. *Dessa första år har bland annat den fördelen att man då kan använda våld och tvång. Barnen glömmer med åren allt som de upplevde under sin tidigaste barndom.* Om man då kan *beröva barnen viljan, så minns de senare aldrig mer att de haft en vilja, och den stränghet som man får lov att tillämpa får därför heller inga skadliga följder.*

Redan från början, så snart barnen kan lägga märke till något, måste man alltså såväl i ord som i handling visa dem att de måste underkasta sig föräldrarnas vilja. *Lydnaden består i att barnen 1. gärna gör vad de blir tillsagda, 2. gärna låter bli vad man förbjuder dem och 3. finner sig i de föreskrifter man ger dem.* (Ur: J. Sulzer, *Versuch von der Erziehung und Unterweisung der Kinder,* ²1748, cit. efter Katharina Rutschky [utg], *Schwarze Pädagogik* [i det följande = KR], s 173 f).

Det är förvånande att se hur mycket psykologisk kunskap denne pedagog som levde för 200 år sedan ägde. Det är alldeles riktigt att barn med åren glömmer allt som de råkat ut för under sin tidigaste barndom. "De minns senare aldrig mer att de haft en vilja" – det stämmer. Men fortsättningen på denna mening stämmer tyvärr *inte, nämligen att den stränghet som man får lov att tillämpa inte får några skadliga följder.*

Det förhåller sig tvärtom. Jurister, politiker, psykiatrer, läkare och fångvaktare sysslar i hela·sitt liv med dessa *skadliga följder,* oftast utan att veta om det. Vid psykoanalys ägnas år av arbete åt att treva sig fram till deras ursprung, men när det lyckas medför det faktiskt befrielse från symtom.

Lekmän kommer ofta med den invändningen att det finns människor som bevisligen har haft en svår barndom men ändå inte blivit neurotiska och att andra som har växt upp i så kallade "trygga förhållanden" ändå blir psykiskt sjuka. Det skulle då tyda på medfödda anlag och ifrågasätta hemmets inflytande. Ovan citerade avsnitt kan hjälpa oss att förstå hur detta misstag har kunnat (och kommer att?) uppstå i alla sociala grupper. Neuroser och psykoser är nämligen inte direkta följder av faktisk frustration, utan uttryck för bortträngda trauman. Om det framför allt går ut på att *uppfostra barn så att de inte märker* vad man tillfogar dem, vad man tar från dem, vad de förlorar, vilka de kunde ha varit och vilka de över huvud är, och om denna uppfostran sätts in tidigt nog, så kommer den vuxne senare att oaktat sin intelligens uppleva andras vilja som sin egen. Hur kan han veta att hans egen vilja har blivit knäckt, att han aldrig har fått uppleva den? Och ändå kan han bli sjuk av det. Ett barn som har upplevt svält, flykt, bombangrepp men som därvid har känt att föräldrarna tagit det på allvar som en särskild person och respekterat det, ett sådant barn blir inte sjukt på grund av dessa verkliga trauman. För det barnet är det rentav möjligt att behålla minnen av dessa upplevelser (därför att de upplevts tillsammans med positivt inställda referenspersoner) och låta dem berika sin inre värld.

Nästa ställe, av J. G. Krüger, röjer varför det var (och är) så viktigt för fostrarna att energiskt bekämpa "halsstarrigheten".

Enligt min uppfattning bör man aldrig slå ett barn för fel som det begår av svaghet. Den enda last som förtjänar stryk är *halsstarrigheten.* Det är alltså orätt att slå barn i samband med inlärning, det är också orätt om man slår dem för att de har ramlat, det är orätt om man slår dem när de av misstag har förstört något, det är orätt om man slår dem för att de gråter. Det är däremot *rätt och billigt* att slå dem för alla dessa förseelser, ja också för andra småsaker *om de gör dem av elakhet.* Om er son inte vill lära sig något som ni vill att han skall, när han gråter av trots, när han förstör något för att reta er, kort sagt, *när han är obstinat:*
>   *Dann prügelt ihn, dann lasst ihn schrein:*
>   *Nein, nein, Papa, nein, nein!*
Ty *en sådan olydnad är liktydig med en krigsförklaring mot er själv.* Er son *vill ta ifrån er herraväldet, och det är helt befogat att ni fördriver våld med våld,* för att hävda er auktoritet, förutan vilken ingen upp-

fostran kan äga rum. Slagen får inte utdelas bara på lek, utan vara avsedda att *övertyga honom om att ni är hans herre.* Därför bör ni heller aldrig sluta förrän han gör det som han förut av elakhet vägrade göra. Om ni inte är noga med detta, så har det utkämpats en strid där hans elaka hjärta har triumferat och beslutat sig för att inte heller i framtiden bry sig om de slag han får och inte underkasta sig föräldrarnas herravälde. Men om han första gången erkänner sig besegrad och ödmjukar sig inför er så har han tappat lusten att på nytt visa sig uppstudsig. Ni måste emellertid noga ta er i akt för att vid bestraffningen låta er gripas av vrede. *Barnet kommer nämligen att vara skarpsynt nog att upptäcka er svaghet och betrakta straffet som ett utslag av vrede i stället för ett skipande av rättvisa.* Om ni inte kan behärska er så överlåt hellre bestraffningen åt någon annan, men inskärp att den inte får avbrytas förrän barnet har efterkommit sin fars vilja och kommer och ber er om förlåtelse. *Denna förlåtelse bör ni,* som Locke mycket riktigt påpekar, inte förvägra barnet, men ändå visa honom en viss kyla till dess att han *genom fullständig lydnad har gottgjort sin tidigare förseelse* och visat att han är besluten att vara *en trogen undersåte till sina föräldrar.* Om man bara från början uppfostrar barn med *tillräcklig klokhet så kommer det säkert sällan att bli nödvändigt att tillgripa sådana våldsamma medel,* men det blir svårt att förändra barn som man får hand om när de redan vant sig att få sin vilja fram. Många gånger kan man dock, särskilt om de är äregiriga, undvara aga om man till exempel *låter dem gå barfota, vara hungriga och passa upp vid bordet, eller på annat sätt låter straffet bli kännbart för dem.* (Ur: J. G. Krüger, *Gedanken von der Erziehung der Kinder,* 1752, cit. efter KR, s 170 f.)

Här sägs allting rent ut. I nyare pedagogiska böcker framträder uppfostrarens härskarambitioner inte lika öppet. Man har hunnit utveckla en mer förfinad argumentering för att bevisa nödvändigheten av aga för barnets bästa. Men i de citerade verken talas det ännu öppet om "herravälde" och "trogna undersåtar" etc., och därmed avslöjas också den sorgliga verklighet som tyvärr existerar än i dag. Motiven för agan är nämligen alltjämt desamma: Föräldrarna kämpar med sina barn om den makt som de förlorade till sina egna föräldrar. *De första levnadsårens hotade situation, som de inte minns* (jfr Sulzer), *upplever de för första gången hos de egna barnen, och först här värjer de sig, ofta kraftigt, mot den svagare.* Det är anledningen till de otåliga rationaliseringar som hållit i sig ända in i vår tid. Trots att det *alltid* är av inre skäl, dvs på grund av egen nöd, som föräldrar misshandlar sina barn gäller det som en självklar sak i vårt samhälle att denna behandling tjänar barnens bästa. Man lägger ner stor möda på denna bevisföring, något som redan det vittnar om hur dubbelbottnad den är. All psykologisk erfarenhet talar mot den, men ändå förs den vidare från generation till generation.

Det måste därför finnas emotionella orsaker som är mycket djupt förankrade i alla människor. Ingen skulle i längden kunna förkunna några "sanningar" som stred mot fysikaliska lagar (t ex att det vore hälsosamt för barn att springa omkring i baddräkt på vintern och päls på sommaren) utan att göra sig löjlig. Men det är inte alls ovanligt att tala om nödvändigheten av aga, förödmjukelse och översitteri, fast naturligtvis med väl valda ord som "tuktan", "fostran" och "inpräglande av goda vanor". I de följande avsnitten ur *Schwarze Pädagogik* framgår det vilken vinning uppfostraren drar ur denna ideologi för sina dolda, aldrig erkända behov. Det förklarar också det starka motståndet mot de obestridliga kunskaper som man under de senaste årtiondena har lyckats samla om psykologisk lagbundenhet.

Det finns många goda böcker som handlar om skadliga och grymma former av uppfostran (t ex B. E. von Braunmühl, L. de Mause, K. Rutschky, M. Schatzman, K. Zimmer). Allt detta vetande har ändå bara i ringa utsträckning kunnat förändra den allmänna uppfattningen. Vad beror det på? Jag har tidigare sysslat med de många individuella orsaker till detta motstånd som finns, men jag anser att man i behandlingen av barn också kan påvisa en *allmängiltig, psykologisk lagbundenhet* som det gäller att upptäcka: den vuxnes maktutövning över barnet, som mer än något annat kan hållas dold och obestraffad. Upptäckten av denna så gott som allestädes närvarande mekanism är ytligt sett mot allas intresse (vem vill avstå från möjligheten av att avreagera sig uppdämda affekter och genom rationaliseringar skaffa sig ett gott samvete?), men den är absolut nödvändig för våra efterkommandes skull. Ju lättare det blir att med teknikens hjälp ta livet av tusentals människor genom att trycka på en knapp, desto viktigare är det att uppenbara *hela sanningen* om hur en sådan önskan att utsläcka miljontals människoliv kan uppstå. Aga är bara en form av misshandel, den är *alltid* förnedrande därför att barnet inte får försvara sig mot den utan ska vara tacksam och vördnadsfull mot föräldrarna. Men utom prygelstraff finns det en hel skala raffinerade åtgärder "för barnets bästa" som är svåra att genomskåda för barnet och som därför ofta har förödande verkan på hans senare liv. Vad sker t ex i vårt inre när vi som vuxna försöker leva oss in i känslorna hos ett barn som uppfostrades på följande sätt av P. Villaume:

Om barnet ertappas på bar gärning, är det inte så svårt att *avlocka det en bekännelse*. Det vore lätt att säga till honom: Den och den har sett att du har gjort så och så. Men jag skulle hellre tillråda en omväg, och det finns flera sådana.

Man frågar ut barnet om dess sjukliga tillstånd. Man har fått honom att erkänna att han känner vissa smärtor och besvär som man beskriver för honom. Jag fortsätter:

– Du ser, mitt barn, att jag känner till vad du lider, jag har ju beskrivit det för dig. Du ser också att jag märker ditt tillstånd. Jag vet mer: Jag vet vad du kommer att få lida i framtiden, och det ska jag tala om för d'g. Hör på. Ditt ansikte kommer att skrumpna och din hud blir brun, händerna börjar darra och du får en massa små bulnader i ansiktet. Ögonen blir matta, minnet försvagas och förståndet blir avtrubbat. Du tappar aptiten, sover dåligt, är aldrig glad osv.

Det finns knappast något barn som inte blir förskräckt över detta. Vidare:

– Jag ska berätta mer för dig, hör noga på! Vet du varifrån alla dina lidanden kommer? Du kanske inte vet det, *men jag vet. Det är ditt eget fel! – Jag ska tala om för dig vad du gör i hemlighet.* Ser du osv. Ett barn som inte här under tårar erkänner måste vara helt förstockat.

Den andra vägen till sanningen är följande: Detta stycke har jag hämtat från de Pedagogiska Förhandlingarna.

Jag ropade på Heinrich. – Hör på, Heinrich, ditt anfall har gjort mig ganska betänksam. (Heinrich hade haft några anfall av fallandesjuka.)

Jag har grubblat över vad det kan ha för orsak, men jag kan inte komma på det. Tänk efter: vet du ingenting om det?

H. – Nej, jag vet inget. (Han kunde väl ingenting veta, ty ett barn vet

i ett sådant fall inte vad det gör. Detta var också bara en inledning till det som skulle komma.)
– Det är ju märkvärdigt! Har du kanske blivit väldigt varm och sedan druckit för häftigt?
H. – Nej, ni vet ju att jag inte har varit ute på länge annat än när ni tagit mig med.
– Jag kan inte begripa det. Jag har förstås hört om en pojke på ungefär tolv år (Heinrich var så gammal) – det var mycket sorgligt, han dog till sist.
(Uppfostraren beskriver här Heinrich själv under ett annat namn och gör honom förfärad.)
– Han fick också plötsligt sådana där ryckningar som du och sade att det kändes som om någon kittlade honom våldsamt.
H. – O Gud! Jag ska väl inte dö ändå? För mig känns det också så.
– Och ofta tappade han andan vid kittlandet.
H. – Det gör jag också. Det har ni väl sett? (Av detta förstår man att det stackars barnet faktiskt inte visste orsaken till sitt besvär.)
– Sedan började han skratta våldsamt.
H. – Nej, nu blir jag rädd, jag vet inte vad det beror på.
(Det här med skrattet hittade uppfostraren på, kanske för att dölja sin avsikt. Mig förefaller det att det hade varit bättre om han hade hållit sig till sanningen.)
– Det fortsatte en stund, men till sist blev skrattet så våldsamt och ihållande att han kvävdes och dog.
(Allt detta berättade jag fullständigt likgiltigt, fäste inget avseende vid hans svar utan försökte med miner och åtbörder ge sken av att det hela bara var ett vänskapligt samtal.)
H. – Dog han av skratt? Kan man dö av skratt?
– Javisst, du hör ju det. Har du inte skrattat så där våldsamt någon gång? Då får man svårt att andas och ögonen tåras.
H. – Ja, det vet jag.
– Nåja, då kan du tänka dig att om det hade hållit på väldigt länge så hade du inte kunnat stå ut med det. Du kunde sluta därför att det som fick dig att skratta tog slut eller inte verkade så lustigt längre. Men för den här stackars pojken fanns det ingen yttre orsak som fick honom att skratta, utan orsaken var en retning av nerverna som han inte med sin egen vilja kunde få att upphöra. Så länge den varade fortsatte han att

skratta, och det ledde till slut till döden.
H. – Stackars pojke! Vad hette han?
– Han hette Heinrich.
H. – Heinrich! – (Han stirrade på mig.)
(Likgiltigt) – Ja. Han var son till en köpman i Leipzig.
H. – Jaså. Men vad berodde det på då?
(*Den frågan ville jag gärna höra.* Förut hade jag gått fram och tillbaka i rummet, men nu stannade jag och *såg skarpt på honom för att riktigt kunna iaktta honom.*)
– Vad tror du, Heinrich?
H. – Jag vet inte.
– Jag ska tala om för dig vad orsaken var. (Följande ord uttalade jag långsamt och eftertryckligt.) Pojken hade sett någon annan som skadade sin kropps finaste nerver och i samband med det gjorde märkliga rörelser. Den här pojken härmade efter detta, utan att veta att det var skadligt. Han njöt så av det att han till sist genom sin handling satte nerverna i kroppen i rörelse på ett onormalt sätt och försvagade dem så att det ledde till hans död. (Heinrich hade blivit alldeles röd och var påtagligt generad.) – Hur är det fatt, Heinrich?
H. – Äsch, ingenting.
– Får du ett sådant där anfall igen?
H. – Nej då. Tillåter ni att jag går härifrån?
– Varför då, Heinrich? Trivs du inte här hos mig?
H. – Jodå, men –
– Nå?
H. – Äsch, ingenting.
– Hör på Heinrich, jag är ju din vän. Var nu uppriktig. Varför har du blivit så röd och så orolig av att höra om den här stackars pojken som så olyckligt råkade förkorta sitt liv?
H. – Röd? Nej, jag vet inte – Jag tycker synd om honom.
– Inget annat? – Nej, Heinrich, det måste finnas en annan orsak, ditt ansikte förråder det. Du blir ännu oroligare? Var nu uppriktig Heinrich. *Genom uppriktighet behagar du Gud, vår käre Fader och alla människor.*
H. – O Gud – (Han började gråta överljutt och var så ömklig att även jag fick tårar i ögonen – han såg det, tog min hand och kysste den häftigt.)
– Nå, Heinrich, varför gråter du?

H. – O Gud!
– Ska jag bespara dig din bekännelse? Inte sant, du har gjort just det
som den där stackars pojken gjorde?
H. – O Gud! Ja.
Denna senare metod är kanske att föredra framför den förra, *när man
har att göra med barn med mild och svag karaktär*. I den andra finns
det en hårdhet som direkt angriper barnet. (P. Villaume, 1787, cit.
efter KR. s 19 f.).

Inga känslor av harm och vrede över denna förljugna manipulering
kan uppstå hos barnet i en sådan situation. Han genomskådar näm-
ligen inte manipuleringen. Han kan bara känna fruktan, skam, osä-
kerhet och hjälplöshet, och dessa känslor blir eventuellt snart bort-
glömda, ifall barnet hittar ett offer i sin tur. Liksom andra uppfost-
rare ser Villaume medvetet till att hans metoder inte uppdagas:

Man bör också uppmärksamt iaktta barnet, dock så att *det ingenting
märker,* annars gömmer det sig, blir misstänksamt och man kan inte alls
komma åt det. I och för sig leder också skammen över ett sådant be-
teende alltid till hemlighetsmakeri, varför saken ingalunda är lätt.

Om man *smyger sig efter* ett barn *(alltid obemärkt)* överallt, och sär-
skilt till hemliga ställen, kan det hända att man kan *gripa det på bar
gärning.*

Man låter barnen gå till sängs tidigare – *när de då just har somnat* tar
man helt *försiktigt av dem täcket* för att se efter hur händerna ligger
eller om det syns några tecken. Likadant på morgonen, innan de är
vakna.

Barn drar sig undan och gömmer sig för de vuxna, särskilt om de har
en känsla eller aning om att deras hemliga förehavanden är omoraliska.
Av den anledningen vill jag tillråda att uppgiften att iaktta överlåts åt
någon kamrat eller, när det gäller det kvinnliga könet, en ung väninna
eller trogen tjänsteflicka. Givetvis måste en sådan iakttagare vara in-
vigd i hemligheten eller vara av en ålder och karaktär som gör att man
utan risk kan meddela den. Dessa kan nu *under sken av vänskap* (och
det vore i sanning en stor väntjänst) *iaktta barnen.* Jag vill råda till att
iakttagarna, om man litar helt på dem och det eljest krävs för iakttagel-
sen, *sover i samma säng som barnen.* I sängen försvinner lätt skam och

misstro. I varje fall *dröjer det inte länge förrän de små förråder sig genom ord eller handlingar*. (P. Villaume, 1787, cit. efter KR, s 316 f.)

Ett medvetet användande av förödmjukelse för att *tillfredsställa fostrarens behov* förstör barnets självmedvetande och gör det hämmat och osäkert, men detta prisas som en välgärning.

Det behöver knappast sägas att fostrarna själva inte så sällan genom att oförståndigt framhäva barnets talanger väcker och underblåser dess inbilskhet. Ofta är de själva bara stora barn, fulla av samma inbilskhet ... Nu gäller det att åter undanröja inbilskheten. Det är nämligen en svaghet som, om den inte i tid bekämpas, blir inrotad och i samverkan med andra själviska drag kan bli ytterst farlig för det moraliska livet, frånsett att en till högmod stegrad inbilskhet måste te sig obehaglig eller löjlig för andra. Dessutom begränsar den också fostrarens möjligheter att påverka barnet, eftersom den inbilske redan menar sig kunna det som fostraren vill lära honom eller uppmana till eller i varje fall lätt kunna inhämta det. Varningar betraktas som överdriven ängslan, förebråelser som uttryck för vresig stränghet. Då är *förödmjukelse det enda som hjälper*. Men hur ska den utformas? Framför allt *utan många ord*. Över huvud taget är ord inte det bästa medlet att grundlägga och utveckla moralen och avskaffa omoral. De duger bara som bihang till en mera djupgående behandling. Allra minst kan omständliga förmaningar och långa straffpredikningar, beska satirer och bittert hån leda till målet. De förra tråkar ut och trubbar av, de senare skapar bitterhet och förstämning. Den djupaste kunskapen ger livet. *Man bör alltså föra in den inbilske i förhållanden där han blir medveten om sina brister* utan att fostraren behöver säga ett ord. Den som är otillbörligt stolt över sina kunskaper *bör sysselsättas med uppgifter som han ännu inte alls är vuxen*, och man bör därför också låta honom hållas när han försöker flyga för högt men bör vid sådana försök inte tåla något ofullgånget och ytligt. Den som skryter med sin flit får i stunder av slapphet en allvarlig men kort påminnelse om sin försumlighet, och man påpekar för en sådan redan vid läxläsningen varje utelämnat eller felaktigt skrivet ord. Härvid ska man *bara se till att eleven inte anar någon särskild avsikt*.

Lika effektivt är det om fostraren ofta låter sin elev komma i närheten av stora och förnäma personer. För en begåvad gosse ställer man upp

män ur den levande omgivningen eller ur historien, vilka utmärkt sig
för en långt mer glänsande begåvning och uträttat beundransvärda ting
tack vare den, eller sådana som utan att ha lysande andliga gåvor ändå
genom järnhård flit höjt sig högt över det talangfullt flyhänta. Inte heller
här ska man naturligtvis dra några uttryckliga paralleller med eleven,
som säkert redan i sitt inre gjort sådana jämförelser. När det gäller en-
bart yttre företräden kan det till sist vara effektivt att peka på dessas
bräcklighet och förgänglighet genom att vid lämpliga tillfällen göra an-
knytningar. *Åsynen av en ung människas lik, nyheten om ett företags fall
verkar ofta mer förödmjukande än upprepade förmaningar och före-
bråelser.* (Ur K. G. Hergang [utg], *Pädagogische Realenzyklopädie*,
²1851, cit, efter KR, s 412 f).

Den grymma behandlingen döljer sig bakom en mask av vänskap-
lighet:

När jag en gång frågade en skollärare hur han bar sig åt för att få bar-
nen att lyda honom utan aga svarade han: Jag försöker genom hela mitt
uppförande övertyga mina elever om att jag vill dem väl och genom
exempel och liknelser visar jag dem att det är *till skada för dem själva
om de inte lyder mig.* Vidare belönar jag *den tjänstaktigaste, den fogli-
gaste, den flitigaste* på lektionerna genom att *ge honom företräde fram-
för de andra.* Jag frågar honom mest, jag låter honom läsa upp sin upp-
sats för de andra, jag låter honom skriva på tavlan när det behövs. Det
skapar hos barnen en iver att utmärka sig, att bli den som får företräde.
Om sedan någon någon gång har gjort sig förtjänt av ett straff så för-
bigår jag honom på lektionerna, jag ger honom inga frågor, *jag låter
honom inte läsa, jag behandlar honom som om han inte var närvarande.
I allmänhet blir barnen så illa berörda av detta att de straffade fäller
heta tårar,* och om det någon gång är någon som inte låter sig påverkas
av sådana milda åtgärder så måste jag förvisso aga honom, men jag
gör *då förberedelserna för exekutionen så långa att de plågar honom
mer än själva slagen.* Jag agar honom inte i den stund då han har gjort
sig förtjänt av straffet utan *skjuter upp det till följande dag eller dagen
därefter.* Det medför två fördelar, dels att mitt blod under tiden avkyls
och jag blir lugn och kan avgöra hur jag *bäst ska gripa mig an* med
saken, och vidare *känner den lille syndaren straffet tiodubbelt* inte bara

på ryggen utan också *genom att hela tiden tänka på det.*

När dagen för bestraffningen är inne håller jag genast efter morgon-bönen ett dystert tal till samtliga barn och talar om för dem att det idag är en sorglig dag för mig därför att jag på grund av en av mina kära elevers olydnad känner mig tvingad att aga honom. Redan då fälls *många tårar inte bara av den som ska tuktas utan också av hans kam-rater.* När jag avslutat mitt anförande låter jag barnen sätta sig ned och börjar min lektion. *Först när skoldagen är slut* låter jag den lille syn-daren komma fram, meddelar honom hans dom och frågar honom om han vet varför han har förtjänat straffet. När han vederbörligen har be-svarat frågan utdelar jag bestraffningen *i samtliga elevers närvaro,* vän-der mig sedan till åskådarna och säger till dem att jag av hjärtat önskar att detta måtte vara sista gången som jag tvingas slå ett barn. (C. G. Salsmann, 1796, cit. efter KR, s 392 f.)

För att orka överleva bevarar "den lille syndaren" sedan i sitt minne bara den vuxnes vänlighet, parad med sin egen hörsamhet och med förlust av förmågan att spontant uppleva känslor.

Lyckliga de föräldrar och lärare som genom en klok fostran av sina barn har bragt det därhän att *ett råd från dem verkar lika starkt som en be-fallning,* att de sällan behöver utdela några egentliga straff samt att vid dessa få tillfällen *undanhållandet av vissa angenäma men umbärliga saker, deras egen frånvaro, att olydnaden meddelas personer vilkas bifall barnen är angelägna om* eller liknande medel *fruktas som de strängaste straffen.* Så väl är det dock inte i de flesta fall. I allmänhet måste man då och då tillgripa hårdare medel. Men om föräldrarna därigenom verkligen ska kunna inprägla verklig lydnad hos sina barn måste miner och ord när tuktan sker vara allvarliga men inte spegla vrede eller fient-lighet.

Man är lugn och allvarlig, man meddelar straffet och utdelar det och säger ingenting mer förrän handlingen är genomförd och den straffade lille förbrytaren åter är i stånd att förstå nya förmaningar och befall-ningar . . .

När smärtan efter avslutad bestraffning ännu varar ett tag är det ona-turligt att förbjuda gråt och jämmer. Om de bestraffade emellertid för-söker hämnas genom obehärskad jämmer så bör man i första hand skingra deras tankar genom att sätta dem till vissa mindre uppdrag eller sysslor. Om det inte hjälper får man förbjuda gråten och straffa överträdelse, tills gråtandet upphört efter ny tuktan. (Ur: J. B. Basedow, *Methodenbuch für Väter und Mütter der Familien und Völker,* ³1773, cit. efter KR, s 391 f.)

Gråten, den naturliga reaktionen på smärta, ska kvävas med ny tuktan. Det finns olika tekniker för undertryckande av känslor:

Låt oss nu se vad övningar till fullständigt underkuvande av affekterna åstadkommer. Den som vet vilken kraft en inrotad vana har vet också att det krävs självövervinnelse och ståndaktighet för att stå emot den. Affekter kan anses som sådana inrotade vanor. Ju ståndaktigare och tåligare någon är till sitt sinnelag, dess bättre förmår han i ett bestämt fall stå emot en böjelse eller dålig vana. Alla övningar varigenom barnen lär sig att övervinna sig själva och bli tåliga och ståndaktiga bidrar alltså till *undertryckande av böjelserna.* Följaktligen bör vid uppfostran alla övningar av detta slag ägnas särskild uppmärksamhet och anses som *något av det viktigaste,* trots att de nästan alltid försummas.

Det finns många sådana övningar, och man kan anordna dem på ett sådant sätt att barnen är med på dem, om man bara kan tala på rätt sätt med dem och ta tillfället i akt då de är upprymda. En sådan övning är t ex tigande. Fråga ett barn: Skulle du kunna vara alldeles tyst ett par timmar utan att säga ett ord? Gör honom ivrig att pröva tills han har kunnat klara av provet en gång. Gör sedan allt för att inpränta i honom att det är en förtjänst att övervinna sig själv på detta sätt. Upprepa övningen, gör den så småningom allt svårare, dels genom att låta tigandet vara längre, dels genom att ge honom impulser till att tala eller låta honom sakna något. Övningarna bör fortsätta tills ni ser att barnet har uppnått färdighet på denna punkt. Anförtro honom sedan en hemlighet och pröva om han kan tiga med den. Har han kommit så långt att han kan tämja sin tunga så kan han också behärska sig på andra punkter, och detta medför en ära för barnet som uppmuntrar honom att bestå även andra prov.

Ett sådant prov är att *avhålla sig från saker som man tycker om.* Barn är förtjusta i sådant som tillfredsställer sinnena. Man bör emellanåt pröva om de kan behärska sig därvidlag. Ge dem några härliga frukter, och när de vill sätta tänderna i dem så sätt dem på prov. *Skulle du kunna behärska dig och låta frukterna vara till i morgon? Skulle du kunna ge bort dem?* Förfar på samma sätt som jag nyss rekommenderade i fråga om tigandet. Barn älskar rörelse. De har svårt att vara stilla. Öva dem också i detta, så att de *lär sig att behärska sig.* Sätt även deras kroppar på prov, i den mån hänsyn till hälsan så tillåter. *Låt dem gå hungriga och törstiga, uthärda hetta och köld, utföra hårt arbete,* allt dock med *deras eget samtycke.* Man får nämligen *aldrig tvinga dem till sådana övningar,* eftersom dessa då inte skulle vara till någon nytta. Jag lovar er att barnen genom sådana övningar *får käcka, ståndaktiga och tåliga sinnelag* som därefter fortare *lär sig att behärska onda böjelser.* Jag vill som exempel ta ett barn som är obetänksam i sitt tal så att han ofta pratar utan anledning. Denna vana kan avlägsnas genom följande övning. Sedan ni grundligt föreställt barnet hans oart, säger ni till honom: Nu ska vi se efter om du kan låta bli att prata så obetänksamt. Jag ska lägga märke till hur många gånger du pratar utan att tänka dig för idag. Sedan ger man noga akt på allt som barnet säger, och när han pratar obetänksamt visar man honom tydligt att han har felat och talar om hur ofta han gjort det under den dagen. Nästa dag säger man till honom: Igår pratade du så och så många gånger utan att tänka efter, nu ska vi se hur ofta du felar idag. På så sätt fortfar man. Om det finns det minsta av äregirighet och god vilja hos barnet kommer han på så sätt med säkerhet att så småningom upphöra med denna ovana.

Förutom dessa allmänna övningar bör man också genomföra en del som är *direkt inriktade på behärskande av affekter,* men som inte bör förekomma förrän man har använt de ovan framställda förslagen. Ett enda exempel kan tjäna som mönster för alla andra, eftersom jag måste akta mig för att bli alltför mångordig. Vi tänker oss *att ett barn är hämndlystet,* och att man redan genom förmaningar har kommit så långt att han är inställd på att behärska denna känsla och även lovar att göra det. Sätt honom då på prov på följande sätt: Säg till honom att ni vill pröva hans ståndaktighet när det gäller att övervinna denna känsla, förmana honom att vara på sin vakt och ta sig i akt så fort fienden går till anfall. *Kom sedan i hemlighet överens med någon som ska förnärma barnet på något sätt helt oförberett,* och lägg märke till hur han då beter sig. Lyckas han då behärska sig, bör man berömma honom för hans duktighet och låta honom känna vilken tillfredsställelse som kommer av att man övervinner sig själv. Därefter *upprepar man provet* än en gång. Kan han då inte bestå provet, *straffar man honom kärleksfullt* och förmanar honom att en annan gång uppföra sig bättre. Men man bör inte vara sträng mot barnet. Om många barn är tillsammans ställer man fram dem som har bestått ett prov väl som exempel för de andra. Man bör emellertid hjälpa barnen så mycket som möjligt vid sådana prov. Man talar om för dem hur de ska bära sig åt för att akta sig. Såvitt möjligt inger man dem lust för det hela, så att de inte blir avskräckta av svårigheterna. Ty det är att märka att vid sådana prov krävs det med nödvändighet lust från barnens sida, annars blir det hela till ingen nytta. Nog om dessa övningar. (J. Sulzer, ²1748, cit efter KR, s 362.)

Denna affektbekämpning har ödesdigra verkningar framför allt därför att den påbörjas *redan med spädbarnet,* dvs innan barnets själv har kunnat utvecklas.

Ytterligare en till sina konsekvenser ytterst viktig regel är den att man aldrig uppfyller ens en tillåten önskan hos barnet annat än när det befinner sig i en mild och vänlig eller åtminstone lugn sinnesstämning, *aldrig* mitt under skrik eller oregerligt uppförande. Först måste det ha återgått till ett lugnt beteende, även om det t ex är fråga om ett välgrundat behov av regelbunden näring i rätt tid – sedan kan man ta itu med att uppfylla det, och *då först efter en kort paus.* Denna paus är nödvändig, eftersom det *för barnet själv på intet sätt får verka som om det genom att skrika eller bete sig oregerligt kunde tilltvinga sig något från omgivningen.* I gengäld inser barnet mycket snart att det endast genom motsatt beteende, genom en (visserligen ännu omedveten) *självbehärskning* kan nå sitt mål. Otroligt snabbt (lika snabbt som i motsatt fall den motsatta vanan) bildas här en pålitlig, god vana. Därmed är redan mycket vunnet, ty konsekvenserna av denna goda grundval sträcker sig *oändligt långt och förgrenar sig in i framtiden.* Emellertid kan man härav också förstå hur omöjliga att genomföra dessa och alla liknande principer blir, de som just måste betraktas som de viktigaste, om barnen som mestadels sker i denna ålder nästan helt överlämnas åt tjänstefolk som sällan har tillräckligt förstånd, åtminstone inte för sådana uppfattningar.

Genom sistnämnda övning har barnet redan gjort ett påtagligt framsteg i *konsten att vänta* och är förberedd för den till sina följder ännu viktigare *konsten att försaka.* Av det hittills sagda framgår det som nästan självklart att varje otillåtet begär – det må vara skadligt för barnet själv eller ej – ovillkorligen och *utan undantag måste motarbetas. Det räcker här inte med att förbjuda, man måste också se till att barnet lugnt finner sig i förbudet* och om så behövs genom ett allvarligt ord eller en hotelse *göra denna lugna foglighet till en vana.* Inga undantag får förekomma. Håller man bara på det blir även detta fortare och lättare än man trott till en vana. Varje undantag upphäver dock regeln och försvårar på längre sikt vanebildningen. – Däremot bör man med *kärleksfull beredvillighet tillmötesgå varje tillåten begäran från barnets sida.*

Endast så kan man göra det lättare för barnet att tillägna sig den hälsosamma och nödvändiga *vanan att underordna och styra sin vilja,* att själv kunna skilja mellan tillåtet och otillåtet. Man bör inte ängsligt skydda barnet för sådana sinnesförnimmelser som kan väcka otilllåtna begär. Tidigt måste grunden till den andliga styrka som krävs läggas, och den kan liksom all annan styrka befästas endast genom övning. Vill man börja med detta först på ett senare stadium så faller det sig också svårare, och det i detta avseende övade barnsliga sinnet utsätts för bittra intryck.

En för detta åldersstadium lämpad, god övning i konsten att försaka är det att så ofta tillfälle givs låta barnet lära sig att *titta på när andra* i dess närmaste omgivning *äter och dricker, utan att själv begära något.* (D. G. M. Schreber, 1858, cit efter KR, s 354.)

Barnet ska alltså från första början lära sig att "förneka sig själv", att utrota allt i sig som inte är "gudi behagligt", så tidigt som möjligt.

Den sanna kärleken stammar från Guds hjärta, källan och urbilden till allt vad fader heter (Ef. 3:15), har sin förebild i Frälsarens kärlek och blir genom Kristi ande skapad, närd och vidmakthållen i människan. *Genom denna ovanifrån stammande kärlek blir den naturliga föräldrakärleken renad, helgad, förklarad och förstärkt.* Denna helgade kärlek har främst det för barnet fördolda målet att uppbygga dess inre människa och dess andliga liv, befria det från köttets makt, lyfta det över det rent naturliga sinnliga livets begär och skapa ett inre oberoende av den brusande omvärlden. Därför strävar den redan tidigt efter att *lära barnet att förneka, övervinna och behärska sig själv,* så att det inte blint följer köttets och sinnenas drifter utan andens högre vilja och drift. *Denna helgade kärlek* kan därför också visa sig hård såväl som mild, förbjuda såväl som tillåta, allt i sin tid. Den vet att *göra gott genom att tillfoga smärta,* den kan ålägga svåra försakelser, som en läkare som ordinerar besk medicin, som en kirurg som väl vet att det snitt han gör är plågsamt men som ändå skär därför att det gäller att rädda livet. "Om du slår honom (en pojke) med riset så bevaras han från döden." Med dessa ord tecknar Salomo den sanna kärlekens hårdhet. Det är inte en stoisk hårdhet eller lagens stränghet som tänker på sig själv och hellre offrar sin skyddsling än avviker från sina dogmer, nej, dess *hjärtliga välmening* kommer mitt i allvaret ständigt fram i *vänlighet, förbarmande,* hoppfullt tålamod, som solen genom molnen. Trots sin fasthet är den alltid fri och vet *alltid vad den gör och varför den gör det.* (Ur: K. A. Schmid [utg], *Enzyklopädie des gesamten Erziehungs- und Unterrichtswesens,* ²1887, cit. efter KR, s 25 f.).

Då man menar sig veta precis vilka känslor som är bra och värdefulla för barnet (eller den vuxne) bekämpas också häftigheten, den egentliga kraftkällan.

Till de andliga företeelser som ligger *på gränsen till det normala* hör barnens häftighet, vilken uppträder i många former. Vanligen börjar den i samband med att ett väckt begär inte genast tillfredsställs, varvid en utomordentligt våldsam aktivitet utbryter på de viljestyrda musklernas område, åtföljd av mer eller mindre omfattande sekundära tillstånd. Med barn som bara har lärt sig tala några få ord och som inte kan annat än gripa efter närmaste föremål behövs det, om de har anlag för häftighet, bara att de inte får eller inte får behålla någon sak för att de genast skall börja gallskrika och hänge sig åt otyglade rörelser. *Helt naturligt utvecklas härav elakhet,* ett karaktärsdrag som består i att den mänskliga känslan inte längre följer de allmänna lagarna för lust och smärta utan är så förvänd till sin natur att den inte bara har förlorat all medkänsla utan rentav finner glädje i andras olust och smärta. *Barnets alltmer stegrade olust över förlusten* av den lustkänsla som tillfredsställelsen av dess önskan skulle ha medfört *kan till sist inte avhjälpas annat än genom hämnd,* dvs genom den välgörande känslan av att veta att andra lider samma olust eller smärta. Ju oftare ljuvheten i denna hämndkänsla upplevs, dess mer gör den sig gällande som ett behov som i varje ledig stund kan söka medel till tillfredsställelse. På detta stadium har barnet genom sin häftighet kommit därhän att det vill tillfoga andra varje tänkbart obehag eller förargelse, bara för att få uppleva en känsla som kan lindra smärtan över aldrig uppfyllda önskningar. Ur detta fel växer med naturnödvändighet ytterligare fram behovet av *lögn, list och bedrägeri* på grund av fruktan för straff, och barnet tillgriper medel som efter en tids övning används med stor färdighet. Den oemotståndliga lusten till elakhet uppstår i regel på samma sätt, liksom behovet att stjäla, *kleptomanin*. Som en sekundär men icke desto mindre beaktansvärd följd av det ursprungliga felet utvecklas därtill också *egensinnet*.

... Mödrarna, som vanligtvis får ta hand om barnens uppfostran, har mycket sällan förstånd att med framgång bekämpa häftigheten.

... Liksom vid alla svårbotade sjukdomar måste man också när det gäller häftigheten som psykiskt besvär *ägna den största omsorg åt profylaxen*, åt att *förebygga det onda*. För att detta mål ska nås bör uppfostran ta som en *obönhörligt fastslagen grundprincip* att *såvitt möjligt skydda barnet för all sådan påverkan som är förknippad med väckandet av några som helst känslor, välgörande eller smärtsamma.* (Ur: S. Landmann, *Über den Kinderfehler der Heftigheit*, 1896, cit. efter KR, s 364 f.).

Typiskt är att man här förväxlar orsak med verkan och bekämpar som orsak något som man själv har åstadkommit. Något liknande återfinns inte bara i pedagogiken utan även i psykiatrin och kriminologin. Har man en gång framkallat "det onda" genom att förkväva det levande så är sedan varje form av förföljelse rättfärdigad.

... Speciellt i skolan går *disciplin före undervisning.* Ingen grundsats inom pedagogiken står fastare än den att barn först måste fostras innan de kan undervisas. *Det finns visserligen disciplin utan lärande,* som vi ovan sett, *men ingenting kan läras utan disciplin.*

Det står alltså fast: Inlärning i och för sig är inte disciplin, är ännu inte moralisk strävan, men till inlärningen hör disciplin.

Medlen för disciplin rättar sig också därefter. *Disciplin är* som ovan sagts *inte i första hand ord utan handling,* och när den tar sig uttryck i ord är den inte lära utan *befallning*.

... Härav framgår nu vidare att disciplinen, som Gamla testamentet säger, väsentligen är straff (*musar*). Den förvända viljan, som inte förmår styra sig själv utan är till skada för sig själv och andra, måste brytas. *Disciplin* är för att tala med Schleiermacher *livshämning*, eller åtminstone *inskränkning av livsaktiviteten* så tillvida att denna inte får utvecklas godtyckligt utan hålls inom bestämda gränser och binds av en bestämd ordning. Allt efter omständigheterna kan disciplin också vara *inskränkning, dvs delvis upphävande av livsnjutningen, av livsglädjen*, och då just den andliga, som till exempel då en medlem av en kyrkoförsamling tillfälligt och övergående ställs utanför åtnjutandet av den högsta njutning som är möjlig i denna värld, kommunionen, tills han uppnått ny religiös viljestyrka. *Att en sund disciplin vid uppfostran aldrig kan uppnås utan användande av kroppsaga bör bevisas i själva utläggningen av straffbegreppet*. En tidig och eftertrycklig men sparsam användning av aga är själva grundvalen för all äkta disciplin, *eftersom köttet är den makt som i första hand ska brytas* . . .

Där *mänskliga auktoriteter inte räcker till* för att upprätthålla disciplinen *där träder den gudomliga auktoriteten in med makt* och böjer den enskilde liksom folken *under den egna ondskans outhärdliga ok*. (Ur: *Enzyklopädie des gesamten Erziehungs- und Unterrichtswesens*, [2]1887, cit. efter KR, s 381 f.).

"Livshämning" medges här öppet av Schleiermacher och prisas som en dygd. Men många moralister förbiser att äkta känslor av vänskap endast kan gro i "häftighetens" levande mull. Moralteologer och pedagoger måste vara extra uppfinningsrika eller i nödfall åter tillgripa riset, för det blir inte lätt att få medmänsklighet att växa ur den genom tidig disciplin uttorkade marken. Men – möjligheten till "människokärlek" av plikt och lydnad finns ju, alltså lögn igen.

Ruth Rehmann (*Der Mann auf der Kanzel*, 1979), som själv är prästdotter, beskriver i sin bok den atmosfär som prästbarn ofta måste växa upp i:

De får höra att de värden som de äger är mer värda än alla konkreta värden just därför att de inte är materiella. Hos den som äger dolda värden frodas högmod och självgodhet och förenas omärkligt med den obligatoriska ödmjukheten. Detta kan ingen ta ifrån dem, inte ens de själva. I allt som de gör och låter har de utom med de kroppsliga föräldrarna också att göra med den allestädes närvarande överfadern, och kränker de honom måste de betala med dåligt samvete. Då är det mindre plågsamt att foga sig: *vara snäll!* I dessa hem säger man inte "älska" utan "hålla av" och "vara snäll". På så sätt bryter man udden av den hedniske gudens pil och formar den till vigselring och familjeband. Den farliga värmen utnyttjas till hemmets härd. *Den som en gång har värmt sig där fryser överallt annars i världen* (s 40).

Sedan hon skildrat sin fars historia ur dotterns perspektiv sammanfattar Ruth Rehmann sina känslor i följande ord:

Det är detta som skrämmer mig i denna historia: denna speciella typ av ensamhet som inte alls ser ut som ensamhet därför att den är omgiven av välvilliga människor. Det är bara det att den ensamme inte har någon annan möjlighet att komma dem närmare än *uppifrån och ner, genom att böja sig ner* som den helige Martin böjer sig ner från sin höga häst mot den fattige. Man kan använda alla möjliga namn om detta: *göra väl, hjälpa, ge, råda, trösta, undervisa, till och med tjäna,* det ändrar inte faktum, att uppe är uppe och nere är nere, och att den som nu en gång är uppe inte kan låta sig hjälpas, rådas, tröstas och undervisas även om han aldrig så väl behövde det. I denna fastlåsta konstellation finns det nämligen ingen plats för *ömsesidighet.* Mitt i all kärlek finns inte en gnista av det man kallar solidaritet. Ingen nöd är så stor att *en sådan person skulle kunna stiga ner från sitt ödmjuka högmods höga häst.*
Det kunde vara den speciella slags ensamhet som gör att en människa trots daglig minutiös kontroll enligt Guds ord och bud kan dra på sig skuld utan att märka skulden, *därför att förutsättningen för att man ska upptäcka en viss sorts synder är en kunskap som kommer av att man ser, hör och förstår,* inte av dialoger i det inre. Camillo Torres måste studera sociologi vid sidan av teologin för att förstå sitt folks nöd och handla därefter. *Det tyckte inte kyrkan om. Att vilja veta är en synd som den alltid har funnit syndigare än att inte vilja veta,* liksom den också har tyckt bättre om dem som sökt det väsentliga i det osynliga och betraktat det synliga som oväsentligt (s 213 f.).

Viljan att veta måste mycket tidigt förkvävas hos barnet, även för att barnet inte så lätt ska märka vad man gör med det.

Gossen. Varifrån kommer då barnen, käre herr informator?

Informatorn. De växer i moderns kropp. När de blir så stora att de inte får plats där längre måste modern klämma ut dem, ungefär som när vi har ätit mycket och sedan måste gå på avträdet. Men det gör mycket ont för mödrarna.

Gossen. Och då *föds* barnet?

Informatorn. Ja.

Gossen. Men hur kommer barnet in i moderns kropp?

Informatorn. Det vet man inte, man vet bara att det växer därinne.

Gossen. Det är då konstigt.

Informatorn. Nej, inte alls. Titta, där står ju en hel skog som har växt upp just på det där stället. Ingen människa förvånar sig över det, för man vet att träden växer upp ur jorden. Lika lite förundrar sig en förståndig människa över att barn växer i moderns kropp. Ty så har det varit så länge det har funnits människor på jorden.

Gossen. Och då måste *barnmorskor* vara med när barnet föds?

Informatorn. Ja, just därför att mödrarna har så svåra smärtor att de inte kan klara sig själva. Nu är ju inte alla kvinnor så hårdhjärtade och modiga att de orkar vara tillsammans med människor som måste utstå svåra smärtor, och därför finns det på varje plats kvinnor som *mot betalning ser efter mödrarna* tills smärtorna har gått över. *Precis som man har liksveperskor* därför att arbetet att tvätta och klä döda inte heller är något som vem som helst vill göra. Därför finns det människor som åtar sig det *mot betalning.*

Gossen. Jag skulle vilja vara med en gång när ett barn föds.

Informatorn. Om du vill göra dig en föreställning om smärtorna och om mödrarnas jämmer så behöver du inte gå dit där ett barn föds, för sådant har man sällan tillfälle till eftersom mödrarna inte själva vet i vilken stund smärtorna ska börja, utan jag kan gå med dig till hovrådet R. när han ska skära av benet på en patient eller ta ut en sten ur kroppen på någon. De människorna jämrar sig och kvider alldeles som mödrarna när de ska föda.

. . .

Gossen. Mor har talat om för mig att barnmorskan genast kan märka på barnen om det är pojkar eller flickor. Hur kan barnmorskan se det? *Informatorn.* Det ska jag tala om för dig. Gossarna är över huvud taget mycket bredare över axlarna och starkare i lederna än flickorna. Framför allt är en gosses hand och fot alltid bredare och mindre välformad än handen och foten på en flicka. Du kan till exempel bara se på din systers hand, och hon är ändå ett och ett halvt år äldre än du. Din hand är mycket bredare än hennes och dina fingrar är tjockare och köttigare. Därför ser de också ut att vara kortare, fast de inte är det. (J. Heusinger, ²1801, cit. efter KR, s 332 f.).

Har man väl en gång fört barnet bakom ljuset med sådana svar kan man sedan få det att gå med på mycket.

Det nyttar sällan och skadar ofta om man talar om för barnen av vilken orsak den ena eller andra önskningen inte kan uppfyllas. Även om ni är inställda på att ge dem vad de vill ha, så *vänj dem emellanåt vid att vänta, vid att nöja sig* med en del av vad de önskat sig och att *tacksamt ta emot något annat gott* som skiljer sig från det som de önskat. Avled uppmärksamheten från en begäran som ni måste avvisa, antingen genom att sysselsätta dem eller genom att uppfylla någon annan önskan. Säg ibland vänligt och allvarligt till dem, *just när de är upptagna av att äta, dricka eller leka,* att de ska avbryta det roliga några minuter och göra något annat. Uppfyll ingen bön som ni en gång har avvisat. Försök att *ofta lugna barnen med ett Kanske. Efter detta Kanske bör önskan ibland men inte alltid uppfyllas,* och *aldrig om barnet trots förbud upprepar sin bön.*

Om barnen visar *motvilja* mot någon viss *rätt,* så tänk efter om den förekommer ofta eller sällan. I det senare fallet behöver ni inte bry er om att motarbeta barnens avsky, men i förra fallet bör ni pröva om de hellre är utan mat och dryck en längre stund än förtär det som bjuder dem emot. Gör de hellre det, så *blanda oförmärkt* denna rätt med något annat. Om det då smakar dem och bekommer dem väl kan ni övertyga dem om att motviljan bara är inbillning. Om kräkningar eller andra skadliga förändringar i kroppen blir följden, så säg ingenting utan försök att så småningom på detta förtäckta sätt vänja deras natur vid rätten. Om det inte låter sig göra så går det heller inte att tvinga dem, men har ni förstått att orsaken till motviljan är ren inbillning, så försök med en längre period av svält eller med andra tvångsmedel. Detta kan dock knappast lyckas om barnen ser att föräldrar eller fostrare visar motvilja för än den ena, än den andra maträtten . . .

Om alltså föräldrar eller fostrare inte kan ta medicin utan att jämra sig och grimasera, så får de inte låta barnen se det utan i stället *ofta låta påskina att de använder sådana illasmakande mediciner* som också barnen kanske någon gång kan behöva ta. Dessa och liknande svårigheter övervinns i regel genom vanan vid fullständig lydnad. Svårast är det med *kirurgiska ingrepp.* Om ett enstaka sådant ingrepp måste ske ska man *inte säga något till barnet i förväg utan oförmärkt göra alla föranstaltningar och sedan plötsligt gripa till verket.* Man säger: *Barn, nu är du botad, smärtan går snart över.* Om operationen måste upprepas kan jag inte ge något allmänt råd om man bör tala med barnet i förväg eller inte, eftersom det som är tillrådligt för den ena kanske inte är det för den andra.

Om *barn är rädda för mörkret,* så är det alltid vårt eget fel. *Under deras första levnadsveckor,* särskilt under den tid då de ammas under natten, bör man *ibland släcka ljuset.* Har de en gång blivit bortskämda, får man försöka avhjälpa det så småningom. Ljuset slocknar, det tänds först efter en stund, så småningom dröjer det längre, och till sist tänds det inte förrän efter en timme. Under tiden pratar man glatt och äter något som barnen tycker om. Sedan låter man inget ljus lysa om natten, vidare kan man ibland ta dem i handen och gå genom ett beckmörkt rum och därpå skicka in dem i det rummet att hämta något trevligt. Men *om föräldrar eller vårdare själva är rädda för mörkret vet jag ingen annan råd än förställning.* (J. B. Basedow, [3]1773, cit. efter KR, s 258 f.)

Förställningen tycks vara ett universalmedel vid maktutövningen, även inom pedagogiken. Den slutgiltiga segern framställs även här, liksom t ex inom politiken, som en "framgångsrik lösning" av konflikten.

. . . 3. Självbehärskning måste man också kräva av sin skyddsling, och för att han ska lära sig det måste han övas. Till detta hör något som Stoy utmärkt förklarar i sin encyklopedi, nämligen att *lära honom att iaktta sig själv, dock utan att spegla sig, så att han blir medveten om vilka fel han särskilt måste vara på sin vakt emot.* Sedan bör man även mana honom till vissa bestämda prestationer. Gossen *måste lära sig att umbära, att neka sig något och att tiga när han blir bannad,* att visa sig tålig när han stöter på sådant som är motbjudande. Han ska också lära sig att hålla tyst med en hemlighet och att avbryta en rolig sysselsättning . . . 4. För övrigt gäller för övning i självbehärskning att friskt vågat är hälften vunnet. *En föresats som genomförs är moder till viljan att gå vidare* på samma väg, det är en inom pedagogiken ofta bekräftad princip. Med varje seger växer den härskande viljans kraft och minskas den bekämpades, tills denna till sist sträcker vapen. *Vi har sett hur hetlevrade gossar, som i sin vrede varit så att säga från sina sinnen, redan efter några år häpna bevittnat andras vredesutbrott och därvid tackat sin uppfostrare.* (Ur: *Encyklopädie* . . . , ²1887, cit efter KR, s 374 f.)

För att göra sig förtjänt av denna tacksamhet måste man börja med betingningen i tid.

Det brukar alltid gå bra att *böja ett ungt träd i den riktning man vill* att det ska växa åt, men det kan man inte göra med en gammal ek . . . Spädbarnet har något som det tycker om och gärna leker med. Då *tittar man vänligt på det* och *tar leende ifrån det saken,* utan häftighet, och ersätter den genast, utan att låta barnet vänta länge, med en annan leksak eller något annat tidsfördriv. Det glömmer då den första saken och tar gärna den andra. Upprepas detta försök ofta vid lägliga tillfällen och man då ser lika glättig ut som barnet, visar det sig att detta inte alls är så ohanterligt som man beskyllt det för och som det med oförnuftig behandling kunde ha blivit. *Barnet visar sig inte så lätt trotsigt mot den som förut med kärlek, öm omsorg och lekfullhet har vunnit dess förtroende.* Inget barn blir i början så lätt oroligt och gensträvigt över att man tar ifrån det något eller inte efterkommer dess vilja, utan därför att det inte vill vara utan tidsfördrivet och ha det långsamt. Den *nya förströelse man erbjuder det gör att det avstår från det som det förut ivrigt önskade.* Skulle det emellertid visa sig missbelåtet redan då man tar bort någon för barnet behaglig sak, kanske rentav *gråta och skrika,* så bryr man sig inte om det och försöker inte tillfredsställa det med smekningar eller genom att ge tillbaka det man tagit. Man *fortsätter* bara att *försöka avleda dess tankar till det nya tidsfördrivet.* (F. F. Bock, *Lehrbuch der Erziehungskunst zum Gebrauch für christliche Eltern und künftige Junglehrer,* 1780, cit. efter KR, s 390 f.)

Dessa råd påminner mig om en patient som mycket tidigt och med framgång "endast genom kärleksfullt distraherande vandes av" vid att känna hunger. Komplicerade tvångssymtom som dolde en djup osäkerhet blev så småningom följden av denna dressyr. Men distraktionen var naturligtvis bara ett av många sätt att bekämpa hans vitalitet. Omtyckta och ofta omedvetet använda medel är *blicken* och *tonfallet.*

En värdig plats bland dessa intar *det stumma straffet* eller *den stumma tillrättavisningen,* som gör sig gällande med *blicken* eller en avmätt rörelse. Tigandet har ofta större kraft än många ord och *ögat har mer kraft* än munnen. Man har med rätta pekat på att *människan med ögat förmår tämja vilda djur.* Hur mycket lättare bör hon då inte kunna kuva den unga människosjälens onda och förvända drifter och böjelser? Har vi bara från början varit rädda om våra barns känslighet och fostrat den rätt, så förmår *en enda blick mer än käpp och piska* med barn som inte är avtrubbade för lättare påverkan. *"Det ögat ser, det hjärtat rör",* bör vara vårt valspråk när det gäller straff. Anta att ett av våra barn har ljugit, men vi kan inte överbevisa honom om det. Vid matbordet eller i något annat sammanhang då vi sitter tillsammans för vi liksom av en tillfällighet in samtalet på människor som ljuger, och *med en skarp blick på missdådaren* framhåller vi hur skamligt, fegt och fördärvligt det är att ljuga. Om han eljes är ofördärvad kommer han att sitta som på nålar och tappa lusten för lögnaktighet. *Den tysta, fostrande kontakten mellan honom och oss kommer emellertid att stärkas.*

Till de tysta tjänarna vid uppfostran hör också de rätta gesterna. En lätt handrörelse, en huvudskakning eller en axelryckning kan ha större verkan än många ord.

Utom den tysta tillrättavisningen kan *muntlig tillrättavisning* också förekomma. Det behövs oftast inte många eller högljudda ord. *C'est le ton qui fait la musique,* även pedagogikens musik. Den som är lycklig nog att vara utrustad med en röst som genom sitt tonfall kan återge de mest olikartade sinnesstämningar och -rörelser, har av moder natur begåvats med ett effektivt straffmedel. Redan hos helt små barn kan man märka detta. Deras ansikten strålar när mor eller far talar till dem i vänlig ton, och *den skrikande munnen sluts när faderns röst allvarligt och högt säger åt barnet att vara tyst.* Och det är inte ovanligt att små

barn lydigt tar emot flaskan som de nyss stött ifrån sig, när man *med bestämd och tillrättavisande ton säger åt dem att dricka* ...
Barnet kan inte tänka så långt eller blicka så djupt in i våra känslor att det klart kan förstå att det *bara är av kärlek till dess bästa, bara av välvilja som vi måste smärta det med bestraffningar.* Försäkringar om kärlek skulle barnet uppfatta som hyckleri eller motsägelser. Vi vuxna förstår inte heller alltid bibelordet: *"Den Gud älskar den agar han." Först efter lång livserfarenhet och livsbetraktelse och genom tron att den odödliga själen är det högsta av alla jordelivets värden anar vi vilken djup sanning och visdom som ligger i detta ord.*
De moraliska förebråelserna får inte vara förenade med upprördhet. Energiska och kraftfulla kan de ändå vara. Upprördheten minskar vördnaden, och den som är upprörd visar sig aldrig från sin bästa sida. *Vrede, ädel vrede, som stiger ur djupet av en sårad moralisk känsla bör man inte sky.* Ju mindre barnet har vants vid att se fostraren upprörd och ju mindre vreden blandas med upprördhet, *dess starkare blir intrycket om det någon gång blixtrar och dundrar när luften behöver rensas.* (Ur A. Matthias, *Wie erziehen wir unseren Sohn Benjamin?*, ⁴1902, cit efter KR, s 426 f).

Kan ett litet barn någonsin komma på idén att behovet av blixt och dunder kan stiga ur de omedvetna djupen i fostrarens egen själ och inte ha något att göra med barnets egen själ? Jämförelsen med Gud ger en känsla av allmakt: Liksom den sant troende inte ifrågasätter vad Gud gör (se 1 Mosebok) så ska barnet foga sig efter den vuxne utan att fråga efter orsaker.

Till en missuppfattad människokärleks olyckliga följder hör också åsikten att glad lydnad kräver förståelse av befallningens motiv och att blind lydnad strider mot människans värdighet. Den som ger sig in på att sprida sådana åsikter i hem eller skola glömmer att vi vuxna i tro måste foga oss i den gudomliga världsordningens högre visdom, och att det mänskliga förnuftet aldrig kan undvara denna tro. Han glömmer att vi alla här endast lever i *tro,* inte i åskådning. Liksom vi får handla i hängiven tro på Guds högre visdom och outgrundliga kärlek, *så ska också barnet i tro på föräldrars och lärares vishet underordna sig i sitt handlande och i detta finna en förberedelse till lydnaden mot den him-*

melske fadern. Den som ändrar detta förhållande sätter självsvåldigt det spekulerande tvivlet i trons ställe och underskattar den barnsliga natur som är trons förutsättning. *Om motiven anges vet jag inte om vi alls kan tala om lydnad längre.* Därmed skulle vi blanda in *övertygelse,* och ett barn som har blivit övertygat lyder inte oss utan bara dessa motiv. *I stället för vördnad inför en högre intelligens får vi en självtillräcklig eftergift för den egna insikten. En fostrare som låter sina befallningar åtföljas av motiveringar medger också att invändningar kan vara motiverade, och därmed blir förhållandet till skyddslingen snedvridet.* Denne ger sig in på förhandlingar och *uppträder som fostrarens jämlike,* och då *finns det ingen plats för den vördnad varförutan ingen uppfostran kan ha framgång.* Den som eljes tror att *kärlek endast kan vinnas* genom en på motiveringar grundad lydnad bedrar sig svårt, ty han missförstår barnets natur och dess *behov att underkasta sig den starkare.* Bor lydnad i sinnet är kärleken inte långt borta, säger en diktare.

I familjekretsen är det oftast de svaga mödrarna som företräder den filantropiska principen, medan *fadern är kortare till humöret och fordrar obetingad lydnad.* Därför tyranniseras modern ofta av de små medan *fadern är föremål för vördnad, och därför är han huvudet för hela familjen vars anda får sin prägel av honom.* (L. Kellner, ³1852, cit. efter KR, s. 172 f.)

Också för den religiösa fostran tycks lydnaden vara en obestridlig högsta princip. I psalmerna förekommer ordet ideligen och alltid i samband med fara för livets förlust om lydnaden försummas. Den som undrar över detta "missförstår barnets natur och dess behov att underkasta sig den starkare". (L. Kellner, se ovan.)

Bibeln åberopas också mot de naturligaste modersimpulserna vilka betecknas som blind kärlek.

Är det inte blind kärlek när barnet redan i vaggan på alla sätt blir bortklemat och bortskämt? *I stället för att från första dagen av dess tillvaro vänja barnet vid ordning och fasta tider för intagande av näring och därmed lägga grunden till måttfullhet, tålamod och – mänsklig lycka, låter sig den blinda kärleken styras av spädbarnets skrik . . .*

Den blinda kärleken kan inte vara hård, inte förbjuda, inte säga nej med tanke på barnets sanna bästa, den kan bara säga ja, till dess skada.

Den låter sig behärskas av en blind snällhet som av en naturdrift, tillåter där den skulle förbjuda, är överseende där den skulle straffa, säger ja där den borde säga nej. Den blinda kärleken saknar klart medvetande om uppfostrans mål, den är kortsiktig, den vill barnet väl men väljer felaktiga medel, den *låter sig förledas av tillfälliga känslor* i stället för att ledas av lugn besinning och eftertanke. I *stället för att leda barnet låter den sig förledas av det.* Den saknar lugn och äkta motståndskraft och *låter sig tyranniseras av barnets genstridighet, egensinne och trots eller av dess böner, smekningar och tårar.* Den är raka motsatsen till den sanna kärleken som inte ryggar tillbaka för straff. Bibeln säger (Syrak 30:1): *"Den som älskar sin son han spar icke på riset på det att han till slut må få glädje av honom",* och på ett annat ställe (Syrak 30:9): "Kela med din son, och *han skall bliva en skräck för dig; lek tillsammans med honom, och han skall göra dig sorg."* ... Det händer *att barn som uppfostrats med blind kärlek visar svårt trots mot föräldrarna.* (A. Matthias, [4]1902, cit efter KR, s 53 f.)

Föräldrarna är så rädda för "trotset" att varje medel ofta tycks heligt när det gäller att förebygga trots. Här erbjuds en rik karta av möjligheter, och berövande av kärlek spelar med alla olika nyanser en viktig roll, för inget barn vågar ta risken att utsättas för det.

Ordning och disciplin måste den lille känna, *innan han blir medveten om det,* så att han får goda vanor och den sinnliga egoismens härskardrift hålls tillbaka före den tid då medvetandet börjar vakna... Lydnaden bör alltså odlas *i det att fostraren utövar sin makt,* något som sker genom en *allvarlig blick,* ett bestämt ord, *eventuellt med fysiskt tvång,* vilket hämmar det onda även om det inte kan skapa något gott, och medelst bestraffningar. De sistnämnda behöver inte nödvändigt eller i första hand använda kroppslig smärta, utan allt efter olydnadens art eller förekomst bestå i att förmåner dras in eller *kärleksbevis minskas.* Med ett välartat barn som vill säga emot kan det vara ett effektivt straff om *modern skjuter bort det från sitt knä, fadern drar undan sin hand eller barnet inte får någon godnattkyss.* Genom uttryck för kärlek vinns barnets tillgivenhet och *just denna tillgivenhet gör det mer mottagligt för disciplin.*
   ...*Vi definierar lydnad som viljans underordnande under en annan, rättmätig vilja* ...

Fostrarens vilja måste vara en borg, otillgänglig för såväl list som trots, och endast lydnaden släpps in när den knackar på. (Ur *Enzyklopädie . . .*, ²1887, cit efter KR, s 168 f.)

Hur man ska klappa på kärlekens port med lydnad lär sig barnet redan "i vaggan" och tyvärr brukar den lärdomen sitta i hela livet.

. . . Vi övergår till den andra huvudpunkten, *odlandet av lydnad,* och börjar med att nämna vad man i detta syfte kan göra *i barnets första levnadstid.* Pedagogiken framhåller med rätta att barnet *redan i vaggan* har en egen vilja och måste *behandlas med tanke på detta.* (A.a., s 167)

Om denna behandling genomförts tillräckligt tidigt och konsekvent så finns alla förutsättningar för att medborgaren ska kunna leva i en diktatur utan att lida av det, att han till och med kan identifiera sig med den, som på Hitlers tid,

ty ett politiskt samhälles hälsa och livskraft vilar lika mycket på lydnad för lagar och överhet som på härskarens förnuft och energi. Likaså i familjen; i alla uppfostringsfrågor får *den befallande viljan och den som följer befallningen inte betraktas som motsatta* utan som organiska yttringar av *en vilja som egentligen är en enda.*

Lika lite som under "blöjperiodens" symbios kan man här skilja mellan subjekt och objekt. Om barnet lär sig att förstå även kroppsliga bestraffningar som "nödvändiga åtgärder" mot "missdådare", så kommer det som vuxen att försöka undvika straff genom att visa lydnad och har samtidigt inga betänkligheter mot att medverka i straffsystemet. I den totalitära staten, som är en spegelbild av hans uppfostran, *kan en sådan medborgare också medverka till tortyr och förföljelse av alla slag utan att få dåligt samvete. Hans "vilja" är identisk med regeringens.*

Det vore väl en kvarleva av feodalt högmod att mena att endast de "obildade massorna" vore mottagliga för propaganda. Vi har ju upplevt hur lätt de intellektuella låtit sig förföras i många diktaturer. Både Hitler och Stalin hade påfallande många anhängare bland de intellektuella och mötte bland dem en entusiastisk beundran. Förmågan att inte skjuta ifrån sig vad man iakttagit hänger över huvud taget inte ihop med intelligensen utan med kontakten med det sanna självet. Intelligensen kan *däremot* åstadkomma en mängd krumbukter när det krävs anpassning. Det har uppfostrare alltid vetat och utnyttjat för sina ändamål, i ordspråkets anda: "Den klokare ger efter, den dumme håller stånd." I en pedagogisk skrift av H. Grünewald (1899) kan vi t ex läsa: "Jag har ännu aldrig funnit egensinne hos ett intellektuellt utvecklat resp andligt framstående barn" (jfr KR, s 423). Som vuxen kan sedan ett sådant barn ådagalägga ett ovanligt skarpsinne vid kritik av fientliga ideologier – och i puberteten även av de egna föräldrarnas uppfattningar – eftersom de intellektuella funktionerna i dessa fall obehindrat kan vara verksamma. Bara i den egna gruppen (av anhängare av en ideologi eller teoretisk skola, t ex), som representerar den tidiga familjesituationen, kan en sådan människa i vissa fall ha kvar en naiv hörsamhet och kritiklöshet som inte alls stämmer med hans eljest lysande intellekt. På den punkten fortsätter tragiskt nog hans *tidiga* beroende av tyranniska föräldrar, och det kan han själv inte se – vilket var den "svarta pedagogikens" avsikt. Martin Heidegger kunde t ex utan vidare ta avstånd från den traditionella filosofin och därmed lämna sin *ungdoms lärare*. Men han kunde omöjligt se motsägelserna i hitlerideologin, som borde legat i öppen dag för hans intelligens. Dem mötte han med det *lilla barnets* entusiasm och trofasthet, som inte tillät någon kritik.

Att ha en egen vilja och en egen mening gällde som egensinne och var straffbart. Och när vi ser vilka straff som utmättes för det förstår vi att ett intelligent barn både ville och utan svårighet kunde undandra sig dessa konsekvenser. Att det samtidigt måste betala ett annat pris visste det inte om.

Fadern får sin makt av Gud (och sin egen far), läraren finner marken beredd för lydnad och statens härskare kan skörda vad som såtts.

Bestraffningens egentliga höjdpunkt nås med det kraftigaste straffet, *kroppsagan. Liksom riset gäller som symbol för fadersdisciplinen i hem-*

met, så står käppen som tecken för skolans disciplin. Det fanns en tid då käppen var universalmedlet för alla fel i skolan liksom riset i hemmet. Denna *"förtäckta* form av samtal med själen" är *urgammal* och *förekommer hos alla folk.* Regeln: "Den som inte hör får känna!" ligger också nära till hands. Det pedagogiska slaget är en energisk handling som ledsagar ordet och förstärker dess verkan. Mest direkt och naturlig är *örfilen,* som ofta inleds med ett kännbart grepp om örat och *påminner om vår egen ungdom.* Den drar uppmärksamheten till hörapparaten och dess bruk på ett högst kännbart sätt. Den har en klart symbolisk betydelse, liksom *munfisken,* som riktar sig till talinstrumentet och manar till bättre användning av detta. Dessa båda former av aga är de mest naiva och karakteristiska, vilket redan namnet utvisar. Även den alltjämt omtyckta *luggningen* har sin symbolik ...

En sant kristen pedagogik, som tar barnet som det är, inte som det borde vara, kan inte principiellt avstå från varje form av kroppsaga. Denna är för många förseelser det *bäst avpassade straffet: den förödmjukar och gör intryck,* den stryker med kraft under *nödvändigheten av underkastelse* under en högre ordning och låter samtidigt hela kraften i faderskärleken komma fram ... Vi kan fullständigt förstå en samvetsgrann lärares deklaration: *"Hellre än att avstå från möjligheten att i nödfall tillgripa käppen vill jag avstå från att vara lärare."*

... "Fadern straffar sitt barn och känner själv slaget, när hjärtat är vekt är hårdhet förtjänst", skriver Rückert. Om läraren är en rätt *skolfader* så vet han att när så behövs *älska också med käppen,* ofta med en renare och djupare kärlek än mången naturlig far. Och även om vi kallar också det unga hjärtat ett syndahjärta, så tror vi oss dock kunna påstå: *det unga hjärtat förstår i regel denna kärlek, om också inte alltid i samma stund.* (Ur: Encyklopädie ..., ²1887, cit efter KR, s 433 f.)

Denna internaliserade "kärlek" följer ofta "det unga hjärtat" ända till dess ålderdom. Det låter sig utan motstånd manipuleras av olika medier då det är vant vid att dess "böjelser" manipuleras och aldrig har vetat om något annat.

Uppfostrarens första och viktigaste omsorg måste gälla att hindra eller åtminstone snarast möjligt åter utrota de böjelser som står i vägen för den högre viljan på alla möjliga sätt så fort de träder i dagen, i stället

för att (som så ofta sker) väcka och underhålla dem genom den första uppfostran . . .
Lika litet som barnet bör lära känna dessa för den högre bildningen ogynnsamma böjelser, lika mycket bör det däremot innerligt och på många sätt bli förtroget med alla andra, åtminstone i deras första ansatser.
Uppfostraren bör alltså redan tidigt hos barnet framkalla mångfaldiga och bestående böjelser av detta bättre slag. Ofta och på många olika sätt bör han röra barnet till glädje, jubel, förtjusning, hopp osv, någon gång, fast mer sällan och kortvarigt, till ängslan, sorgsenhet och dylikt. Han får rikliga tillfällen till detta genom tillfredsställelse av alla de olika behoven, inte bara kroppsliga utan framför allt också andliga, eller genom försakelser eller genom en blandning av båda. Han måste emellertid planlägga allt så att det får en naturlig verkan och inte är beroende av hans anstiftan, eller åtminstone så att *det ser så ut. I synnerhet de oangenäma händelserna får, om de härrör från honom, inte förråda sitt ursprung.* (Ur: K. Weiller, *Versuch eines Lehrgebäudes der Erziehungskunde,* 1805, cit efter KR, s 469 f.)

Den som drar nytta av manipulerande får inte ertappas. Förmågan att upptäcka förstörs eller förvänds med hjälp av skrämsel.

Man vet ju väl hur *nyfikna unga människor,* särskilt de något större, är på denna punkt och vilka sällsammma vägar och medel de kan finna för att skaffa sig kunskaper om skillnaderna hos det andra könet. Man kan säkert räkna med att *varje upptäckt* som de själva gör ger mer näring åt deras redan förut upphetsade fantasi och alltså är *farlig för deras oskuld.* Redan av denna anledning är det tillrådligt att förekomma dem, och den nämnda undervisningen gör det hur som helst nödvändigt. Att låta det ena könet fritt blotta sig för det andra skulle stå i strid med skamkänslan. Dock bör gossen veta hur en kvinnlig kropp är formad och flickan hur en manlig kropp är gestaltad, annars får de ingen fullständig föreställning och man sätter inga skrankor för deras nyfikna funderingar. Men de bör få veta det på ett allvarligt sätt. Kopparstick kan ge tillfredsställelse på denna punkt, men är deras framställning tydlig nog? Retar de inte fantasin? Kvarstår inte önskan att jämföra med naturen?
Alla dessa bekymmer försvinner *om man för detta syfte använder sig*

av en själlös människokropp. Anblicken av ett lik leder till allvar och eftertanke, och det är den bästa sinnesstämning ett barn kan ha under sådana omständigheter. Hans senare minnesbilder av scenen får genom en naturlig idéassociation en allvarlig inriktning. Den bild som kvarstår i hans sinne har inte samma *förföriska lockelse* som de bilder fantasin skapar eller som *andra mindre allvarliga föremål* kan inge. Om alla ungdomar kunde få undervisning om människans avlande genom en anatomisk föreläsning så behövdes det inga större förberedelser. Därtill finns emellertid sällan tillfälle, men på nämnda sätt kan var och en meddela den behövliga undervisningen. *Ett lik har man ju ofta tillfälle att se.* (J. Oest, 1787, cit. efter KR, s 328 f.)

Att bekämpa könsdriften med åsynen av lik anses som ett legitimt medel att skydda "oskulden", men samtidigt bereder man marken för uppkomsten av perversioner. En systematiskt odlad motvilja mot den egna kroppen fyller samma funktion:

Att inpränta skamkänsla med ord är inte alls så effektivt som att lära barnen att betrakta *varje blottande* och vad därtill hör som en osed och som *kränkande för andra,* liksom det vore kränkande att anmoda någon som inte har betalt för det att bära ut nattkärlet. Av den orsaken skulle jag vilja föreslå att man *varannan eller var fjärde vecka låter barnen bli tvättade från topp till tå av en gammal ful och smutsig kvinna,* utan andra åskådare. Föräldrar eller andra överordnade måste dock ha uppsikt över detta så att kvinnan inte i onödan uppehöll sig vid någon kroppsdel. *Detta förehavande skulle framställas som motbjudande för de unga,* och man skulle tala om för dem att den gamla kvinnan fick betalt för att åta sig ett arbete som var nödvändigt för hälsans och renlighetens skull men som var så *motbjudande att ingen annan ville åta sig det.* Detta skulle tjäna till att förebygga det intryck som en överrumplad skamkänsla kunde orsaka. (Cit efter KR, s 329 f.)

Skamkänslan kan också utnyttjas i kampen mot egensinnet.

Som ovan sagts måste egensinnet knäckas *"i tidiga år genom känslan av avgjord övermakt". Längre fram har framkallande av skamkänslor en varaktigare verkan,* särskilt på starka naturer hos vilka egensinnet ofta är nära förknippat med mod och viljekraft. När uppfostran nalkas sitt slut är en förtäckt eller öppen utläggning av det *fula och moraliskt oför-svarliga i detta fel* på sin plats, så att förnuft och viljekraft helt engage-ras mot de sista resterna av egensinnet. Ett samtal "mellan fyra ögon" är enligt vår erfarenhet ändamålsenligt på detta sista stadium. Med tanke på hur vanligt det *barnsliga egensinnet* är förefaller det ytterst märk-värdigt att man hittills i barnpsykologi och patologi har ägnat så liten uppmärksamhet åt detta *antisociala själsfenomen* och dess *uppkomst, väsen och botande.* (Ur: H. Grünewald, *Über den Kinderfehler des Eigensinns,* 1899, cit. efter KR, s 423.)

För alla dessa medel gäller att det är viktigt att man börjar använda dem tidigt nog.

Om man nu ofta nog inte uppnår sitt mål på detta sätt, måste det på-minna kloka föräldrar om att *mycket tidigt göra sitt barn fogligt, efter-givet och lydigt* och vänja det vid att övervinna sin egen vilja. Detta är ett huvudstycke i den moraliska uppfostran, och att underlåta det är det största fel man kan begå. Att rätt utöva denna plikt utan att stöta ihop med åliggandet att *bibehålla barnets glada humör* är den största konsten i uppfostrans begynnelse. (F. S. Bock, 1780, cit. efter KR, s 389.)

I följande tre episoder får vi en åskådlig bild av hur de ovan be-skrivna principerna tillämpades. Jag citerar dessa avsnitt i deras helhet för att ge läsaren en uppfattning om den atmosfär som dessa barn (dvs åtminstone våra föräldrar) dagligen insöp. Denna lektyr hjälper oss att förstå hur en neurotisk utveckling kommer till. Den har inte sitt upphov i någon yttre händelse utan i *bortträngning* av de *otaliga moment* som utgör barnets dagliga liv och som barnet *aldrig förmår beskriva* därför att det inte vet *att det över huvud kan vara på något annat sätt.*

Fram till hans fjärde år var det i huvudsak fyra saker som jag lärde lille Konrad: Vara uppmärksam, lyda, hålla sams med andra och lägga band på sina begär.
   Det första skedde på så sätt att jag ständigt brukade visa honom alla slags djur, blommor och andra märkvärdigheter i naturen och förklara bilder för honom; det andra så att jag så ofta han var tillsammans med

mig *hela tiden lät honom göra saker efter min vilja*; det tredje så att jag emellanåt bjöd hem olika barn att leka med honom, varvid jag alltid var närvarande och, så snart en tvist uppstod, noga undersökte vem som hade satt igång den, varpå denne en stund inte fick vara med om leken. Det fjärde lärde jag honom på så sätt att jag *ofta sade nej när han med stor iver bad om något.* En gång hade jag till exempel tagit in en stor skål full med honung. Honung! Honung! ropade han glatt. Far, ge mig honung! Han drog fram stolen till bordet, satte sig och väntade att jag genast skulle ge honom ett par bullar med honung på. Det gjorde jag dock inte, jag satte honungen framför honom och sade: Jag delar inte ut någon honung nu, utan först ska vi så ärter i trädgården, sedan, när vi är färdiga med det, kan vi äta bröd med honung tillsammans. Han tittade först på mig och sedan på honungen, och sedan gick han med mig ut i trädgården.

När maten skulle delas ut vid bordet brukade jag alltid se till att *han fick sist.* En gång åt mina föräldrar och Christelchen hos mig och vi hade risgrynsgröt, något som han tyckte särskilt mycket om. Gröt! ropade han glatt och klängde på mor. Ja, sade jag, det är risgrynsgröt, det ska lille Konrad också få smaka. Först får de stora, *sedan får de små.* Var så god, farmor, här får du! Och här farfar, det här är åt dig! Och det här är åt mor. Det här är åt far, det här är åt Christelchen, och det här? Vem ska få det? Onnäde, svarade han glatt. Han fann inte denna ordning orättvis, och jag slapp all den förtret som föräldrar får när de har vant sina barn att få först av allt som kommer på bordet. (C. G. Salzmann, 1796, cit. efter KR, s 352 f.)

"De små" sitter stilla vid bordet och väntar. Det behöver inte vara förnedrande. Det kommer an på hur den vuxne upplever denna procedur. Och här framgår det klart hur han njuter av sin makt och av att vara stor på de smås bekostnad.

Något liknande händer i nästa berättelse där barnet endast genom att ljuga får möjlighet att läsa i hemlighet.

Att ljuga är skamligt. Det erkänner även de som ljuger, och det finns nog ingen lögnare som kan hysa aktning för sig själv. Och den som inte aktar sig själv, han har heller ingen aktning för andra. *Lögnaren är på sätt och vis utesluten ur den mänskliga gemenskapen.*

Härav följer att en liten lögnare måste behandlas mycket finkänsligt så att inte hans aktning för sig själv, som redan har blivit lidande på grund av medvetandet att ha ljugit, blir ännu mer sårad genom botandet av hans felsteg. Det är väl en regel utan undantag att "ett barn som ljuger aldrig på grund av detta fel får bannas eller straffas offentligt, inte ens, annat än i yttersta nödfall, påminnas om sitt fel offentligt".

En uppfostrare gör klokt i att visa sig mer *förvånad och undrande* över att barnet har sagt en *osanning* än upprörd över att det har *ljugit*. *Så länge det går bör han handla som om* han ansåg en (medvetet framförd) lögn som en (av obetänksamhet uttalad) osanning. Detta är nyckeln till det beteende som herr Willich anlade när han stötte på spår av denna last i sitt lilla samhälle.

Det hände att Kätchen gjorde sig skyldig till lögn ... En gång råkade hon få anledning att komma undan med en osanning, och hon föll för frestelsen: Hon hade en kväll stickat alldeles ovanligt flitigt, så att hon faktiskt skulle kunna visa upp det stycke hon hunnit som två kvällars arbete. Av en tillfällighet glömde också modern att den kvällen låta flickorna visa vad de hade hunnit med.

Följande kväll smög sig Kätchen i hemlighet bort från de andra, tog en bok som hon under dagen hade fått tag i och *läste i den hela kvällen. Hon var så listig* att hon *dolde* för syskonen *att hon läste* när de gång efter annan kom för att se efter var hon var och vad hon gjorde. Hon låtsades att hon höll på med stickningen eller med någon annan syssla.

Men den här kvällen tittade modern på flickornas arbeten. Kätchen visade sin strumpa. Den hade verkligen växt betydligt, men den skarpsynta modern tyckte sig märka ett särskilt, inte fullt uppriktigt beteende hos Kätchen. Hon tittade på arbetet, teg och beslöt att ta närmare reda på hur det förhöll sig. Dagen efter lyckades hon genom en del förfrågningar få reda på att Kätchen inte kunde ha stickat dagen innan. I stället för att nu obetänksamt anklaga henne direkt för osanning drog modern vid ett lämpligt tillfälle in flickan i ett samtal i syfte att *gillra en fälla* för henne.

De pratade om kvinnors arbete. Modern menade att de i regel hade mycket dåligt betalt och tillfogade att hon inte trodde att en flicka i Kätchens ålder och med hennes arbetsförmåga kunde förtjäna så mycket som hon dagligen behövde, om hon beräknade kostnaden för mat, kläder och bostad. Kätchen var av motsatt åsikt och menade, att hon t ex när det gällde stickning kunde prestera dubbelt så mycket på ett par timmar som modern hade beräknat. *Modern protesterade livligt.* Då tog också flickan eld, glömde sig och talade om att hon för två kvällar sedan hade stickat ett dubbelt så långt stycke som annars.

– Vad vill det säga? undrade modern. I går sa du ju att du kvällen innan hade stickat hälften av det stycke som strumpan hade ökat med? Kätchen blev röd. Hennes ögon lydde henne inte utan flackade hit och dit.

– Kätchen, sade modern med allvarlig men medlidsam ton, har det vita bandet i håret inte alls hjälpt? Nu är jag ledsen och går ifrån dig. Hon steg genast upp, vände sig inte mot Kätchen som ville springa efter henne utan gick med allvarlig min ut genom dörren och lämnade flickan bestört och gråtande kvar i rummet.

Det är att märka att det inte var första gången som Kätchen begått detta felsteg, sedan hon kommit i sina fosterföräldrars hus. Modern hade förmanat henne och till sist ålagt henne att i framtiden bära ett *vitt hårband.*

– Vitt, sade hon, brukar anses som oskuldens och renhetens färg. Så ofta du ser dig i spegeln bör du låta hårbandet påminna dig om den renhet och sanning som bör styra dina tankar och ord. Men *osanning är som smuts* som befläckar din själ.

Detta medel hade hjälpt till en tid. Men genom det nya felsteget kunde Kätchen inte längre hoppas att hennes förseelse skulle förbli en hemlighet mellan henne och modern. Denna hade nämligen den gången inpräntat att om Kätchen än en gång gjorde sig skyldig till lögn skulle hon, modern, känna sig förpliktad att yppa saken för fadern för att få hans bistånd. Nu hade det gått därhän, och nu skedde det så som modern hade sagt. Hon hotade nämligen aldrig med något som inte i förekommande fall omedelbart gick i uppfyllelse.

Herr Willich *föreföll hela dagen mycket missbelåten, vresig och tankfull.* Alla barnen märkte det, men ingen mer än Kätchen kände *hans mörka blickar som stygn i hjärtat.* Fruktan för vad som komma skulle *plågade flickan hela eftermiddagen.*

På kvällen kallade fadern in Kätchen i sitt rum ensam. Hon fann honom med samma min.

– Kätchen, sade han till henne, idag har det hänt mig något mycket otrevligt. Jag har funnit *en lögnerska bland mina barn.*

Kätchen grät och kunde inte säga ett ord.

Herr Willich: – Jag blev förskräckt när mor berättade för mig att du än en gång *har förnedrat dig så*. Säg mig för himlens skull, flicka, hur kommer det sig att du kan förvilla dig så? [Efter en paus.] Torka nu dina tårar. Det blir inte bättre av att du gråter. Berätta i stället hur det var i förrgår, så att vi kan se till hur vi i framiden ska kunna avhjälpa det onda. Hur var det i går afton? Var var du? Vad gjorde du eller vad gjorde du inte?

Kätchen berättade då hur det varit, vilket vi också vet. Hon dolde ingenting, inte ens den list hon använt för att syskonen inte skulle märka vad hon gjorde. – Kätchen, genmälde därpå herr Willich med *förtroendeväckande tonfall*, nu har du berättat mig saker om dig själv som du *inte själv kan gilla*. Men när mor igår tittade på din stickning, sade du att du hade stickat *flitigt*. Sticka är otvivelaktigt något *gott*, du berättade alltså *något gott* om dig själv för mor. Säg mig nu, när kände du dig lättast om hjärtat? Nu, då du berättat det som var illa men som är *sant*, eller igår, då du berättade något *gott*, som dock var *osant*?

Kätchen tillstod att hon var glad att ha fått lätta sitt hjärta med bekännelsen, och att ljugandet var något fult.

. . . *Kätchen*. Det är sant, jag var så dum. Men förlåt mig, käre far.

Willich. Här är det inte tal om att *förlåta*. Mig har du inte gjort något. Men *dig själv*, och mor, har du kränkt *mycket illa*. Det ska jag nu rätta mig efter, och om du också ljög tio gånger igen *så skulle du inte bedra mig*. Om det du säger inte är uppenbar sanning så kommer jag hädanefter att behandla dina ord som *mynt som man tror är falska*. Jag ska pröva, fråga och kontrollera. För mig *blir du som en stav som man inte kan stödja sig på, jag kommer alltid att behandla dig med en viss misstro*.

Kätchen. Å, snälla far, så illa . . .

Willich. Tro inte att jag överdriver eller skämtar, stackars barn. Om jag inte kan lita på din *sanningsenlighet*, vad har jag då för garantier för att jag inte råkar illa ut när jag tror på vad du säger? Jag ser, kära barn, att du har två fiender att kämpa mot om du vill utrota din böjelse att ljuga. Vill du veta vilka det är, Kätchen?

Kätchen. [inställsamt och med en nästan för smeksam och lättsinnig uppsyn] – O ja, snälla far.

Willich. Men är du tillräckligt *lugn* och *beredd* i ditt sinne? Jag vill inte säga något som inte fastnar i ditt inre utan som du glömmer till i morgon.

Kätchen. [redan allvarligare] Nej, jag lovar att lägga det på minnet.

Willich. Stackars flicka, om du nu kunde låta bli att vara så flyktig! [efter en paus] Din första fiende heter *lättsinne* och *tanklöshet. Då du stoppade boken i fickan och smög din väg för att i hemlighet läsa i den, då* skulle du ha tänkt efter. Inte sant? Hur kunde du tänka dig att göra det allra minsta som *du inte ville tala om för oss?* Hur kom du på den tanken? Om du trodde att det var tillåtet att läsa i boken – ja, då hade du bara behövt säga: Idag skulle jag vilja läsa i den här boken, var snäll och låt mitt flitiga stickande igår gälla för idag också – tror du att vi skulle ha sagt nej till det? Men trodde du att det inte var tillåtet? Ville du göra något otillåtet bakom ryggen på oss? Säkert inte. Så stygg är du inte . . .

Din andra fiende, kära dotter, är en *falsk skamkänsla.* Du skäms för att bekänna när du har gjort *orätt.* Det ska du inte vara rädd för. I och med det är din fiende besegrad. Försköna ingenting, dölj ingenting, inte ens av det minsta felsteg. Låt oss, låt dina syskon läsa i ditt hjärta så som du själv läser i det. Så fördärvad är du ännu inte att du nödvändigtvis måste skämmas för att tillstå vad du har gjort. Dölj bara ingenting för dig själv och säg inget annat än det du vet. Även i fråga om vardagliga småsaker ska du bara säga precis som det är, aldrig annat, inte ens på skämt.

Jag ser att mor har tagit ifrån dig det vita hårbandet. Du har förverkat det, det är sant. Du har fläckat din själ med en lögn. Men du har också gjort bättring. Du har erkänt ditt felsteg så uppriktigt att jag inte kan tro att du har förtigit eller ändrat något. Detta är för mig ett bevis på din *uppriktighet* och *sanningsenlighet.* Här får du ett annat band för håret. Det är inte lika fint som det förra. Men här kommer det inte an på hur *fint* bandet är utan på *vad den är värd* som bär det. *Stiger hon i värde* så kan jag tänka mig att visa min uppskattning för det med ett fint hårband med silvertrådar i.

Här lät han flickan gå, inte utan farhågor för att hon skulle råka ut för återfall på grund av sitt livliga temperament, men heller inte utan förhoppning att hennes goda förstånd och en lämplig behandling snart skulle göra flickan lugnare till sitt väsen och därmed täppa till den egentliga källan till denna dåliga benägenhet.

Efter en tid inträffade verkligen ett återfall ... Det var kväll, och de övriga barnen hade just tillfrågats hur de hade uträttat sina sysslor. Räkenskaperna utföll mycket väl, och även Kätchen kunde berätta om saker som hon gjort utöver det som var hennes plikt. En enda försummelse kom hon att tänka på, men hon förteg den, och än värre, hon förklarade på moderns fråga att hon redan gjort den. Hon skulle ha stoppat ett par hål i sina strumpor. Det hade hon glömt. Men i den stund då hon avlade räkenskap och tänkte på det, kom hon på tanken att hon flera dagar hade stigit upp tidigare än de andra. Hon hoppades att så skulle ske även nästa morgon och tänkte då i all hast gottgöra det försummade.

Men det gick inte alls som Kätchen hade tänkt sig. Hon hade slarvat och låtit strumporna ligga framme, och modern hade redan tidigare tagit hand om dem, medan flickan trodde att hon själv hade lagt undan dem. Därför hade modern själv på tungan att fråga Kätchen om strumporna och därvid se skarpt på henne. Men hon kom ihåg att hennes man hade förbjudit henne att *offentligt* anklaga flickan för detta fel och höll inne med sina ord. Men det kränkte henne djupt att flickan så lättvindigt kunde komma med en direkt osanning.

Modern steg också upp tidigt nästa morgon, ty hon ansåg det troligt att Kätchen hade något sådant i tankarna. Hon fann henne redan klädd, i full färd med att ängsligt söka något. Dottern ville räcka modern handen och önska god morgon och försökte anlägga sin vanliga glättiga uppsyn. Modern ansåg ögonblicket lämpligt. – Försök inte ljuga med dina *miner* också, sade hon. Med *munnen* ljög du redan igår. Där ligger dina strumpor i skåpet, och de har legat där sedan i går middag, och du har inte kommit ihåg att stoppa dem. Hur kunde du då igår säga till mig att de var stoppade?

Kätchen. O Gud, mor, jag är dödens ...

– Här är dina strumpor, *sade modern kyligt och ogillande. Idag vill jag inte ha någonting att göra med dig.* Du kan komma till lektionerna eller låta bli, det gör mig detsamma. Du har ingen skam i dig.

Härmed gick modern därifrån och gråtande och snyftande satte sig Kätchen för att snabbt göra det som hon hade försummat dagen innan. Knappt hade hon börjat förrän herr Willich med allvarlig och sorgsen min trädde in genom dörren och tigande började gå fram och tillbaka i rummet.

Willich. Du gråter Kätchen, hur är det fatt?

Kätchen. O snälla far, det vet far redan.

Willich. Jag vill höra det *av dig* Kätchen. Vad har hänt?

Kätchen. [med ansiktet gömt i näsduken] Jag har ljugit igen.

Willich. Olyckliga barn. Är det alldeles omöjligt för dig att behärska din tanklöshet?

Kätchen kunde inte svara för gråt och förtvivlan.

Willich. Att lögn är något gement, det vet du redan, och jag förstår också att lögnen är något du tar till när du inte har tankarna samlade. Vad ska vi nu göra åt det? Du måste *göra något,* barn, och jag ska hjälpa dig med det som en vän.

Denna dag ska vara en dag då du *sörjer* över ditt felsteg igår. De hårband du använder idag måste vara *svarta.* Gå och ta på dig ett sådant innan dina syskon har stigit upp. – Lugna dig, fortsatte herr W. när Kätchen kom tillbaka och hade gjort som han hade sagt, du ska få trofast hjälp av mig med detta onda. För att du ska bli mer uppmärksam på dig själv ska du nu varje kväll innan du går till sängs komma in till mig i mitt rum och skriva i en bok som jag särskilt ska göra i ordning åt dig, antingen: *idag har jag ljugit,* eller: idag har jag inte ljugit.

Du behöver inte vara rädd att få bannor av mig även om du måste skriva in vad du skulle vilja slippa. Jag hoppas att redan *påminnelsen* om en uttalad lögn i många dagar kommer att skydda dig mot denna last. För att *jag* också ska göra något som kan vara till hjälp för dig under dagen så att du på kvällen kan skriva in en god rapport i stället för en dålig, så förbjuder jag dig från och med ikväll, då du ska lägga av det svarta hårbandet, att längre ha något hårband. *Jag sätter detta förbud på obestämd tid, till dess att din kvällsrapport har övertygat* mig om att ett *allvarligt beteende* och *sanningsenlighet* har blivit en vana för dig så att enligt min uppfattning inget återfall är att frukta mer. *Om det går så för dig, som jag önskar* – då får du själv bestämma vilken färg på hårband du hädanefter vill ha. (Ur: J. Heusinger, *Die Familie Wertheim,* 1800, cit. efter KR, s 192 f.)

Utan tvivel är Kätchen övertygad om att en sådan last bara kan innästla sig hos henne, den stygga varelsen. För att kunna föreställa sig att hennes storartade och godsinte uppfostrare själv har svårt att hålla sig till sanningen och att det är därför han plågar Kätchen så, för det skulle hon själv behöva ha psykoanalytisk erfarenhet. Följaktligen känner hon sig mycket usel vid sidan av de goda vuxna. Och Konrädchens far? Speglar inte hans nöd vad många fäder upplever också i vår tid?

Jag hade föresatt mig att uppfostra honom helt utan aga, men det blev inte så som jag önskade. Snart blev jag tvungen att en gång använda riset.

Fallet var följande: Christelchen hälsade på hos oss och medförde en docka. Så fort Konrädchen fick se den ville han ha den. Jag bad Christelchen ge honom den, och det gjorde hon. När Konrädchen hade haft den en stund ville hon ha den tillbaka, men han ville inte lämna igen den. Vad skulle jag nu ta mig till? Om jag hade hämtat bilderboken och sedan sagt till honom att ge Christelchen dockan så skulle han kanske ha gjort det utan invändningar. Detta föll mig dock inte in, och även om det hade fallit mig in så vet jag inte om jag hade gjort det. *Jag ansåg att det nu var på tiden att barnet lärde sig att lyda sin far på hans ord.* Jag sade alltså: Konrädchen, vill du inte lämna tillbaka dockan till Christelchen?

Nej! sade han med viss häftighet.

Men stackars Christel har ju ingen docka nu!

Nej! svarade han igen, grät och tryckte dockan till sig och vände ryggen åt mig.

Då sade jag i allvarlig ton till honom: Konrädchen, *du måste genast ge tillbaka dockan till Christelchen, jag vill det.*

Och vad gjorde Konrädchen? Han kastade dockan framför fötterna på Christelchen.

Gud, hur förskräckt blev jag icke över detta! Jag tror inte det skulle ha orsakat mig sådan skräck ens om den bästa kon i ladugården hade stupat för mig. Christelchen tänkte ta upp dockan, *men det tillät jag inte.* Konrädchen, sade jag, ta genast upp dockan och ge den till Christelchen.

Nej! Nej! skrek Konrädchen.

Då hämtade jag ett ris, visade det för honom och sade: Ta upp dockan, annars slår jag dig med riset. Men barnet envisades och skrek: Nej! Nej! Då lyfte jag riset och tänkte slå honom.

Men då inträffade ett nytt uppträde. Modern ropade: Käre man, jag ber dig, för Guds skull . . .

Nu stod jag mellan två eldar. Jag fattade emellertid ett snabbt beslut, tog dockan, barnet och riset under armen och sprang ut ur rummet och in i ett annat rum, stängde dörren så att modern inte skulle komma efter, kastade dockan på golvet och sade: *Ta upp dockan, annars slår jag dig med riset!* Men Konrad stod fast vid sitt Nej.

Då gick jag lös på honom Smisk! smisk! smisk! Vill du ta upp dockan nu? frågade jag.

Nej! svarade han.

Då fick han smaka riset ännu mer, och sedan sade jag igen: Ta nu genast upp dockan!

Då tog han äntligen upp den, jag tog honom vid handen och ledde in honom i det andra rummet och sade: Ge dockan åt Christelchen!

Han gav henne den.

Sedan sprang han skrikande *till sin mor och ville lägga huvudet i hennes knä.* Hon hade emellertid *så mycket förstånd att hon avvisade honom och sade: Gå, du är ingen snäll Konrad.*

Men tårarna rann över hennes kinder när hon sade detta.

Då jag märkte det bad jag henne att hon skulle gå ut ur rummet. Då så skett skrek Konrad ännu någon kvarts timme, *sedan blev han lugn.*

Jag måste säga att jag tog detta uppträde mycket hårt, dels därför att det gjorde mig ont om barnet, dels därför att hans halsstarrighet bedrövade mig.

Vid bordet kunde jag inte äta, jag lät maten stå och gick till herr pastorn för att utgjuta mitt hjärta för honom.

Där fick jag tröst. Han har gjort rätt, käre herr Kiefer, sade han till mig. *När nässlan ännu är späd* kan man lätt rycka upp den, men om man låter den stå länge så växer rötterna, och när man sedan vill rycka upp den stannar rötterna kvar. Med barns oarter är det likadant. Ju längre man överser med dem, dess svårare är de att sedan få bort. Det var bra att han gav den lille tjurskallen ett ordentligt kok stryk. Det glömmer han inte på ett halvår.

Hade han bara slagit honom lite grann så hade det dels inte hjälpt den här gången, dels hade han fått lov att slå honom ideligen, och pojken skulle till sist ha vant sig så vid slagen att han inte tyckte att det var något. Det är därför barn i regel bryr sig så lite om när mödrarna slår dem. *De har inte hjärta att slå ordentligt.* Och därför finns det också barn som är så förstockade att man inte kommer någon vart med dem ens med den hårdaste prygel . . .

Medan nu hans Konrädchen har slagen i friskt minne *råder jag honom att utnyttja den tiden. När han kommer hem, så ge honom ofta befallningar. Låt honom hämta stövlar, skor, tobakspipa* och *bära tillbaka dem igen.* Låt honom flytta *stenarna på gården från det ena stället till det andra.* Det kommer han att göra och på så sätt vänja sig att lyda. (C. G. Salsmann, 1796, cit. efter KR, s 158 f.)

Pastorns tröstande ord – låter de så föråldrade? Har vi inte år 1979 fått höra att två tredjedelar av Tysklands befolkning är för aga? I England är kroppsaga ännu inte förbjudet, och i internatskolorna där används den regelbundet. Vem ska sedan ta emot reaktionerna på dessa förödmjukelser, nu när kolonierna inte finns? Alla forna elever kan ju inte bli lärare och ta hämnd på det sättet . . .

Sammanfattning

De ovan återgivna citaten är avsedda att beskriva en *inställning* som inte bara finns i de fascistiska ideologierna utan kommer fram mer eller mindre öppet också i andra sammanhang. Förakt och förföljelse av svaga barn och strävan att undertrycka det levande, kreativa och emotionella hos barnet och i det egna självet går igen på så många områden av livet att vi knappt lägger märke till det. Tendensen att så fort som möjligt bli kvitt vårt barnsliga, dvs svaga, hjälplösa och beroende väsen för att bli stora, självständiga och duktiga personer som förtjänar aktning dyker upp överallt, mer eller mindre intensivt och med skiftande motiveringar. När vi sedan stöter på detta svaga väsen hos våra egna barn så förföljer vi det med liknande medel som vi använt mot oss själva, och det kallas "uppfostran".

I det följande kommer jag ibland att använda begreppet "svart pedagogik" om denna ytterst sammansatta inställning, och det kommer att framgå av sammanhanget vilken aspekt jag just där ställer i förgrunden. De olika aspekterna kan direkt avläsas ur de återgivna citaten. Av dem kan vi inhämta följande:

1. att de vuxna ska vara de beroende barnens härskare (inte tjä-
   nare!),
2. att de bestämmer som gudar över rätt och orätt,
3. att deras vrede har sitt upphov i deras egna konflikter, ✓
4. att barnet görs ansvarigt för det,
5. att föräldrarna alltid ska skyddas,
6. att barnets levande känslor innebär en fara för härskaren,
7. att man så tidigt som möjligt ska "stävja barnets vilja" och
8. att allt detta ska ske så tidigt som möjligt så att barnet "ingenting
   märker" och inte kan förråda den vuxne.

Följande medel används för att undertrycka det levande: Man
gillrar fällor, ljuger, använder list och förtäckta åtgärder, manipu-
lerar, skrämmer, drar in kärleksbevis, isolerar, visar misstro, föröd-
mjukar, visar förakt, hånar, skämmer ut, utövar våld intill tortyr.

Till den "svarta pedagogiken" hör också att man från första bör-
jan förmedlar felaktiga *informationer och åsikter* till barnet. Dessa
förs vidare från generation till generation och övertas högaktnings-
fullt av barnen, fast de inte bara är obevisade *utan bevisligen fel-
aktiga.* Dit hör sådana åsikter som:

1. att pliktkänsla alstrar kärlek,
2. att hat kan dödas med förbud,
3. att föräldrar a priori förtjänar aktning i egenskap av föräldrar,
4. att barn a priori inte förtjänar någon aktning,
5. att lydnad gör stark,
6. att självuppskattning är skadligt,
7. att låg självuppskattning leder till människokärlek,
8. att ömhetsbetygelser är skadliga,
9. att hänsyn till barns behov är förkastligt,
10. att hårdhet och kyla innebär god förberedelse för livet,
11. att hycklad tacksamhet är bättre än ärlig otacksamhet,
12. att det är viktigare hur man beter sig än hur man är,
13. att föräldrarna och Gud inte skulle överleva en kränkning,
14. att kroppen är något smutsigt och motbjudande,
15. att häftiga känslor är skadliga,
16. att föräldrar är fria från drifter och skuld
17. och att föräldrarna alltid har rätt.

När man betänker vilken terror som utgår från denna ideologi och att den vid sekelskiftet ännu stod på sin höjdpunkt kan man inte undra över att Sigmund Freud måste skyla över den oväntade inblick i hur barn blir sexuellt förförda av vuxna som han fick genom sina patienters vittnesbörd med en teori som bröt udden av hans otillåtna vetande. På hans tid var det strängt förbjudet att låta ett barn märka vad de vuxna gjorde med det, och om Freud hade stått fast vid sin förförelseteori så hade han inte bara haft sina introjicerade föräldrar att frukta utan hade säkert också blivit utsatt för verkliga smädelser och förmodligen blivit helt isolerad och utstött ur det borgerliga samhället. För att skydda sig själv måste han utveckla en teori som *tryggade diskretionen,* som hänförde allt "fult", skuldbelastat och orätt till den barnsliga fantasin och lät föräldrarna framstå som projektionsskärmar för dessa fantasier. Att föräldrarna å sin sida inte bara projicerar utan också kan tillfredsställa sina sexuella och aggressiva fantasier på barnet, eftersom de har makten, utelämnades begripligt nog ur denna teori. Det är väl tack vare denna lucka som så många pedagogiskt inriktade fackmänniskor kunde ansluta sig till driftsteorin utan att behöva ifrågasätta idealiseringen av sina föräldrar. Drifts- och strukturteorin tillät att det under den tidiga barndomen internaliserade budet: "Du skall icke märka vad dina föräldrar gör med dig", kunde upprätthållas.*

Den "svarta pedagogikens" inflytande på psykoanalysens teori och praktik förefaller mig så viktig att jag skulle vilja behandla detta tema utförligare (jfr s 11).

Här måste jag nöja mig med några få antydningar, eftersom jag först helt allmänt vill väcka insikt om att det bud att skona föräldrarna, som med hjälp av uppfostran förankrats djupt i oss, är ägnat att fördunkla för oss livsviktiga sanningar eller rentav förvandla

* Denna insikt har jag först på senare år kommit fram till, uteslutande på grund av min analytiska erfarenhet. Jag blev överraskad av att i Marianne Krülls fascinerande bok (1979) träffa på anmärkningsvärda överensstämmelser. Marianne Krüll är sociolog och hon nöjer sig inte med teorier utan vill uppleva det förstådda och förstå det upplevda. Hon har varit på den plats där Sigmund Freud var född och stått i det rum där Freud tillbringade sina första levnadsår tillsammans med sina föräldrar. Efter att ha läst många böcker om honom har hon försökt *föreställa sig och känna* vad barnet Sigmund Freud måste ha tagit till sig i detta rum.

dem till rena motsatsen. För detta måste många av oss betala med svåra neuroser.

Vad händer med alla de människor som uppfostrarnas mödor har burit frukt hos? Det är otänkbart att de som barn har kunnat utveckla och leva ut sina äkta känslor, ty bland dessa känslor skulle också den förbjudna vreden och det vanmäktiga raseriet ha funnits med – särskilt om dessa barn blev slagna och förödmjukade och om man ljög för dem och förde dem bakom ljuset. Vad sker då med denna vrede som aldrig fått utlopp därför att den var förbjuden? Tyvärr löses den inte upp utan förvandlas med tiden till ett mer eller mindre medvetet hat mot det egna självet eller mot andra ersättningspersoner, ett hat som tar sig olika för den vuxne tillåtna och väl anpassade utlopp.

Barn som Kätchen och Konrädchen har i alla tider sedan de blivit vuxna varit eniga om att deras barndom var den lyckligaste tiden i deras liv. Först i dagens unga generation sker en förvandling i detta avseende. Lloyd de Mause är väl den förste vetenskapsman som utförligt har undersökt barndomens historia utan att försköna fakta och utan att ta tillbaka sina forskningsresultat genom idealiserande kommentarer. Eftersom denne psykohistoriker kan leva sig in behöver han inte tränga bort sanningen. Den sanning som hans bok (1977) avslöjar är sorglig och beklämmande men bär i sig möjligheten till en förändring: Den som läser denna bok och kan inse att de här beskrivna barnen längre fram själva blev vuxna, han förundrar sig inte längre över ens de värsta illdåden i vår historia. Han upptäcker de ställen där grymhet har utsåtts och denna upptäckt skapar en förhoppning om att mänskligheten inte för alltid måste förbli utlämnad åt sådana grymheter. Upptäcker vi de omedvetna spelreglerna för makten och metoderna för att legitimera den befinner vi oss faktiskt i ett läge där vi kan genomföra principiella förändringar. Att helt fatta dessa spelregler är emellertid omöjligt för den som inte förstår den tidiga barndomens trångmål, där uppfostringsideologin fortplantar sig.

Unga föräldrars medvetna ideal har utan tvivel förändrats i vår generation. Lydnad, tvång, hårdhet och känslolöshet gäller inte längre som absoluta, allmänt erkända värden. Men vägen till förverkligande av de nya idealen blockeras ofta av nödvändigheten att hålla den egna barndomens lidande bortträngt, och det leder till brist på empati. De som en gång varit barn av typ Kätchen och Konrädchen är just de som inte vill höra talas om barnmisshandel (eller som bagatelliserar de faror den medför) eftersom de själva menar sig ha haft en "lycklig barndom". Men just deras brist på inlevelse skvallrar om motsatsen: de har varit tvungna att mycket tidigt bita ihop tänderna. Människor som faktiskt fick växa upp i en empatisk omgivning (något som är ytterst ovanligt, för man har till helt nyligen inte vetat hur mycket ett barn kan lida) eller sådana som längre fram har skapat ett empatiskt objekt i sitt inre, kan lättare öppna sig för andras lidande eller åtminstone inte förneka det. Detta vore en nödvändig förutsättning för att gamla sår skulle läkas och inte skylas över med hjälp av nästa generation.

Uppfostrans heliga värden

Det erbjuder oss en speciell hemlig njutning att se hur människorna
i vår omgivning inte anar vad som verkligen sker med dem.

(Adolf Hitler, cit efter Rauschning, s 181)

Människor som har växt upp med den "svarta pedagogikens" värde-
system och aldrig kommit i beröring med psykoanalytiska erfaren-
heter reagerar förmodligen på min antipedagogiska inställning an-
tingen med medveten ångest eller intellektuellt avvisande. De kom-
mer säkert att förebrå mig för likgiltighet inför heliga värden eller
för att jag visar en naiv optimism och inte har en aning om hur
elaka barn kan vara. Jag skulle inte bli förvånad över sådana före-
bråelser, för jag vet alltför väl vad som ligger bakom dem. Trots
detta vill jag försöka säga något om likgiltighet för värden:

Varje pedagog betraktar det som självklart att det är fult att
ljuga, skada eller kränka en annan människa, reagera med grymhet
på föräldrarnas grymhet i stället för att visa förståelse för deras goda
avsikter, etc. Å andra sidan anses det bra och värdefullt om barnet
talar sanning, är tacksamt mot föräldrarna för deras avsikter och
överser med det grymma i deras handlingar, om det övertar föräld-
rarnas åsikter men kan uttala sig kritiskt om sina egna idéer och
framför allt om det inte sätter sig på tvären utan fullgör vad man
begär av det. För att kunna bibringa barnet dessa nästan allmän-
giltiga värden, som är djupt rotade både i den judisk-kristna tradi-
tionen och på andra håll, måste den vuxne många gånger tillgripa
lögn, förställning, grymhet, misshandel och förödmjukelse, men hos
honom handlar det inte om "negativa värden" eftersom han redan
är uppfostrad och bara behöver använda dessa medel för att nå det
heliga målet, nämligen att barnet en gång ska bli fritt från lögn,
förställning, elakhet, grymhet och egoism.

Av det ovan sagda framgår tydligt att en relativering av de traditionella moraliska värdena redan finns underförstådd i detta värdesystem. Rangordning och makt avgör till sist om en handling ska räknas som god eller ond. Samma princip behärskar hela världen. Den starke dikterar åsikterna och den som segrat i kriget blir förr eller senare erkänd, oavsett vilka förbrytelser han har begått på vägen till detta mål.

Att värdena är relativa till maktställningen är en gammal sanning. Jag vill tillfoga ytterligare en iakttagelse, gjord ur psykoanalytisk synvinkel. När det inte längre rör sig om föreskrifter för barn märker man strax själv att det är omöjligt att tala sanning utan att såra någon, att visa tacksamhet som man inte känner utan att ljuga, att överse med föräldrarnas grymheter och samtidigt utvecklas till en självständigt kritisk människa. Dessa tvivel infinner sig med nödvändighet så snart man lämnar den religiösa eller filosofiska etikens abstrakta värdesystem och ser på den konkreta psykiska verkligheten. Människor, som inte är vana vid sådant konkret tänkande, tycker kanske att min relativering av de traditionella pedagogiska värdena och mitt ifrågasättande av uppfostran över huvud som ett värde är chockerande, nihilistiskt, hotande eller rentav naivt. Det beror på hur deras egen historia gestaltat sig. Som min egen uppfattning kan jag bara säga att det förvisso finns värden som jag inte behöver göra relativa och som jag anser så viktiga att jag håller för troligt att våra chanser att överleva är beroende av möjligheten att förverkliga dem. Till dessa värden hör: aktning för den svagare, alltså även för barnet, och respekt för livet och dess lagbundenhet. Utan den kvävs all skaparkraft. Denna respekt saknas hos fascismen i alla dess former. Den sprider i stället andlig död och kastrerar själen med sin ideologi. Bland alla Tredje rikets ledare har jag inte funnit en enda som inte fått en sträng och hård uppfostran. Ger inte det anledning till eftertanke?

Människor som redan i barndomen har haft möjlighet och tillåtelse att reagera adekvat, dvs med vrede, på de smärtor, kränkningar och motgångar som de medvetet eller omedvetet utsätts för, behåller denna förmåga till adekvat reaktion också i vuxen ålder. Som vuxna märker de och kan verbalt uttrycka när man har sårat dem. Men de har knappast något behov av att kasta sig över andra. Detta behov uppstår hos människor som alltid måste vara på sin vakt så att inte deras fördämningar rasar. Sker det blir allt oberäkneligt. Därför är det förståeligt att en del av dessa människor av fruktan för oberäkneliga följder är rädda för all spontan reaktion och att det hos den andra delen emellanåt sker urladdningar då ställföreträdande personer drabbas av deras obegripliga, våldsamma vrede eller av direkta våldshandlingar i form av mord och terrordåd. En människa som kan förstå sin vrede som en del av sig själv och integrera den, griper inte till våld. Behovet att slå en annan uppstår först när man *inte kan begripa sin vrede,* när man inte som litet barn fick bli förtrogen med denna känsla, aldrig uppleva den som en del av sig själv, därför att detta var helt otänkbart i ens omgivning.

Med denna dynamik i åtanke blir man inte förvånad när man finner att enligt statistiken 60 % av de tyska terroristerna på senare år härstammar från prästhem. Tragiken i denna situation ligger i att föräldrarna säkert har haft de bästa avsikter med sina barn. De ville från första början att deras barn skulle bli *goda, förstående, rättskaffens, snälla, anspråkslösa, hänsynsfulla, ej egoistiska, behärskade, tacksamma, ej egensinniga eller hårdnackade eller trotsiga,* och *framför allt fromma.* De ville *med alla medel* inplantera dessa värden i sina barn, och när det inte gick på annat sätt måste de använda våld för att nå detta goda mål med sin uppfostran. Om dessa barn blev unga våldsverkare, så betydde det att de gav uttryck åt den aldrig utlevda sidan av sin barndom men också åt föräldrarnas outlevda, undertryckta, endast av det egna barnet kända, fördolda sida.

När terrorister tar oskyldiga kvinnor och barn som gisslan för att tjäna en stor idé, gör de då annat än vad man en gång har gjort mot dem? En gång offrade man det levande lilla barnet för det stora uppfostringsverket, för de höga religiösa värdena, men i känsla av att man fullgjorde ett stort och gott verk. Eftersom dessa unga människor aldrig hade fått förlita sig på sina egna känslor fortsatte de att undertrycka sina känslor i ideologins tjänst. Dessa intelligenta och ofta mycket differentierade människor som en gång offrades för en "högre" moral gör som vuxna sig själva till offer för en annan –

ofta motsatt – ideologi, vilkens mål de i sitt innersta låter sig styras
helt av, liksom de en gång gjorde som barn. Detta är det omedvetna upprepningstvångets obarmhärtiga och
tragiska lagbundenhet. Dess positiva funktioner får dock inte förbi-
ses. Vore det inte mycket värre om uppfostringsverket lyckades full-
ständigt, om ett faktiskt, oåterkalleligt själamord på ett barn kunde
genomföras utan att någonsin bli allmänt känt? När en terrorist i
sitt ideals tjänst med våld överfaller värnlösa människor och utläm-
nar sig både åt ledaren som manipulerar honom och åt polisen i det
samhällssystem som han bekämpar, *då berättar han omedvetet i sitt
upprepningstvång vad som en gång gjordes med honom i de höga
pedagogiska idealens namn.* Den historia han berättar kan av all-
mänheten uppfattas som en varningssignal eller bli helt missför-
stådd, men som varningssignal är den ett tecken på liv som ännu
kan räddas.

Men vad händer när det inte finns kvar något spår av detta liv, där-
för att uppfostran lyckats fullkomligt och restlöst, så som fallet var
med människor som Adolf Eichmann och Rudolf Höss? De upp-
fostrades så tidigt och med sådan framgång till lydnad att denna
uppfostran aldrig sviktade, att denna byggnad inga sprickor hade.
Ingenstans fanns det någon läcka, ingen känsla rubbade den. Till
livets slut utförde dessa män de befallningar de fick utan att någon-
sin ifrågasätta deras innehåll. De utförde befallningarna, inte där-
för att de ansåg dem riktiga och rätta utan helt enkelt därför att det
var befallningar, precis så som den "svarta pedagogiken" anbefal-
ler (jfr s 50 f).
    Därför kunde Eichmann under processen mot honom lyssna till
de mest skakande berättelser från vittnena utan att röra en min,
men när han glömde att resa sig då domen avkunnades och det på-
pekades för honom rodnade han förläget.
    Även Rudolf Höss' fostran till lydnad under den tidigaste barn-
domen höll, trots tidens skiften. Hans far ville förvisso inte fostra
honom till kommendant i Auschwitz utan hade som sträng katolik
tänkt sig att han skulle bli missionär. Men mycket tidigt inympades
i honom principen att man alltid måste lyda överheten, vad den än
begärde av en.

Hos oss umgicks främst präster ur alla kretsar. Min far blev under årens lopp mer och mer religiös. Så ofta han hade tid reste han med mig till alla vallfartsorter i min hemtrakt och även till Einsiedeln i Schweiz och Lourdes i Frankrike. Han bad innerligt om himmelens välsignelse över mig och om att jag en gång skulle bli en gudabenådad präst. Själv var jag också varmt troende i den mån man kan vara det i pojkåren och tog mina religiösa plikter med stort allvar. Jag bad med verkligt barnsligt allvar och var ivrigt verksam som biträde vid mässan.

Av mina föräldrar uppfostrades jag till att bemöta alla vuxna, särskilt äldre, med aktning och vördnad, oavsett vilka kretsar de kom från. Jag fick lära mig att det var min främsta plikt att hjälpa till överallt där det behövdes. Framför allt påpekades det alltid för mig att jag ofördröjligen skulle uppfylla eller utföra alla önskemål eller föreskrifter som föräldrarna, läraren, prästen, ja alla vuxna, även tjänstefolket, gav uttryck åt, och *inte låta någonting hindra mig. Vad dessa sade var alltid rätt.*

Dessa uppfostringsprinciper har *gått mig i blodet.* (R. Höss, 1979, s 25).

När nu överheten begärde att han skulle fungera som ledare för dödsmaskineriet i Auschwitz, hur skulle Höss ha kunnat motsätta sig det? Och även senare, när han satt i fängelse och fick i uppdrag att berätta om sitt liv, utförde han detta uppdrag troget och samvetsgrant och uttalade också artigt sin tacksamhet över att han fick förkorta tiden med denna "intressanta sysselsättning". Tack vare hans berättelse har världen fått en inblick i förhistorien till ett ofattbart, tusenfaldigt brott.

Rudolf Höss berättar i sina minnen om hur han i barndomen upplevde ett tvång att tvätta sig. Tydligen försökte han befria sig från allt hos sig som hans föräldrar ansåg orent eller smutsigt. Hos föräldrarna mötte han ingen ömhet, utan den sökte han i stället hos djuren, helst som dessa aldrig liksom han fick stryk av fadern och följaktligen stod högre i rang än barnen.

Liknande värdeuppfattningar möter vi hos Heinrich Himmler. Han säger t ex:

Hur kan ni bara finna nöje i att ur bakhåll skjuta på de stackars djuren som betar i skogsbrynet, så aningslösa, värnlösa och oskyldiga, herr

Kersten. Det är ju strängt taget rena mordet ... Naturen är så underbart vacker och varje djur har ju också rätt att leva (J. Fest, 1963, s 169).

Samme Himmler har också sagt följande:

En princip måste gälla som absolut för en SS-man: Att vara ärlig, anständig, trofast och kamratlig mot dem som är av samma blod som vi men inte mot någon annan. Hur det går för ryssarna eller för tjeckerna är mig fullständigt likgiltigt. Om vi bland folken träffar på individer med gott blod av vår sort ska vi ta hand om dem och när så behövs röva barnen och uppfostra dem hos oss. Om andra folk lever i välstånd eller förgås av hunger, det intresserar mig bara i den mån vi behöver dem som slavar för vår kultur, annars intresserar det mig inte. Om 10 000 ryska kvinnor stupar av utmattning när de ska gräva skyttegravar intresserar mig bara så tillvida att jag vill att skyttegraven ska bli färdig för Tyskland. Vi ska aldrig visa oss råa eller hjärtlösa i onödan, det är självklart. Vi tyskar, som är de enda på jorden som har en anständig inställning till djuren, bör ju visa en anständig inställning också till dessa människodjur, men det är ett brott mot vårt eget blod att visa dem omsorg och försöka bibringa dem några ideal ... (J. Fest, 1963, s 161 f.).

Himmler var i likhet med Höss en nästan perfekt produkt av sin fars uppfostran. Denne var yrkeslärare. Även Heinrich Himmler drömde om att uppfostra människor och folk. Fest skriver:

Medicinalrådet Felix Kersten, som behandlade honom av och till sedan 1939 och hade ett slags förtroendepost påstår att Himmler hellre hade velat *uppfostra än utrota* de främmande folken. Under kriget drömde han i sina tankar på den kommande freden om sin uppgift att organisera militära enheter som "är utbildade och *uppfostrade och åter uppfostrade*" (s 163.)

Till skillnad från Rudolf Höss, vars fostran till blind lydnad var så fullkomligt genomförd, kunde Himmler tydligen inte helt uppfylla de krav på inre hårdhet som ställdes på honom. Joachim Fest ger en mycket övertygande tolkning av Himmlers illdåd som ständiga försök att bevisa sin hårdhet för sig själv och världen. Han anser:

I den hopplösa normförvirring som inträder under inflytande av den totalitära moralens maximer fick den hårdhet som praktiserades mot offren sitt berättigande just däri att den *förutsatte hårdhet mot utövaren själv.* "Att vara hård mot sig själv och andra, att döda och dödas", löd en av de SS-deviser som Himmler ofta hänvisade till: *eftersom mördandet föll sig svårt, var det gott och berättigat.* Av samma orsak kunde han upprepade gånger stolt framhålla som en bragd att SS-orden inte "tagit någon skada till sitt inre" av sin mordiska verksamhet utan hade förblivit "anständig" (s 167).

Går inte den "svarta pedagogikens" principer med dess våld mot barnasjälens känslor igen i dessa ord?

Detta är bara tre exempel ur det oändliga antal människor som följt en liknande levnadsbana och som utan tvivel åtnjutit en så kallad god, sträng uppfostran. Barnets totala underkastelse under de vuxnas vilja fick sin verkan inte bara i en senare politisk anslutning (som t ex till Tredje rikets totalitära system) utan redan tidigare i att den unge var beredd till att på nytt underkasta sig när han lämnat hemmet. Hur skulle någon som aldrig fått utveckla något annat hos sig än lydnad för andras befallningar kunna leva självständigt med en sådan inre tomhet? Militären gav väl de bästa möjligheterna till att i fortsättningen få order om vad man hade att göra. När nu en man som Adolf Hitler uppträdde och liksom en gång fadern påstod sig *veta precis vad som var gott, rätt och nödvändigt för andra,* så får man inte undra på att så många i sin längtan att underkasta sig mötte denne Hitler med jubel och hjälpte honom att komma till makten. Dessa unga människor hade äntligen funnit den fadersgestalt som de inte kunde leva utan. I Joachim Fests bok (*Das Gesicht des Dritten Reiches,* [1]1963) kan man läsa om hur *underdånigt, okritiskt* och nästan *barnsligt naivt* dessa män som längre fram skulle bli berömda talade om Adolf Hitler som *allvetande, ofelbar* och *gudomlig.* Så ser ett litet barn sin far. Och dessa män kom aldrig över detta stadium. Jag citerar ett par ställen, därför att det utan dessa citat knappast är möjligt för dagens generation att föreställa sig hur lite av inre stadga dessa män ägde som senare skulle forma den tyska historien.

Hermann Göring hävdade:

Om katoliken är övertygad om att påven är ofelbar i alla religiösa och moraliska frågor, så förklarar vi nationalsocialister med samma innersta övertygelse att Führern för oss *är helt ofelbar* i alla politiska och andra frågor som angår folkets nationella och sociala intresse... Det har betytt seger för Tyskland att i Hitler denna sällsynta förening ägt rum mellan den skarpt logiske tänkaren, den sant djupsinnige filosofen och den järnhårda handlingsmänniskan, seg och uthållig (s 108).

Eller:

Den som någorlunda känner till våra förhållanden... vet att envar av oss äger precis så mycket makt som Führern vill ge honom. Endast med Führern och stående bakom honom är man i själva verket mäktig och håller statens starka maktmedel i sin hand, men mot hans vilja, ja redan utan hans önskan vore man i samma stund *fullständigt maktlös*. Ett ord från Führern och den som han vill se avlägsnad faller. Hans anseende, hans auktoritet är utan gräns... (s 109).

Detta är i verkligheten ett litet barns situation bredvid den auktoritäre fadern som här beskrivs. Göring medgav öppet:

Jag lever inte utan Hitler lever i mig...
    Var gång jag står inför honom [Hitler] får jag hjärtat i halsgropen...
Ofta kunde jag sedan ingenting äta förrän fram emot midnatt, annars hade jag fått kräkas, så omskakad var jag. När jag vid 9-tiden kom tillbaka till Karinhall, måste jag faktiskt först sitta några timmar i en stol och lugna mig. Detta förhållande var rentav ett slags själslig prostitution för mig... (s 108).

I Rudolf Hess tal den 30 juni 1934 deklareras också denna inställning öppet och talaren känner tydligen ingen skam eller olust över den — ett fenomen som vi idag, 46 år senare, knappast kan föreställa oss. Det heter i detta tal:

Med stolthet ser vi: En *står över all kritik*, och det är Führern. Det beror på att var och en känner och vet: *Han har alltid rätt* och han kommer alltid att ha rätt. I den *okritiska troheten*, i hängivenheten till Führern, som gör att vi *inte i de enskilda fallen frågar varför* utan stillatigande utför hans befallningar, ligger allas vår nationalsocialism förankrad. Vi tror att Führern har en högre kallelse att forma Tysklands öde. Denna tro ger ingen plats för kritik (s 260).

Joachim Fest kommenterar:

I sitt obalanserade förhållande till auktoriteten liknar Hess påtagligt många andra ledande nationalsocialister vilka liksom han härstammade från så kallade *stränga föräldrahem.* Det finns en hel del som talar för att Hitler drog avsevärd nytta av sin tids uppfostringsskador. Uppfostran hämtade sina pedagogiska riktlinjer från kaserngårdarna och krigsskolornas hårdhet var normgivande. I den *egendomliga blandning av aggressivitet och hundaktig foglighet* som på många sätt var typisk för gamla soldater, men också i den inre osjälvständigheten och beroendet av order kom inte minst den vid befallningar fram som var den *avgörande erfarenhetsbakgrunden för deras tidiga utveckling.* Vad som än kan ha funnits hos den unge Rudolf Hess av dolda upprorskänslor mot den far som för sista gången eftertryckligt hade demonstrerat sin makt då han, utan hänsyn till sonens önskningar och till lärarnas vädjan, inte lät honom studera utan tvang honom att utbilda sig till affärsman med sikte på att överta faderns företag i Alexandria – den ständigt knäckta viljan sökte sig i fortsättningen en far och en fadersgestalt varhelst han kunde finna en: Man måste ha en Führer! (s 260)

Utlänningar som har sett Adolf Hitler uppträda i journalfilmer har inte kunnat förstå jublet och valen år 1933. De kunde utan svårighet genomskåda hans mänskliga svagheter, hans påklistrade, konstlade säkerhet, hans osanna argument. Till dem kom han inte som en far. Men för tyskarna var det mycket svårare. Ett barn kan inte registrera de negativa sidorna hos sin far, men någonstans finns de förvarade, ty den vuxne *kommer sedan att känna sig attraherad just av dessa negativa, förnekade sidor* hos sina fadersubstitut. För en utomstående är detta svårt att förstå.

Ofta frågar man sig hur ett äktenskap kan hålla, hur t ex den här kvinnan kan leva tillsammans med den där mannen eller tvärtom. Kanske är det så att kvinnan lider svåra kval i samlivet och håller ut men måste undertrycka det levande i sig. Men hon tror att hon skulle dö av ångest om hennes man skulle överge henne. I verkligheten skulle en sådan skilsmässa kanske ge henne hennes livs chans. Men det kan hon inte alls se, så länge hon med denne man måste upprepa de till det omedvetna bortträngda kval hon förut led med sin far. När hon tänker på att denne man skulle kunna lämna henne upplever hon i sina tankar inte den nuvarande situationen utan den ångest för att bli övergiven som hon upplevde som litet barn och den tid då hon faktiskt var hänvisad till denne far. Jag tänker här konkret på en kvinna som hade växt upp som dotter till en musiker. För henne ersatte han visserligen den döda modern, men ofta försvann han plötsligt och for på turnéer. Hon var då alldeles för liten för att kunna uthärda dessa plötsliga skilsmässor utan panik. I analysen hade vi länge vetat detta, men ångesten för att mannen skulle lämna henne släppte först när även de andra sidorna hos hennes far, de brutala och grymma, med hjälp av drömmar hade kommit fram ur hennes omedvetna vid sidan av de kärleksfulla och ömma. Tack vare konfrontationen med detta vetande har hon uppnått inre befrielse och kunnat utvecklas som en självständig människa.

Jag har tagit upp detta exempel därför att där blottläggs mekanismer som kanske var verksamma vid valen 1933. Jublet som mötte Hitler kan inte förstås bara utifrån hans löften (vem ger inte löften före ett val?), inte bara ur deras innehåll utan ur sättet som de framställdes på. Det var just de teatraliska och för en främling skrattretande gesterna som massorna kände så väl och som därför påverkade dem med sådan suggestiv kraft. Varje litet barn fångas av denna suggestion när hans store, beundrade och älskade far talar med honom. Vad han sedan säger spelar ingen roll. Det viktiga är *hur han talar*. Ju större han gör sig, desto mer beundrad blir han, framför allt av ett barn som uppfostrats efter den "svarta pedagogikens" principer. När den stränge, otillgänglige, avlägsne fadern en gång nedlåter sig till att tala med barnet, då är det säkert mycket festligt. Inga offer i form av självuppgivelse är stora nog att betala för en sådan ära. Att denna far ibland skulle kunna vara maktlysten, oärlig och på djupet osäker, det kan ett väluppfostrat barn aldrig ana. Och så går det vidare. Ett sådant barn kan i detta avseende inte lära sig något nytt, eftersom hans inlärningsförmåga är blockerad av den tidigt inpräntade lydnaden och undertryckandet av de egna känslorna.

Fadern tillmäts ofta egenskaper (som vishet, mod, godhet) som han saknar, men också andra som varje far (i sitt barns perspektiv) utan tvivel har: han är oförliknelig, stor, betydelsefull och mäktig. Om fadern missbrukar sin makt och undertrycker förmågan till kritik hos barnet, då förblir hans svagheter dolda bakom dessa fasta attribut. Han skulle kunna säga till sina barn som Adolf Hitler på fullt allvar ropade till sina samtida: "Vilken tur att ni har mig!"

När man betänker detta ter sig Hitlers legendariska inflytande på männen i hans omgivning inte längre så gåtfullt. Två ställen i Hermann Rauschnings bok (1973) kan belysa detta:

Gerhard Hauptmann presenterades. Führern skakade hans hand. Han såg honom in i ögonen. Det var den välbekanta blicken, som får alla att bäva, den blick om vilken en gammal högt uppsatt jurist en gång sade att han efteråt bara hade en enda önskan, nämligen att vara hemma och i ensamhet bearbeta denna upplevelse. Hitler skakade än en gång Hauptmanns hand. Nu, tänkte de omkringstående, nu kommer det stora ordet, som kommer att ingå i historien. Nu – tänkte Gerhard Hauptmann. Och Tyska rikets Führer skakade för tredje gången den store diktarens hand med stort eftertryck, och gick vidare till nästa man. Det var det största ögonblicket i hans liv, sade Gerhard Hauptmann efteråt till sina vänner (s 274).

Rauschning berättar vidare:

Jag har om och om igen hört vuxna män bekänna att de var rädda för honom, att de inte utan hjärtklappning gick in till honom. Man hade känslan av att han plötsligt skulle kunna gripa en om halsen och strypa en eller kasta bläckhorn eller begå någon liknande vansinnig handling. Bakom detta prat om en stor upplevelse ligger en hel del oärlig entusiasm och självbedrägeri. De flesta besökarna *ville* uppleva något sådant. Men dessa besökare som inte ville erkänna att de var besvikna kom ändå så småningom fram med sanningen om man gick dem inpå livet. Ja, egentligen hade han väl inte sagt något särskilt. Nej, han såg ju inte så märkvärdig ut. Det kunde man inte påstå. Varför skulle man då inbilla sig något? Ja, när det kom till kritan var det väl en ganska ordinär person. Det är en fråga om nimbus, ingenting annat (s 275).

När det alltså kommer en man som talar och bär sig åt likadant som ens egen far, då glömmer också vuxna människor sina demokratiska rättigheter eller tänker inte på dem, de underkastar sig denne man, jublar mot honom, låter sig manipuleras av honom, ger honom sitt förtroende och är till sist helt utlämnade åt honom utan att de märker slaveriet – *man märker nämligen inte det som innebär en fortsättning av den egna barndomen.* Men om man gör sig så beroende av någon som man i barndomen var av sina föräldrar så kan man sedan inte undkomma. Barnet kan inte springa sin väg och en medborgare under en totalitär regim kan inte göra sig fri. Det enda som återstår för en som säkerhetsventil är uppfostran av de egna barnen. Därför uppfostrade Tredje rikets ofria medborgare sina egna barn till ofria människor för att ändå någonstans få känna sin egen makt.

Men dessa barn, som nu själva är föräldrar, hade andra möjligheter. Många av dem har insett farorna i uppfostringsideologin och försöker nu modigt och energiskt hitta nya vägar för sig och sina barn. En del, framför allt diktarna, har hittat vägen till barnets *upplevelse av sanningen,* som var spärrad för den tidigare generationen. Brigitte Schwaiger skriver t ex:

Jag hör min fars röst, han ropar mitt förnamn. Han vill mig något. Långt borta är han, i ett annat rum. Och vill mig något, därför finns jag. Han går förbi mig utan att säga något. Överflödig är jag. Jag borde inte finnas (Schwaiger, 1980, s 27).

Om du från början hade haft med dig hem din kaptensuniform från kriget, då hade kanske mycket varit klarare. – En far, en riktig far, är en som man inte får krama, som man måste svara till och med när han frågar samma sak för femte gången och det ser ut som om han frågade för femte gången för att förvissa sig om att dottern är villig att svara var gång, en far som får avbryta en mitt i (a.a., s 24 f.).

Så fort *barnens ögon* kan genomskåda uppfostrans maktspel finns det hopp om befrielse ur den "svarta pedagogikens" pansar, för dessa barn kommer att leva med *minnen.*

Om känslor blir tillåtna spricker tigandet och sanningens intåg kan inte hindras längre. Även intellektuella diskussioner om huruvida det "över huvud taget finns en sanning", om inte "allt är relativt" osv, genomskådas i sin skyddsfunktion så fort smärtan har upptäckt sanningen. Ett tydligt exempel på detta hittade jag i Christoph Meckels berättelse om sin far (*Suchbild*, 1980).

I den vuxne mannen bor ett barn som vill leka. Där bor en befälhavare som vill straffa. I min vuxne far bodde ett barn som lekte himlen på jorden med barnen. I honom hade en sorts officer satt sig fast, och han ville bestraffa för disciplinens skull.

Den lycklige faderns onyttiga blinda kärlek. Efter honom som slösade med godsaker kom en officer med piska. Han hade straff i beredskap för sina barn. Han hade liksom ett system av straff, en hel uppsättning. Först var det skäll och vredesutbrott – det var uthärdligt och gick över som åskväder. Sedan kom hårda grepp och nyp i örat, örfilar och lugg. Så blev man utkörd ur rummet och sedan instängd i källaren. Och därtill: människobarnet ignorerades, det blev förödmjukat och utskämt genom ett tigande som också var ett straff. Det behandlades som springpojke, förvisades till sängen eller kommenderades att släpa fram kol. Till sist följde, som minnesbeta och höjdpunkt, straffet, straffet rätt och slätt, den exemplariska bestraffningen. Det var faderns straff, förbehållet honom, utdelat med järnhård hand. För ordningens, lydnadens och mänsklighetens skull, för att rätt skulle skipas och rätten inpräglas i barnet, utdelades kroppsaga. Officeren tog käppen och gick själv före ner i källaren. Efter följde barnet, föga skuldmedvetet. Det måste sträcka fram händerna (med handflatorna uppåt) eller böja sig över faderns knä. Slagen utdelades exakt och utan nåd, högt eller tyst räknade. Officeren sade sig beklaga att han var tvungen att tillgripa denna åtgärd, påstod sig lida av det och led av det. På chocken av själva handlingen följde den långa fasan: officeren gav order om gott humör. Med markerat gott humör gick han före, var ett gott exempel i den tryckta stämningen och blev förargad när barnet inte ville veta av något gott humör. Straffet i källaren upprepades flera dagar, var gång före frukost. Det blev till en ritual och det goda humöret till en förolämpning.

Under resten av dagen måste straffet vara glömt. Det talades aldrig om skuld och försoning, och rätt och orätt var godtyckliga begrepp. Barnens goda humör uteblev. Likbleka, ordlösa, tyst gråtande, tappra, dystra och bittert rådlösa satt de – ännu under natten – fast i rättfärdigheten. Den piskade dem intill sista slaget, den hade sista ordet ur faderns mun. Officeren straffade alltjämt när han fick permission och blev deprimerad när hans barn frågade om han inte skulle tillbaka ut i kriget igen (s 55–57).

Det är säkert smärtsamma upplevelser som här framställs. I varje ovan citerad mening kommer åtminstone den subjektiva sanningen fram. Den som inte tror på dess objektiva sanning därför att han finner fakta alltför ruskiga behöver bara titta efter i den "svarta pedagogikens" råd för att övertyga sig om att sådant kunde hända. Det finns utstuderade analytiska teorier enligt vilka det är möjligt att på fullt allvar tolka ett barns upplevelser av den art som Christoph Meckel här beskriver som projektioner av hans "aggressiva eller homosexuella önskningar" och betrakta den här skildrade verkligheten som uttryck för barnslig fantasi. Ett barn som genom den "svarta pedagogiken" blivit osäker om sina iakttagelser kan senare som vuxen bli ännu mer osäker av att höra sådana teorier och låta sig övertygas, även om de direkt motsäger hans egna upplevelser.

Därför är det för var gång ett under när sådana skildringar som Christoph Meckels kan komma till stånd, trots den "goda uppfostran" han fick. Kanske blev det möjligt tack vare det faktum att hans uppfostran, i varje fall den faderliga, avbröts under flera år av kriget och fångenskap. Människor som oavbrutet genom hela sin barndom och ungdom har blivit behandlade på det sättet kan knappast skriva så uppriktigt om sina fäder. De fick under de avgörande åren dagligen lära sig att utestänga den smärtupplevelse som leder till sanning. De kommer sedan att tvivla på sin barndoms sanning och tillägna sig teorier enligt vilka barnet inte är offer för de vuxnas projektioner utan själv ensam är det projicerande subjektet.

När en människa blir rasande och slår omkring sig är det oftast uttryck för en djup förtvivlan, men *agans ideologi* och tron att aga är oskadligt har den verkan att *handlingens följder* döljs och *görs oigenkännliga.* Barnet avtrubbas mot smärta och får under hela sitt liv aldrig möjlighet att komma åt sanningen om sig själv. Den vägen kan bara öppnas av upplevda känslor och just sådana får inte förekomma . . .

Den "svarta pedagogikens" huvudmekanism

Bortträngning* och projektion

År 1943 höll Himmler sitt berömda tal i Posen, där han i det tyska folkets namn framförde till SS-trupperna sin erkänsla för den genomförda förintelsen av judarna. Jag återger den del av talet som hjälpte mig att till sist, 1979, förstå ett skeende vars psykologiska förklaring jag förgäves sökt i trettio år:

Jag vill här helt öppet nämna inför er ett verkligt svårt kapitel. Bland oss ska det en gång sägas öppet och rentut, men offentligt ska vi aldrig tala

* Centralt i författarens framställning är ett psykoanalytiskt begrepp, "abspalten" (ordagrant: klyva ifrån) och "Abspaltung", för vilket vårt fackspråk inte har ett svenskt ord. Begreppet "Abspaltung", i vilket bortträngning ingår som ett oundgängligt steg, är ett mer komplext försvarsförlopp än enbart bortträngning. När författaren talar om "abspalten" eller "Abspaltung" innebär detta: 1) Personen har tidigt upplevt med förfäran att endast en del av hans känslor, känslouttryck och spontana handlingsimpulser var acceptabla eller önskvärda, medan andra lika spontana reaktioner ansågs vara förkastliga: de förbjöds och blev straffbelagda. 2) Personen var följaktligen tvungen att lära sig förkasta sådana tendenser hos sig och tränga bort dem tillsammans med minnet av att någonsin ha upplevt dem. 3) Vid påfrestningar kan det vara så svårt att upprätthålla denna bortträngning att vidare psykiska mekanismer blir nödvändiga, särskilt: a) en syn på reaktioner av den art man trängt bort som något helt väsensfrämmande för en själv; b) ett hat riktat mot människor som verkligen visar sig ha sådana drag, eller som tillskrivs dessa drag med hjälp av projektion; c) en tendens att tro att man själv har alla önskvärda drag som krävts av barnet man är eller har varit, samt en tendens att tillskriva dessa önskvärda egenskaper och beteenden de personer och grupper av vilka man vill godkännas (föräldrar, ledare, landsmän m.fl.). Med andra ord, "det goda" och "det onda" blir två helt åtskilda världar.
Där författaren använder orden "abspalten" eller "Abspaltung" används i översättningen "tränga bort" eller "bortträngning" i brist på ett gängse fackuttryck som skulle komma den avsedda innebörden närmare, men varje gång det förekommer hänvisas läsaren till denna fotnot. *Fackgransk. kommentar.*

om det... Jag menar nu judeevakueringen, utrotningen av det judiska folket. Det hör till de saker som är lätta att säga – "Det judiska folket ska utrotas", säger varenda partimedlem, "naturligtvis, det står i vårt partiprogram. Eliminering av judarna. Utrotning, det ska ske." Och sedan kommer de allihop, alla de goda 80 miljonerna tyskar, och har var och en sina hyggliga judar. Visst, de övriga är svin, men just den här, han är en bra jude. Av alla som talar så finns det ingen som har sett på, ingen som har gått igenom det. De flesta av er *vet vad det vill säga* när det ligger 100 lik i en hög, när det ligger 500 eller 1 000. *Att ha uthärdat detta och ändå* – frånsett enstaka undantag av mänsklig svaghet – *ha förblivit en anständig människa, det har gjort oss hårda.* Detta är ett *stordåd* i vår historia som aldrig nedtecknats och aldrig kommer att nedtecknas... De rikedomar de ägde har vi tagit ifrån dem. Jag har strängt befallt... att dessa rikedomar självklart restlöst ska tillfalla Riket. Vi har inte tagit någonting av det för egen del. Enstaka individer som förbrutit sig bestraffas enligt en av mig i början utfärdad order som sade: Den som tar så mycket som en mark för egen del, han är dödens. Ett antal SS-män – det är inte så många – har förbrutit sig mot denna order och de kommer obönhörligt att straffas med döden. Vi hade den moraliska rätten, vi hade en plikt mot vårt folk att omintetgöra detta folk som ville omintetgöra oss. Men vi har inte rätt att själva ta för oss någonting, inte en päls, inte en klocka, inte en mark eller en cigarrett, inte någonting. Om vi har *utrotat en bacill* ska vi se till att *vi inte själva blir sjuka och dör av samma* bacill. Jag kommer aldrig att tåla att det här *uppstår den minsta ruttna fläck*. Om en sådan skulle bildas *ska vi tillsammans bränna bort den.* Sammanfattningsvis kan vi dock säga att vi av kärlek till vårt folk har fyllt denna ytterst svåra uppgift. *Och därvid har vi inte tagit någon skada i vårt inre, i vår själ, i vår karaktär.* (J. Fest, 1963, s 162 och 166.)

Detta tal innehåller alla elementen i den komplicerade psykodynamiska mekanism som man kan kalla *bortträngning* (se fotnot s 88) *och projektion av delar av självet* och som vi så ofta stött på i den "svarta pedagogikens" skrifter. Uppfostran till besinningslös hårdhet kräver att *all svaghet* (dvs även emotionalitet, tårar, medlidande, inlevelse i sig själv och andra, känslor av vanmakt, fruktan, förtvivlan) "obönhörligt" *måste slås ned* i självet.

För att underlätta denna kamp mot det mänskliga i den egna själen erbjöds medborgarna i Tredje riket ett objekt som bärare av alla dessa avskydda (eftersom de under den egna barndomen var förbjudna och farliga) egenskaper – det judiska folket. En så kallad "arier" kunde känna sig ren, stark, hård, klar, god, rättsinnig och moraliskt oklanderlig, befriad från "fula", dvs svaga och okontrollerade, känsloimpulser, därför att allt som han från sin barndom fruktade i sitt eget inre tillskrevs judarna och kunde och skulle bekämpas i dem, obarmhärtigt och *ständigt på nytt.*

Det tycks mig att vi alltjämt har möjligheten till liknande förbrytelser runt omkring oss så länge vi inte har förstått dess orsaker och dess psykologiska mekanism.

Ju mer jag i det analytiska arbetet fick inblick i perversionens dynamik, dess mindre sannolik föreföll mig den efter krigsslutet ständigt framförda åsikten att massmordet på judarna var ett verk av ett fåtal perversa personer. Utmärkande för perversa sjukdomstillstånd är *isolering, ensamhet, skam* och *förtvivlan,* och dessa kännetecken saknades helt hos massmördarna. De var inte ensamma utan upphöjda i gruppen, de skämdes inte utan var stolta, de var inte förtvivlade utan euforiska eller avtrubbade.

Den andra förklaringen, nämligen att det rörde sig om auktoritetstroende människor som var vana att lyda, är inte felaktig men den räcker inte till för att förklara massmordets fenomen, om man med lydnad menar att man utför befallningar som *medvetet upplevs som påtvungna.*

Kännande människor låter sig inte omskolas till massmördare från den ena dagen till den andra. Men de som genomförde "den slutgiltiga lösningen" var män och kvinnor vilkas egna känslor inte stod hindrande i vägen, därför att de från *späd ålder* var uppfostrade till att *inte förnimma några egna känsloimpulser* utan *uppleva föräldrarnas önskningar som sina egna.* Som barn hade de en gång varit stolta över att kunna vara hårda och inte gråta, "glatt" uppfylla alla plikter, inte känna någon fruktan, dvs i grund och botten inte ha något inre liv.

Under titeln *Wunschloses Unglück* beskriver Peter Handke sin

mor, som begick självmord vid 51 års ålder. Medlidandet med
modern och förståelsen för henne löper som en röd tråd genom
hela boken och hjälper läsaren att förstå varför denne son i alla
sina verk så förtvivlat söker efter de "verkliga förnimmelserna"
(titeln på en annan berättelse är Wahre Empfindungen). Någon-
stans på hans barndoms kyrkogård måste rötterna till dessa för-
nimmelser ha begravts för att skona modern i hennes utsatthet i
den farliga tiden. Med följande ord skildrar Handke atmosfären
i byn där han växte upp:

Det finns inget att berätta om en själv, inte ens i kyrkan vid påskbikten,
där åtminstone något ord om en själv kunde få komma fram en gång om
året, mumlades det fram något annat än katekesens slagord, som fick
jaget att te sig lika främmande som en bit av månen. Om någon talade
om sig själv och itne bara berättade någon lustig episod sade man att
han var "egen". Det personliga ödet – om det över huvud taget någon-
sin fått utvecklas som något eget – avkläddes allt personligt intill dröm-
resterna och uppslukades av religionens, sedvänjans och den goda van-
delns riter, så att det knappt blev något mänskligt kvar av individerna.
"Individ" användes också bara som skällsord. Att leva spontant – då
var man som något slags monster.
    Lurad på egen historia och egna känslor började man med tiden att
"skygga", något som man annars sade om t ex hästar. Man blev skygg
och talade nästan inte alls längre, eller man blev lite vriden och sprang
runt i husen och skrek (P. Handke, 1975, s 51 och 52).

Känslolösheten som ideal kommer till uttryck hos många författar-
tare fram till omkring 1975 och inom konsten i den geometriska
riktningen. Med Karin Strucks särpräglade språk heter det:

Dietger kan inte gråta. När hans mormor var död var han skakad, mor-
mor hade han älskat intensivt. På väg från begravningen ska han ha
sagt, jag funderar om jag bör klämma några tårar, klämma sade han . . .
Dietger säger, jag behöver inga drömmar. Dietger är stolt över att han
inte drömmer. Han säger: Jag drömmer aldrig, jag har god sömn. Jutta
säger Dietger förnekar sina omedvetna varseblivningar och känslor lik-
som sina drömmar (K. Struck, s 279).

Dietger är ett efterkrigsbarn. Och vad kände Dietgers föräldrar? Det finns inte många vittnesbörd om det, eftersom deras generation ännu mindre än dagens fick artikulera sina sanna känslor. Christoph Meckel citerar i sin *Suchbild* några anteckningar från sista världskriget av sin far, en liberal diktare och skriftställare:

I kupén sitter en kvinna ... hon berättar ... om ... tyskarnas affärsmetoder överallt i förvaltningen. Mutor, överpris och liknande, om koncentrationslägret i Auschwitz osv. – Som soldat är man ju så *långt ifrån allt detta* som i grund och botten *inte alls intresserar en*. Därute representerar man ett helt annat Tyskland och kommer *inte att bli rikare på kriget* utan kunna *känna sig ren*. Jag har bara förakt till övers för denna civila smörja. Man är kanske dum, men soldaterna är ju alltid de dumma som måste betala. Men för det har vi i stället äran som ingen kan ta ifrån oss (27.1.44).

På väg till middagen tog jag en omväg och blev vittne till en avrättning. 28 polacker blev offentligt skjutna på vallen vid en idrottsplats. Tusentals hade samlats på gatorna och flodstranden runt omkring. En hop lik, en syn som med all sin hemskhet och *oskönhet* ändå *lämnar mig helt kall*. De skjutna hade överfallit och slagit ihjäl två soldater och en rikstysk. En modell för den nya tidens folkliga skådespel (27.1.44).

Om känslan väl en gång har kopplats bort så fungerar den hörsamme mannen pålitligt och utan anmärkning även då han inte har någon kontroll utifrån att frukta:

En överste som vill mig något får komma, och så kliver han ur vagnen och kommer fram. Han beklagar sig med hjälp av en överstelöjtnant som rådbråkar vårt språk över att de varit nästan helt utan bröd i fem dagar. Det är inte bra. Jag genmäler att det inte är bra att vara en Badoglioansluten officer och är mycket kort. En annan grupp av enligt uppgift fascistiska officerare som visar upp alla möjliga papper låter jag värma upp vagnen åt och är hövligare mot dem (27.10.43; Chr. Meckel, 1980, s 62 och 63).

Denna perfekta anpassning till samhällets normer, alltså till det som man betecknar som "sunt och normalt", för med sig faran för att en sådan människa kan utnyttjas till allt möjligt. Här är det *inte fråga om en förlust av autonomi, eftersom det aldrig har funnits någon autonomi,* utan ett utbyte av värden, vilka hur som helst i det enskilda fallet saknar betydelse för vederbörande, så länge lydnadsprincipen behärskar hela värdesystemet. Man höll fast vid idealiseringen av de krävande föräldrarna, som lätt kunde ersättas av Führern eller av ideologin. Eftersom de krävande föräldrarna alltid hade rätt behövde man inte i det enskilda fallet bry sin hjärna med frågan om det som de krävde också var rätt. Och hur skulle det kunna bedömas, varifrån skulle man hämta kriterier för det, när man alltid lät andra tala om för en vad som var rätt och orätt, när man aldrig fick tillfälle att göra några erfarenheter med sina egna känslor och då dessutom alla ansatser till kritik, som föräldrarna inte tålde, var livsfarliga? Om den vuxne inte har byggt upp något eget, då känner han sig utlämnad på gott och ont till överheten på samma sätt som spädbarnet till föräldrarna. Ett "nej" till den mäktigare ter sig alltid livsfarligt för honom.

De som bevittnat plötsliga politiska omvälvningar brukar berätta om hur förvånande lätt många människor kan anpassa sig till den nya situationen. De kan i en handvändning gå över till åsikter som står i direkt motsats till dem som de företrädde dagen innan – utan att känna det svårt på något sätt. Gårdagen är helt utplånad för dem i och med maktväxlingen.

Men ändå – denna iakttagelse stämmer kanske på många, kanske på de allra flesta, men även om så är så stämmer den inte på alla. Det har alltid funnits enstaka människor som inte så lätt eller aldrig låtit sig omskolas. Med våra psykoanalytiska kunskaper skulle vi kunna gå in på frågan om vad denna viktiga och tungt vägande skillnad beror på, det vill säga ta reda på vad det är som gör somliga människor så oerhört mottagliga för diktat från ledaren och gruppen och vad som gör andra immuna mot dem.

Vi beundrar människor som gör motstånd i totalitära stater och tänker: De är modiga eller har "en fast moral" eller är "trogna mot sina principer" eller något sådant. Eller också kanske vi ler åt dem och tycker att de är naiva: "Märker de inte att deras ord ingenting förmår mot förtryckarmakten? Förstår de inte att de kommer att få dyrt betala sin uppstudsighet?"

Men kanske är det så att såväl beundran som förakt faktiskt förbiser det egentliga: Den enskilde, som vägrar att anpassa sig till den totalitära regimen gör det knappast av pliktmedvetande eller naivitet utan därför att han måste vara trogen mot sig själv. Ju längre jag sysslar med dessa frågor, desto mer böjd är jag att inte betrakta mod, ärlighet och förmåga att älska som "dygder", som moraliska kategorier, utan istället som följder av ett mer eller mindre nådigt öde.

Moralen, pliktuppfyllelsen, det är proteser som måste till när något väsentligt fattas. Ju mer utarmad på känslor ett barn blivit, dess större arsenal av intellektuella vapen och moraliska proteser behövs det, eftersom moralen och pliktmedvetandet inte är några kraftkällor, inte erbjuder någon god jord för äkta mänsklig generositet. I proteserna flyter det inget blod, de finns att köpa och kan tjäna olika herrar. Det som ännu igår gällde som gott kan idag, alltefter regeringens eller partiets beslut vara ont och fördärvligt och tvärtom. Men en människa med levande känslor kan bara vara sig själv. Hon har inget annat val om hon inte vill förlora sig själv. Uteslutning och smädelser, förlust av kärlek och gemenskap lämnar henne inte likgiltig, hon lider av det och är rädd för det, men hon vill inte förlora det själv hon en gång vunnit. Om hon märker att man begär något av henne som hela hennes väsen säger "nej" till, då kan hon inte göra det. Hon kan helt enkelt inte.

Så är det för människor som varit lyckliga nog att känna sig säkra på sina föräldrars kärlek, även när de inte fått sina önskningar uppfyllda. Eller människor som visserligen inte varit så lyckliga, men som längre fram, t ex i analysen, har lärt sig att riskera förlust av kärlek för att åter kunna känna sitt förlorade själv. De vill inte för något pris i världen lämna det ifrån sig igen.

Morallagarnas och förhållningsreglernas karaktär av proteser märks tydligast där all lögn och förställning är maktlös, nämligen i relationen mor-barn. Pliktmedvetandet är ingen fruktbar grund för kärleken men väl för ömsesidiga skuldkänslor. Med livslång skuldkänsla och förlamande tacksamhet är barnet för alltid bundet vid modern. Robert Walser sade en gång: "Det finns mödrar som i sin barnskara väljer ut ett älsklingsbarn, som de stenar, kanske under kyssar, vars tillvaro de ... undergräver." Hade han vetat, vetat *emotionellt* att det var sitt eget öde han här beskrev hade hans liv nog inte behövt sluta på en psykiatrisk klinik.

Det är osannolikt att en rent intellektuell utforskning och insikt vid vuxen ålder skulle kunna räcka till för att lösa upp den tidiga betingning som skett i barndomen. Den som under hot mot livet i späd ålder har fått lära sig att följa oskrivna lagar och avstå från känslor, den kommer desto snabbare att lära sig följa skrivna lagar och finner inget skydd mot dem i sitt inre. Men människan kan inte leva helt utan känslor, och kommer därför att ansluta sig till grupper där hennes förut förbjudna känslor tillåts eller rentav krävs och äntligen får levas ut i kollektivet.

Varje ideologi erbjuder denna möjlighet till *kollektiv urladdning av uppdämda affekter* och därtill *fasthållande vid ett idealiserat primärobjekt,* som överförs till nya ledargestalter eller till gruppen som ersättning för den saknade goda symbiosen med den egna modern. Idealiseringen av den narcissistiskt laddade gruppen garanterar den kollektiva storheten. Eftersom varje ideologi dessutom erbjuder en syndabock utanför den egna storartade gruppen, kan sedan det uteslutna, sedan *gammalt föraktade och svaga barnet,* som hör till det egna självet men aldrig egentligen fick bo där, *föraktas och bekämpas* där. Himmlers tal om "svaghetens bacill" som ska utrotas och brännas bort, visar fullt klart vilken roll judarna fick i det grandiosas bortträngningsprocess (se fotnot s 88).

Liksom den psykoanalytiska kunskapen om bortträngnings- och projektionsmekanismerna kan hjälpa oss att förstå massmordet som fenomen, så kan vi i Tredje rikets historia tydligare se följderna av den "svarta pedagogiken". Mot bakgrunden av den uppdämning av barnsliga känslor som vår uppfostran innebar är det nästan lätt att förstå att män och kvinnor kunde leda en miljon barn till gaskamrarna som bärare av de fruktade elementen i deras egna själar. Man kan rentav tänka sig att de har skrikit åt dem, slagit dem eller fotograferat dem och här äntligen kunnat få utlopp för hatet från sin tidigaste barndom. Deras uppfostran var från början inriktad på att utplåna allt barnsligt, lekfullt och levande i dem. Den grymhet man utsatte dem för, själamordet på det barn de en gång var, måste de ge vidare på samma sätt: egentligen var det det barnsliga i sig själva de om och om igen dödade, förkroppsligat i de ihjälgasade judiska barnen.

Gisela Zenz berättar i sin bok *Kindesmisshandlung und Kindesrechte* om Steeles och Pollocks psykoterapeutiska arbete med misshandlande föräldrar i Denver. Där behandlas också dessa föräldrars barn. Beskrivningen av dessa barn kan hjälpa oss att genetiskt förstå beteendet hos massmördarna, som utan tvivel själva var misshandlade barn.

Barnen kunde egentligen inte utveckla objektrelationer som svarade mot deras ålder. Spontana och öppna reaktioner gentemot terapeuterna förekom sällan, lika lite som direkt uttalad tillgivenhet eller förargelse. Endast ett fåtal visade direkt intresse för terapeuten som person. Ett barn kunde efter sex månaders terapi två gånger i veckan inte komma ihåg terapeutens namn utanför terapirummet. Trots uppenbar intensiv sysselsättning med terapeuterna och allt starkare bindning vid dem förändrades relationen vid slutet av timmen var gång abrupt, och barnen lämnade sin terapeut som om han inte betydde ett dugg för dem. Terapeuterna tyckte sig i detta se å ena sidan en anpassning till den förestående återkomsten till hemmiljön, å andra sidan en brist på objektkonstans som även visade sig då terapin avbröts av ferier eller sjukdom. Alla barnen förnekade nästan utan undantag betydelsen av objektförlusten, som de flesta hade upplevt flera gånger. Först så småningom kunde några barn medge att skilsmässan från terapeuterna under ferierna hade betytt något för dem, gjort dem sorgsna eller arga.

Det fenomen som författarna ansåg gjorde starkast intryck var *barnens oförmåga att slappna av och ha roligt*. Många skrattade inte på månader, de kom in i terapirummet som "små dystra vuxna" vilkas sorg och depression var högst påtaglig. När de deltog i lekar *tycktes det mera vara för att göra terapeuten till viljes* än för eget nöjes skull. Många av barnen verkade som om de inte kände till leksaker och lek, framför allt inte med vuxna. De blev förvånade när terapeuterna visade glädje åt leken och hade roligt av att leka med barnen. Genom identifikation med dem kunde barnen så småningom själva uppleva lust och glädje i leken.

De flesta av barnen hade en *utomordentligt negativ bild av sig själva*, beskrev sig själva som "dumma", som "barn som ingen tycker om", som "ingenting kan" och som är *"stygga"*. De kunde inte erkänna att de var stolta över något som de uppenbarligen kunde bra. De var tveksamma inför allt nytt, var *mycket rädda för att göra något fel* och *skämdes lätt.* En del tycktes nästan inte alls ha utvecklat någon självkänsla. Här speglas föräldrarnas föreställning att *barnet inte är någon självständig person uta ska ses uteslutande i relation till tillfredsställelsen av deras egna behov.* Täta växlingar av fosterhem tycktes spela en viktig roll. En sexårig flicka som hade bott hos *tio olika fosterföräldrapar kunde inte förstå att hon skulle behålla sitt eget namn* oavsett vems hus hon vistades i. Barnens personteckningar av människor var genomgående primitiva. Många kunde *över huvud inte måla av sig själva* fast deras teckningar av döda föremål visade sig helt svara mot deras ålder.

Barnens samveten eller rättare: deras värdesystem var ytterst rigida och straffande ... Barnen var mycket kritiska mot sig själva och andra, *blev upprörda eller indignerade när andra barn överträdde deras absoluta regler för gott och ont ...*

Ilska och aggression mot vuxna kunde barnen knappast ge direkt uttryck åt. Deras berättelser och lekar däremot var *fulla av aggression och brutalitet. Dockor och låtsaspersoner blev ideligen slagna, plågade och dödade.* Många barn *återgav i leken den misshandel de utsatts för.* Ett barn som *tre gånger som spädbarn hade haft brott på huvudskålen* lekte ständigt historier om människor eller djur som hade *huvudskador.* Ett annat *barn, vars mor hade försökt dränka det som spädbarn, började sin lekterapi med att dränka en babydocka i badkaret* varpå det lät *modern sättas i fängelse av polisen.* I barnens öppet uttalade fruktan spelade dessa händelser ingen stor roll, men omedvetet måste de ständigt vara upptagna av dem. De kunde nästan aldrig ge verbala uttryck åt sin ängslan, men *intensiv vrede* och *hämndlystnad fanns djupt förankrad hos dem,* dock förenad med *stark fruktan för vad som skulle kunna hända om dessa impulser bröt fram.* I och med att överföringsrelationer utvecklades i terapin riktades sådana känslor även mot terapeuterna, men nästan alltid i indirekt, passiv-aggressiv form: det blev vanligt med missöden där terapeuten träffades av en boll, eller också blev hans saker "av en händelse" skadade . . .

Trots den ringa kontakten med föräldrarna kunde terapeuterna inte värja sig för intrycket att *relationerna föräldrar-barn i hög grad präglades av förförelse och sexualisering*. En mor lade sig i sängen hos sin sjuårige son så ofta hon kände sig ensam eller olycklig, och många föräldrar vände sig med starka och ofta konkurrerande anspråk på ömhet till sina barn, av vilka många befann sig mitt i den oidipala fasen. En mor betecknade sin fyraåriga dotter som "sexig" och kokett och menade att det var uppenbart att hon skulle komma att få besvärliga historier med män. Det verkade som om *barnen, som rent allmänt måste finnas till för att tillfredsställa föräldrarnas behov, inte heller slapp undan att tillfredsställa deras sexuella behov*, som i de flesta fall *kom fram i förtäckta, omedvetna anspråk på barnen*. (G. Zenz, 1979, s 291 f.)

Man kan säga att det var ett "genialiskt drag" av Hitler att erbjuda de till hårdhet, lydnad och behärskning av känslor tidigt uppfostrade tyskarna judarna som ett objekt för deras projektioner. Men bruket av denna mekanism är ingalunda någon nyhet. Den kan påträffas i historien om de flesta erövringskrig, om korstågen, om inkvisitionen och även i den nyaste historien.

Men ett faktum som hittills knappast uppmärksammats är att det som man kallar uppfostran av barn till stor del vilar på denna mekanism och omvänt, att det *utan denna uppfostran inte vore möjligt* att utnyttja dessa mekanismer för politiska syften.

Utmärkande för den här sortens förföljelse är att här handlar det om ett narcissistiskt område. Det är *en del av självet* som bekämpas, inte en verkligt farlig fiende, t ex ett faktiskt hot mot ens existens. Man kan alltså tydligt skilja mellan denna förföljelse och ett aggressivt angrepp på en främmande, särskild person, som objekt.

Uppfostran tjänar i många fall till att hos det egna barnet förkväva det man en gång föraktat och avskaffat hos sig själv. Morton Schatzman visar i sin bok *Die Angst vor dem Vater* mycket övertygande hur den på sin tid berömde och inflytelserike pedagogen doktor Daniel Gottlob Moritz Schrebers uppfostringssystem hänger samman med vissa bestämda delar av det egna självet. Som så många föräldrar förföljer Schreber hos sina barn det som han fruktar *i sitt eget inre.*

Människonaturens ädla frö gror och växer upp i sin renhet nästan av sig själv om det oädla ogräset i tid *hålls efter och utrotas.* Men detta måste göras eftertryckligt och utan uppehåll. Det är ett fördärvligt men ändå så vanligt misstag att man slår sig till ro med förhoppingen att oarter och karaktärsfel hos det lilla barnet senare försvinner av sig själv. De olika andliga felen kan visserligen avrundas och förlora sina skarpa spetsar och hörn, men lämnad åt sig själv stannar roten kvar i djupet och fortsätter att skjuta giftiga skott och därmed inkräkta på det ädla livsträdets tillväxt. Barnets oart blir hos den vuxne ett allvarligt karaktärsfel och banar vägen för laster och sedefördärv (cit efter M. Schatzman, 1978, s 24 f).

Undertryck allt hos barnet som det inte bör tillägna sig, håll det borta från det, men led det ihärdigt till allt sådant som det bör vänja sig vid (a.a. s. 25).

Längtan efter den "sanna själsadeln" rättfärdigar alla slags grymheter mot det felande barnet, och ve barnet om det genomskådar förljugenheten.

Den pedagogiska läran att man från första början måste "leda" barnet i en bestämd riktning möter *behovet av att tränga bort* (se fotnot s 88) *oroande element i ens eget inre och sedan projicera dem på något lämpligt objekt. Barnets formbarhet, böjlighet och värnlöshet gör det till ett idealiskt objekt för en sådan projektion* och *det finns alltid till hands. Den inre fienden kan äntligen förföljas utanför en själv.*

Fredsforskarna blir allt mer medvetna om dessa mekanismer, men så länge man inte uppmärksammar eller upptäcker deras ursprung i barnens uppfostran kan man inte göra mycket åt dem. Barn som har växt upp som förföljda bärare av hatade element hos sina egna föräldrar kommer alltid att ha brått att placera dessa element hos någon annan för att åter kunna uppleva sig själva som goda, "moraliska", ädla och människovänliga. Sådana projektioner låter sig lätt förenas med vilken livsåskådning som helst.

Finns det en "vit pedagogik"?

Det milda våldet

Medlen för att bekämpa det levande hos barnet är inte alltid förknippade med yttre misshandel. Detta visar sig tydligt i den familj jag här tar som exempel och vars historia genom flera generationer jag har lärt känna.

Redan på 1800-talet for en ung missionär med sin hustru till Afrika för att där omvända människor av annan tro till kristendomen. På så sätt lyckades han bli kvitt det pinande tvivel som i ungdomen skakat hans tro. Nu var han äntligen en äkta kristen som liksom en gång hans far satte in alla sina krafter på att förmedla sin tro till andra människor. Paret fick tio barn av vilka åtta skickades till Europa så fort de kom i skolåldern. Ett av dem blev senare far till en son, A, och brukade ofta tala om för denne hur bra han hade det som fick växa upp i sitt hem. Själv hade han varit trettio år när han för första gången återsåg sina föräldrar. Han hade känt sig rädd när han stod på stationen och väntade på sina okända föräldrar som han sedan faktiskt inte kände igen. Denna scen berättade han ofta, utan några känslor av sorg, snarare skrattande. A beskrev sin far som vänlig, snäll, förstående, tacksam, förnöjsam och varmt troende. Alla anhöriga och vänner beundrade också dessa egenskaper hos honom, och det fanns ingen nära till hands liggande förklaring till att sonen till en så snäll man behövde utveckla en tvångsneuros.

A plågades alltifrån barndomen av tvångstankar med aggressivt innehåll som han upplevde som främmande. Men han kunde nästan inte alls uppleva känslor av förargelse eller missnöje, än mindre vrede eller ursinne, som adekvata reaktioner på motgångar. Sedan barndomen led han också av att han inte hade "ärvt" sin fars "glättiga, naturliga, förtröstansfulla" fromhet. Han försökte tillägna sig den genom att läsa fromma böcker men stördes hela tiden av "fula", dvs kritiska tankar som utlöste panisk ångest hos honom. Det dröjde mycket länge innan A under loppet av sin analys för första gången kunde uttala sig kritiskt utan att kläda kritiken i skrämmande fantasier som han sedan måste försvara sig mot. Då blev det en hjälp för honom att hans son just hade anslutit sig till en marxistisk ungdomsrörelse. A kunde nu lätt hos sonen upptäcka motsägelser, trångsynthet och intolerans i hans ideologi, och därmed blev det också möjligt för honom att kritiskt skärskåda psykoanalysen som analytikerns "religion". I överföringens olika faser upplevde han sedan allt tydligare det tragiska i sin relation till fadern. Besvikelser över olika människors ideologier hopades och att dessa hade en försvarsfunktion förstod han allt klarare. Starka affekter i form av harm över alla möjliga mystifikationer bröt fram. Det lurade barnets vrede var väckt och kom honom till sist att tvivla på alla religioner och politiska ideologier. Tvångsföreställningarna avtog men försvann helt först när denna känsla kunde förknippas med barndomens sedan länge döde och internaliserade far.

Om och om igen upplevde A nu i analysen ett vanmäktigt ursinne över den ynkliga smalspårighet som på grund av faderns inställning hade fått prägla hans liv. Liksom han skulle man alltid vara snäll, vänlig och tacksam, inte ställa några anspråk, inte gråta, alltid se allt "från den bästa sidan", aldrig kritisera, aldrig vara missbelåten, alltid tänka på dem som "hade det mycket värre". Den förut okända upprorskänslan sprängde barndomens trånga värld där allt som inte passade i en from och "solig" barnkammare var bannlyst. Och först efter det att denna revolt (som han förut hade måst tränga bort och överföra på sin egen son för att bekämpa den i honom) hade börjat leva och tala i hans eget inre avslöjades faderns andra sida för honom. I sin vrede och sorg fann han den; ingen människa hade kunnat berätta om den för honom eftersom denna labila sida hos fadern endast hade kunnat få fäste *i sonens själ* och i hans tvångsneuros. Där bredde den ut sig på ett förfärligt sätt och förlamade sonen i 42 år. Med sin sjukdom bidrog sonen till att vidmakthålla faderns fromhet.

Nu, då A hade återfått barnets sätt att uppleva, kunde han också leva sig in i det barn hans far en gång varit. Han frågade sig: Hur kunde min far komma över att hans föräldrar skickade iväg åtta barn så långt och utan att någonsin besöka dem, för att i Afrika *sprida den kristna läran om kärlek till nästan?* Borde han inte ha gripits av det djupaste tvivel på denna kärlek och på meningen med en sådan verksamhet som tillika kräver grymhet mot de egna barnen?

Men han fick inte tvivla, då hade den fromma och stränga fastern inte låtit honom stanna hos henne. Och vad kan en liten sexårig pojke vars föräldrar bor tusentals kilometer från honom ta sig till alldeles ensam? Han måste tro på denne Gud som kräver sådana obegripliga offer (då är ju hans föräldrar lydiga tjänare till en stor sak), han måste anlägga ett fromt och glättigt sinnelag för att bli älskad. För att kunna överleva måste han visa sig nöjd, tacksam osv och utveckla en solig och medgörlig karaktär så att han inte låg någon till last.

Om en man som formats så själv blir far måste han konfronteras med omständigheter som kan få hela den med möda uppförda byggnaden att vackla: Han ser framför sig ett levande barn, han ser hur en människa egentligen är beskaffad, hurdan han själv kunde ha varit om ingen hade hindrat honom. Men då kommer genast egen ångest in i bilden. Så får det inte vara. Om man skulle låta ett barn leva och vara sådant som det är, skulle det inte betyda att ens egna offer, ens egen självförnekelse inte hade behövts? Vore det möjligt att ett barn skulle kunna leva och frodas utan tvång till lydnad, utan undertryckande av viljan, utan den sedan århundraden anbefallda kampen mot själviskhet och egensinne? Sådana tankar kan föräldrar inte tillåta, då skulle de ju råka i svår nöd och förlora fotfästet, fotfästet i den traditionella ideologin, enligt vilken förtryck och manipulering av det levande utgör det högsta värdet. Och så gick det också för A:s far.*

---

* Även modern var uppvuxen med denna ideologi, men här inskränker jag mig till att tala om fadern eftersom tvivlet och tvånget att tro spelade en speciell roll för A och denna problematik framför allt hängde ihop med faderns person.

Han försökte redan hos spädbarnet åstadkomma en omfattande kontroll över dess kroppsfunktioner och fick fram en mycket tidig internalisering av denna kontroll. Han hjälpte modern att uppfostra spädbarnet till renlighet och vänja det vid att lugnt invänta maten genom att på ett "kärleksfullt sätt" avleda dess uppmärksamhet, så att födan kunde sparas till exakt föreskriven tid. När A ännu var helt liten och vid matbordet inte tyckte om någon mat eller åt "för glupskt" eller uppförde sig illa, fick han stå i ett hörn och titta på hur föräldrarna i lugn och ro avslutade måltiden. Sannolikt var det det till Europa ivägskickade barnet som stod där i hörnet och frågade sig vilka synder det begått för att bli skickad så långt bort från sina föräldrar.

A kunde inte minnas att hans far någonsin hade agat honom. Men trots det behandlade fadern utan att veta eller vilja det sitt barn lika grymt som han behandlade barnet inom sig, för att *göra* ett förnöjsamt barn av det. Han försökte *systematiskt döda allt levande i sin förstfödde.* Om den livsdugliga kvarlevan inte hade flytt in i tvångsneurosen och därifrån givit sin nöd till känna, då vore sonen faktiskt själsligen död, för han var bara en skugga av den andre, hade inga egna behov, kände inga spontana känslor längre, bara en depressiv tomhet och ångest inför sina tvångsföreställningar. I analysen fick han först som 42-åring veta vilket levande, nyfiket, intelligent, vaket och humoristiskt barn han egentligen hade varit. Detta barn fick nu för första gången leva i honom och utveckla sina skapande krafter. A fick med tiden klart för sig att hans svåra symtom å ena sidan var en följd av att vitala delar av hans själv hade undertryckts, å andra sidan speglade faderns outlevda, omedvetna konflikter. I sonens plågsamma tvångsföreställningar avslöjades faderns bräckliga fromhet och bortträngda (se fotnot s 88), oupplevda tvivel. Om denne hade kunnat uppleva, uthärda och integrera dem hade hans son haft en chans att växa upp i frihet och fått börja leva ett eget, rikt liv tidigare, utan hjälp av analys.

Det är uppfostrarna – inte barnen – som behöver pedagogiken.

Läsaren har säkert för länge sedan märkt att den "svarta pedagogikens läror" egentligen går igen i all pedagogik, även om de numera är väl förklädda. Ekkehard von Braunmühl har i sina böcker mycket effektivt avslöjat det motsägelsefulla och grymma i dagens uppfostrarmentalitet, och jag nöjer mig därför med att hänvisa till dem (se litteraturförteckningen). Att jag har svårt att dela hans optimism beror kanske på att jag betraktar idealiseringen av den egna barndomen som ett stort omedvetet hinder för föräldrarnas inlärningsprocess.

Min antipedagogiska inställning vänder sig inte mot någon bestämd form av uppfostran utan mot uppfostran överhuvud, även mot den antiauktoritära. Denna inställning grundar sig på erfarenheter som jag längre fram ska redogöra för. Jag vill emellertid till att börja med betona att den inte har någonting gemensamt med Rousseaus optimism beträffande människans "natur".

För det första växer ju barnet inte upp i en abstrakt "natur" utan i en konkret miljö, omgiven av referenspersoner vilkas omedvetna utövar ett väsentligt inflytande på barnets utveckling.

För det andra är Rousseaus pedagogik i djupaste mening manipulerande. Detta tycks pedagoger inte alltid ha klart för sig, men Ekkehard von Braunmühl har övertygande redogjort för och belagt det. Jag citerar ett av hans många exempel, ett avsnitt ur Emile:

Gör tvärtom med er skyddsling. Låt honom alltid tro att han är herre, men var det i verkligheten själv. *Det finns ingen fullkomligare underkastelse än den som man ger sken av frihet.* Så betvingar man till och med hans vilja. *Är inte det stackars barnet* som ingenting vet, ingenting kan och ingenting förstår *helt utlämnat åt er?* Bestämmer ni inte över allt som rör honom i hans omgivning? *Är ni inte efter behag herre över hans intryck?* Hans arbete, hans lek, hans nöjen och hans bekymmer – *ligger det inte allt i era händer utan att han vet om det?* Visst kan han göra vad han vill, men *han får bara vilja det som ni vill att han ska vilja. Han kan inte ta ett steg som ni inte har förutsett att han ska ta, han kan inte öppna munnen utan att ni vet vad han kommer att säga* (cit efter E. v. Braunmühl, 1979, s 35).

Min övertygelse om uppfostrans skadlighet grundar sig på följande erfarenheter:

Alla råd om barnuppfostran förråder mer eller mindre tydligt en rad mycket olika *behov hos de vuxna*. Tillfredsställandet av dessa behov främjar inte barnets levande tillväxt, den till och med förhindrar den. Det gäller också i de fall då den vuxne ärligt är övertygad om att han handlar i barnets intresse.

Till dessa behov hör: *för det första* det omedvetna behovet att *ge vidare de förödmjukelser man en gång lidit; för det andra*, att hitta en ventil för de avvärjda affekterna; *för det tredje*, att *förfoga över ett levande objekt* som kan *manipuleras*; *för det fjärde, att vidmakthålla det egna försvaret*, dvs *idealiseringen av den egna barndomen* och de egna föräldrarna – genom att de egna uppfostringsprinciperna visar sig riktiga besannas också föräldrarnas; *för det femte, ångest för friheten; för det sjätte, ångest för det bortträngdas återkomst*, det som man än en gång träffar på hos det egna barnet och som man där åter måste bekämpa, sedan man förut har förintat det hos sig själv, och *för det sjunde, hämnd för utståndna smärtor*. Varje form av uppfostran innehåller åtminstone ett av ovan nämnda motiv och är därför på sin höjd lämpat att *göra barnet till en god uppfostrare*. Fri och levande kan den inte göra honom. *När man uppfostrar ett barn lär det sig uppfostra*. När man predikar moral för ett barn, lär man det att predika moral. Varnar man det, lär det sig varna, skäller man på det lär det sig skälla, skrattar man ut det lär det sig skratta ut andra, förödmjukar man det lär det sig förödmjuka, dödar man dess själ lär det sig döda. Valet står då bara mellan att döda sig själv eller andra eller bådadera.

Detta betyder dock inte att barnet ska växa upp hur som helst. Vad det behöver för sin utveckling är aktning från sina referenspersoner, tolerans för sina känslor, sensibilitet för vad det behöver och vad som är kränkande för det, äkthet hos sina föräldrar. Det är *deras egen frihet – och inga pedagogiska överväganden – som sätter naturliga gränser för barnet*.

Just detta sista bereder emellertid föräldrar och uppfostrare stora svårigheter, av följande orsaker:
1. Om föräldrarna mycket tidigt i livet fick lära sig att *inte lyssna på sina egna känslor*, inte ta dem på allvar utan förakta dem och

tala hånfullt om dem, då *saknar* de det viktigaste *sensoriet* i umgänget med barnen. I stället försöker de då tillgripa *pedagogiska principer som proteser*. De är t ex under vissa omständigheter rädda för att visa ömhet, i tanke att de kan skämma bort barnet, eller de kan i ett annat sammanhang dölja det faktum att de personligen blivit kränkta med tal om fjärde budet.

2. Föräldrar som aldrig som barn har lärt sig att *ta hänsyn till sina egna behov* eller *försvara sina intressen*, därför att man inte givit dem rätten till det, förblir livet igenom desorienterade på den punkten och därför hänvisade till *fasta pedagogiska regler*. Denna *desorientering* leder trots reglerna till att barnet får uppleva en stor osäkerhet, som kan uppträda i *sadistisk* eller *masochistisk* dräkt. Ett exempel: En far som mycket tidigt fostrats till lydnad kommer ibland att med våld och grymhet tvinga sitt barn till lydnad för att på så sätt för första gången i livet kunna hävda sitt behov av respekt. Men detta handlingssätt utesluter inte att samma far också har perioder av masochistiskt beteende då han accepterar allt därför att han aldrig har lärt sig att försvara gränserna för sin tolerans. Av dåligt samvete för den tidigare, orättvisa agan blir han nu plötsligt ovanligt släpphänt. Detta väcker oro hos barnet, som inte kan stå ut med ovissheten rörande faderns rätta ansikte utan med *ett allt mer aggressivt beteende provocerar honom tills han slutligen förlorar tålamodet*. Barnet övertar sålunda till sist den sadistiska motpartens roll och företräder farföräldrarna, dock med den skillnaden att fadern kan ockupera den rollen. *Sådana situationer* – då det "går för långt" – *använder pedagogerna som bevis för att aga och bestraffning är något nödvändigt*.

3. Barnet används ofta som ersättning för de egna föräldrarna och utsätts därmed för oändligt många *motsägelsefulla önskningar* och förväntningar, som det omöjligt kan uppfylla. I extrema fall blir enda lösningen då psykos, narkotikaberoende eller självmord. Men ofta leder denna vanmakt till stegrad aggressivitet, något som åter bevisar för uppfostraren att det behövs strängare åtgärder.

4. En liknande situation uppstår när barn – som i sextiotalets antiauktoritära uppfostran – *drillas till att anlägga ett visst beteende* som deras föräldrar en gång hade velat visa och som de därför anser allmänt önskvärt. Härvidlag kan det hända att man helt

bortser från barnets egentliga behov. I ett fall som jag känner till uppmuntrades t ex ett ledset barn till att slå sönder ett glas i ett ögonblick då det helst hade velat krypa upp i mammas knä. När barn någon längre tid känner sig missförstådda och *manipulerade* på det sättet bryter en genuin vilsenhet och berättigad aggressivitet fram. Tvärt emot vad som allmänt anses och till pedagogernas fasa kan jag inte lägga någon positiv betydelse i ordet "uppfostran". Jag ser den som de *vuxnas självförsvar, ett manipulerande utifrån deras egen ofrihet och osäkerhet,* som jag visserligen kan förstå men som medför faror som jag inte får bortse ifrån. Jag kan förstå att man spärrar in brottslingar, men jag kan inte inse att frihetsberövande och ett liv i fängelse som enbart är inriktat på anpassning, lydnad och underkastelse verkligen kan bidra till bättring, dvs till utveckling för de fångna. I ordet "uppfostran" ligger föreställningen om bestämda mål som skyddslingen ska uppnå – och därmed har man redan inkräktat på hans utvecklingsmöjligheter. Men att ärligt avstå från varje form av manipulation och från dessa målföreställningar betyder inte att man överlämnar barnet åt sig själv. Barnet har nämligen ett mycket stort behov av att själsligt och kroppsligt *ledsagas* av den vuxne. För att barnet ska ha möjlighet till full utveckling måste detta ledsagande ha följande inslag:

1. Aktning för barnet.
2. Respekt för dess rättigheter.
3. Tolerans för dess känslor.
4. Beredskap att av dess beteende hämta lärdom
   a) om det enskilda barnets väsen,
   b) om den egna barntillvaron, vilket ger föräldrarna förmåga till sorgarbete,
   c) om känslolivets lagbundenhet, som kan iakttas mycket tydligare hos barnet än hos den vuxne, därför att barnet kan uppleva sina känslor mycket intensivare och i bästa fall mer oförställt än den vuxne.

Erfarenheterna i den nya generationen visar att en sådan beredskap är möjlig även bland dem som själva varit offer för uppfostran.

Men frigörelsen från århundradens tvång kan knappast fullbordas på en generation. Tanken att vi som föräldrar erfar och kan lära oss mer om livets lagar av varje nyfött barn än av våra föräldrar verkar antagligen absurd och löjlig för många äldre. Men även många yngre människor ställer sig tvekande därför att de ofta gjorts osäkra av en blandning av psykologisk litteratur och internaliserad "svart pedagogik". En intelligent, ytterst sensibel far frågade mig t ex om det inte vore att missbruka barnet om man ville lära sig av det. Denna fråga kom från en människa som var född 1942 och som i ovanligt hög grad hade lyckats övervinna sin generations tabun, och den fick mig att inse att vi vid utgivandet av psykologiska skrifter måste vara på vår vakt mot eventuella missförstånd och se till att vi inte gör människor osäkra på nytt.

Kan en ärlig önskan att lära sig innebära missbruk? En äkta positiv attityd till en annan är knappast möjlig utan öppenhet för vad den andre meddelar oss. Vi behöver barnets artikulerade uttryck för att kunna förstå, ledsaga och älska det. Å andra sidan behöver barnet fritt utrymme för att kunna artikulera sig adekvat. Här finns ingen diskrepans mellan mål och medel utan i stället en dialog och en dialektisk process. Man lär sig av att lyssna och lärandet leder igen till att man bättre lyssnar och sätter sig in i hur den andre har det. Eller med andra ord: För att lära av ett barn behövs det empati, och samtidigt ökar empatin med inlärningen. Uppfostraren däremot skulle vilja eller anser sig böra få barnet att uppträda på ett visst sätt och försöker med detta heliga mål för ögonen forma barnet efter sin bild. Därmed förkväver han barnets fria artikulation och försitter samtidigt chansen att själv lära sig något. Detta är otvivelaktigt en form av ofta oavsiktligt missbruk som inte bara förövas mot barn utan som noga taget genomsyrar de flesta mänskliga förhållanden, därför att parterna ofta har varit missbrukade barn och nu omedvetet visar hur de behandlades i sin barndom.

De antipedagogiska skrifterna (av E. von Braunmühl bl a) kan vara till stor hjälp för unga föräldrar, om de inte uppfattas som *"fostran till föräldraskap"* utan som *ny information*, som *uppmuntran till nya erfarenheter* och till *fördomsfritt inhämtande av kunskaper*.

Sista akten av det stumma dramat —
världen blir förfärad

Inledning

Det är inte lätt att skriva om barnmisshandel utan att glida in i en moraliserande attityd. Harmen över den vuxne som slår och medlidandet med det hjälplösa barnet infinner sig så självklart att man trots den djupare människokännedom man kanske har snabbt frestas att fördöma den vuxne som brutal och grym. Men var finns det människor som bara är goda eller som bara är grymma? Att någon misshandlar sina barn beror mindre på karaktär och natur än på det faktum att han själv misshandlades som barn och inte fick försvara sig. Det finns otaliga människor som i likhet med A:s far är kärleksfulla, ömma och känsliga men som dagligen tillfogar sina barn grymheter som de kallar uppfostran. Så länge det ansågs nödvändigt och nyttigt att slå barn var denna grymhet legitimerad. Idag lider dessa människor när "handen slinter" för dem, när de av ett obegripligt tvång i en ofattbar förtvivlan har skrikit åt sitt barn, förödmjukat det eller slagit det, ser barnets tårar och ändå anar att de inte kunde göra annat och att det kommer att bli likadant nästa gång. Och det måste bli likadant igen, så länge den egna barndomen idealiseras.

Paul Klee är känd som en stor målare som gjort trolska poetiska tavlor. Att han också hade en annan sida var det kanske bara hans eget barn som fick uppleva. Målarens nu 72-årige son, Felix Klee, säger till intervjuaren (Brückenbauer, 29.2.1980): "Han hade två sidor, han kunde skoja och skämta men också ta en käpp och delta våldsamt i uppfostran."
Paul Klee förfärdigade underbara dockor åt denne son, sägs det. Av dessa finns ännu 30 kvar. Sonen berättar: "I vår trånga bostad byggde pappa upp en teater i dörröppningen. När jag var

i skolan brukade han, det erkände han själv, spela för katten . . ."
Fadern spelade dock *inte bara* för katten utan också för sin son.
Kunde denne då klandra honom för slagen?
Jag har tagit upp detta exempel för att hjälpa läsaren att komma
bort från clichéerna goda och dåliga föräldrar. Det finns tusen for-
mer av grymhet som man än i dag inte känner till, därför att bar-
nets skador och följdverkningarna av dem alltjämt är så lite kända.
Den här delen av boken sysslar med dessa följdverkningar. De
olika faserna i de flesta människors liv heter:

1. som litet barn utsättas för skador som ingen anser är några
   skador;
2. inte reagera på smärtan med vrede;
3. visa tacksamhet för de så kallade välgärningarna;
4. glömma allt;
5. som vuxen låta den uppdämda vreden urladdas mot andra
   människor eller rikta den mot sig själv.

Den största grymhet man kan tillfoga barn ligger väl i att man
inte låter dem artikulera sin vrede och smärta utan att riskera att
förlora föräldrarnas kärlek och omsorg. Det lilla barnets vrede
lagras i det omedvetna, och eftersom den i grund och botten är en
sund, vital kraftpotential går det åt motsvarande mängd energi för
att hålla denna potential bortträngd. Den på bekostnad av det
levande genomförda uppfostran till att skona föräldrarna leder inte
sällan till självmord eller till starkt beroende av narkotika, vilket är
näst intill självmord. När drogen har fungerat så att den har fyllt
det hål som uppstått efter de bortträngda känslorna och efter det
alienerade självet, kommer hålet åter fram genom avvänjnings-
kuren. Om avvänjningen inte kopplas samman med återvinning av
ett levande själv, då måste man räkna med nya återfall. Christiane
F., författare till boken *Wir Kinder vom Bahnhof Zoo* tecknar med
gripande åskådlighet tragiken i ett sådant liv för oss.

Förintelsekriget mot det egna självet.
Pubertetens outnyttjade chans

Med olika kontrollmetoder lyckas föräldrar mycket ofta tämja det lilla barnet därhän att de inte har några problem med honom fram till puberteten. Känslornas och drifternas "avsvalnande" under latensperioden tillmötesgår denna längtan efter problemfria barn. I boken *Der goldene Käfig* av Hilda Bruch berättar föräldrar till matvägrande döttrar om hur begåvade, lyckade, välvårdade, duktiga, anpassade och hänsynsfulla deras barn alltid har varit. De kan inte förstå denna plötsliga förändring. De står hjälplösa inför en ung människa som tycks förneka alla normer och som inte låter sig påverkas i sitt självdestruktiva beteende vare sig med logiska argument eller med den "svarta pedagogikens" finesser.

I puberteten drabbas den unga människan ofta helt oväntat av sina rätta känslors intensitet. Under latenstiden har hon lyckats hålla dem på avstånd. När människan biologiskt sett blir vuxen vill dessa känslor (vrede, upproriskhet, förälskelse, sexuella önskningar, entusiasm, glädje, förtrollning, sorg) komma till sin rätt, men detta skulle i många fall innebära en fara för föräldrarnas psykiska jämvikt. Om en ung människa nyktert skulle röja sina sanna känslor fick hon riskera att spärras in i fängelse som terrorist eller hamna på mentalsjukhus som psykiskt störd. För Shakespeares Hamlet eller Goethes Werther hade vårt samhälle nog inte kunnat bereda rum annat än på en psykiatrisk klinik, och Schillers Karl Moor hade kanske riskerat samma öde.

Narkomanen försöker anpassa sig till samhället genom att bekämpa sina äkta känslor, men då han vid pubertetens anstormning inte kan leva helt utan dem försöker han återvinna känslorna med hjälp av droger, och åtminstone i början ser det ut att lyckas. Men samhällets inställning, som representeras av föräldrarna och som den unga människan redan tidigt internaliserat, hävdar sin rätt: att uppleva starka och intensiva känslor leder till att man blir föraktad, isolerad och utstött, det medför dödsfara, dvs självdestruktion.

Längtan efter det sanna självet, som egentligen är både berättigad och livsnödvändig, bestraffas av missbrukaren själv på liknande sätt som hans första vitala impulser en gång bestraffades i hans tidiga barndom – med att det levande dödas. Nästan varje heroinmissbrukare berättar att han i början upplevde känslor som var intensivare än han någonsin varit med om tidigare. Därigenom blev han ännu klarare medveten om hur ytligt och tomt hans känsloliv i vanliga fall var.

Eftersom han inte alls kan tänka sig att något *sådant kan vara möjligt även utan heroin,* börjar han förklarligt nog längta efter att göra om det. I dessa undantagstillstånd upplevde nämligen den unge den människa han hade kunnat vara, han kom i beröring med sitt själv, och detta möte lämnar honom ingen ro mer, begripligt nog. Han klarar inte av ett liv vid sidan av sitt själv, som om han aldrig hade funnits. *Nu vet han att han finns.* Men han vet också från sin tidigaste barndom att detta sanna själv inte har en chans att få leva. Därför ingår han en kompromiss med sitt öde: Han får möta sitt själv då och då, utan att någon vet om det. Han får inte ens själv veta om det, för det är ju "tjacket" som "gör" det, det är något som kommer "utifrån", är svårt att åstadkomma och aldrig kan bli en integrerad del av honom själv. Han kommer aldrig att behöva eller kunna överta ansvaret för dessa känslor. Det visar sig under intervallerna mellan sprutorna: fullständig apati, letargi och tomhet, eller oro och ångest. Sprutans verkan gick över som en dröm, bortglömd och utan inverkan på livet som helhet.

Även beroendet av ett orimligt tvång har sin förhistoria. Beroende har präglat missbrukarens föregående liv ända från början och därför lägger han knappast märke till det. En 24-årig flicka som missbrukat heroin från 15-årsåldern berättar framför TV-kameran om hur hon skaffar knark genom att gå på gatan och om hur nödvändigt det är att få tag i det, för att kunna "stå ut med dessa djur". Hon verkar mycket äkta och allt hon säger känns nära och väcker medkänsla. Det som kommer oss att lystra är detta, att hon helt självklart *upplever denna onda cirkel som den enda för henne möjliga livsformen*. Tydligen kan hon över huvud taget inte föreställa sig ett liv oberoende av denna onda cirkel, därför att hon aldrig har varit med om något sådant som att fatta ett fritt beslut. Att stå under ett förkrossande tvång var den enda livsform hon kände till och det absurda i detta kan hon därför inte uppfatta. Det förvånar oss inte att båda föräldragestalterna – som så ofta hos missbrukare – är fullständigt idealiserade. Själv känner hon skuld; hon är svag, drar skam över sina föräldrar och har gjort dem besvikna. Samhället har också del i skulden, något som naturligtvis inte kan bestridas. Men den inre nöden, konflikten mellan längtan efter det sanna självet och tvånget att anpassa sig efter föräldrarnas behov, detta upplevs inte så länge föräldrarna måste skyddas för hennes egna förebråelser. Genom Christiane F:s berättelse om sitt liv kan vi få ett konkret exempel och lära oss att förstå denna nöd.

Sökandet efter och förstörandet av självet genom droger (Christiane F:s liv)

De första sex åren av sitt liv bodde Christiane på landet, där hon hela dagarna var hos bonden, matade djur och lekte "i höet med dom andra". Sedan flyttade hennes familj till Berlin, och där bodde hon med sina föräldrar och den ungefär ett år yngre systern i en 2 1/2-rumsvåning 10 trappor upp i ett höghus i Gropiusstadt. Den plötsliga förlusten av den lantliga miljön, de välkända lekkamraterna och rörelsefriheten på landet är i och för sig svår att komma över för ett barn, och desto mer tragiskt blir det när barnet är ensamt med sina upplevelser och ständigt måste vara berett på oberäkneliga slag och straff.

Jag hade varit helt lycklig med mina djur om det inte hade blivit värre och värre med min far. Medan min mor arbetade satt han hemma. Det hade inte blivit något av med äktenskapsförmedlingen förstås. Nu väntade min far på något annat jobb som passade honom. Han satt på den avskavda soffan och väntade. Och hans vansinniga raseriutbrott kom allt oftare.

Min mor hjälpte mig med läxorna när hon kom från arbetet. Jag hade rätt länge svårt att hålla isär bokstaven H och bokstaven K. Min mor förklarade det för mig en kväll med otroligt tålamod. Men jag hade svårt att höra på, för jag märkte att min far blev allt argare. Jag visste alltid när det skulle komma: Han hämtade sopborsten från köket och gick löst på mig. Sedan skulle jag förklara skillnaden mellan H och K för honom. Jag kunde naturligtvis inte få fram ett ord mer, fick en ny omgång och måste gå och lägga mig.

Det var hans sätt att hjälpa mig med läxorna. Han ville att jag skulle vara duktig och bli något bättre. Hans farfar hade minsann haft en massa stålar. I Östtyskland hade han till och med ägt ett tryckeri och en tidning, bland annat. Efter kriget fanns det i DDR och de hade lagt beslag på alltihop. Min far blev utom sig när han tyckte det såg ut som om jag inte klarade mig så bra i skolan.

Det fanns kvällar som jag fortfarande minns i detalj. En gång skulle jag rita hus i räknehäftet. Husen skulle vara sex rutor i bredd och fyra i höjd. Jag hade redan gjort ett hus och visste precis hur det var, då min far plötsligt satte sig bredvid mig. Han frågade mellan vilka rutor jag skulle rita nästa hus. Av ren rädsla räknade jag inte rutorna utan började gissa. Var gång jag pekade på fel ruta fick jag en örfil. När jag till sist bara tjöt och inte alls kunde svara längre gick han bort till fikusen. Jag visste väl vad det betydde. Han drog upp bambukäppen som var satt som stöd till fikusen ur krukan. Sedan fick jag smisk på stjärten med käppen tills huden bokstavligen lossnade.

Redan vid matbordet började jag bli rädd. Om jag spillde fick jag en sittopp. Om jag välte omkull något fick jag stryk. Jag vågade knappt röra vid mitt mjölkglas. Bara av rädsla råkade jag ut för något nästan var gång vi åt.

På kvällarna frågade jag alltid så snällt om inte far skulle gå ut. Han gick ganska ofta ut, och då först kunde vi tre kvinnor andas ut. Dessa kvällar var underbart lugna. När han sedan kom hem mitt i natten kunde det för all del hända någon olycka igen. Då hade han oftast druckit en del. Det behövdes bara det allra minsta för att han skulle bli fullständigt rasande. Det kunde vara någon leksak eller något klädesplagg som låg framme. Min far sa alltid att ordning var det viktigaste i livet. Och om han såg något oordentligt då på natten så *ryckte han upp mig ur sängen och slog mig.* Min lillasyster fick också sin beskärda del i samma veva. Sedan kastade min far våra saker på golvet och befallde oss att på fem minuter städa undan alltihop. Det lyckades vi för det mesta inte med, och då fick vi mera stryk.

Under tiden stod min mor oftast i dörren och grät. Hon vågade sällan försvara oss, för då slog han henne också. Men Ajax, min dogg, hoppade ofta emellan. Hon gnällde riktigt högt och blev ledsen i ögonen när någon i familjen fick stryk. Hon var den som fortast fick min far att lugna sig, för han älskade hundar liksom vi alla gjorde. *Han kunde ryta åt Ajax någon gång men han slog henne aldrig.*

Trots detta älskade och högaktade jag min far på något sätt. Jag tyckte att han var mycket bättre än andra fäder. Men framför allt var jag rädd för honom. Jag tyckte ändå att det var ganska normalt att han så ofta slog omkring sig. Det var inte annorlunda hemma hos andra barn i Gropiusstadt. De hade till och med ofta riktiga blåmärken i ansiktet och deras mödrar också. Det fanns fäder som låg druckna på gatan eller på lekplatsen. Så berusad var aldrig min far. Och det kunde också hända på vår gata att möbler kom flygande ner på gatan, att kvinnor skrek på hjälp och polisen kom. Men så illa var det alltså inte hos oss.

Bilen, Porschen, var väl det som min far älskade mest av allt. Han polerade den nästan var dag när han inte var på verkstaden med den. Det fanns nog ingen mer Porsche i Gropiusstadt. I alla fall fanns det bestämt ingen mer som var arbetslös och hade en Porsche.

Jag hade på den tiden naturligtvis ingen aning om vad det var för fel med min far, varför han jämt hade riktiga raseriutbrott. Det gick upp för mig först längre fram, då jag också oftare pratade med min mor om honom. Så småningom har jag genomskådat ett och annat. Han kunde helt enkelt inte klara ett arbete. Han hade alltid så stora planer, men det blev aldrig något av dem. Därför föraktade hans far honom. Farfar hade redan innan de gifte sig varnat min mor för att han var en odåga. Min farfar hade också alltid haft stora planer för min far (s 18–20).

Min *högsta önskan* var att fort bli äldre, bli vuxen som min far och *få verklig makt över andra människor.* Jag använde under tiden den makt jag hade.

Nästan var dag lekte vi den lek vi lärt oss med min yngsta syster. När vi kom från skolan letade vi cigarettfimpar i askkoppar och soptunnor.

Vi slätade ut dem, klämde fast dem mellan läpparna och puffade. När min syster också ville ha en fimp fick hon smäll på fingrarna. Vi befallde henne att göra arbetet i hemmet, alltså diska, damma och annat som föräldrarna hade givit oss i uppdrag att göra. Sedan tog vi våra dockvagnar, stängde dörren till våningen och gick ut och promenerade. Min syster fick vara instängd tills hon var färdig med arbetet (s 22).

Christiane, som ofta misshandlas av sin far av orsaker som hon inte förstår, börjar till sist bete sig så att hennes far "fick all anledning att slå henne". På så sätt *uppvärderar hon honom*, av den orättvise och oberäknelige fadern gör hon en *som åtminstone straffar rättvist*. Det är den enda möjlighet hon har att rädda bilden av den idealiserade, älskade fadern. Hon börjar också provocera andra män och göra dem till straffande fäder, först husvärden, sedan lärarna och till sist, i knarksammanhang, poliserna. På så sätt förskjuts hennes konflikt med fadern till andra människor. Eftersom Christiane inte kan tala med sin far om konflikten, inte göra upp med honom, blir det ursprungliga hatet mot honom bortträngt ur medvetandet och *uppdämt i det omedvetna*. I stället förs en ställföreträdande kamp med andra manliga auktoriteter, och till sist riktas hela det förödmjukade, övergivna, aldrig respekterade och förstådda barnets uppdämda raseri mot det egna självet i narkotikamissbruket. I sin fortsatta utveckling gör Christiane med sig själv det som hennes far förut gjorde med henne: hon förstör systematiskt sin värdighet, manipulerar sina känslor med droger, dömer sig till ordlöshet (detta ovanligt språkbegåvade barn!) och isolering och ödelägger till sist både sin kropp och sin själ.

När jag läst Christianes beskrivning av sin barndomsvärld har jag många gånger kommit att tänka på skildringar av livet i koncentrationslägren, t ex vid följande scener:

Först gällde det naturligtvis att reta andra barn. Vi fick tag i ett barn, stängde in det i en hiss och tryckte på alla knapparna. Den andra hissen höll vi kvar. Den instängda måste då åka ända upp till översta våningen ryckvis, med stopp på varje våning. Så där gjorde dom ofta med mig, särskilt när jag kom tillbaka med min hund och måste hinna i tid till kvällsmaten hemma. Då tryckte dom på alla knapparna och det dröjde förtvivlat länge innan jag var uppe på elfte våningen. Ajax blev vansinnigt nervös av det där. Det var nedrigt att trycka på alla knapparna för någon som ville upp därför att han behövde. Han kissade på sig i hissen till sist. Ännu nedrigare var det förstås att ta ifrån ett barn träskeden. Alla små barn hade alltid med sig en träsked när dom gick ut. Det måste man ha för att kunna nå upp till knapparna i hissen. Utan träsked var man illa ute. Om man hade tappat den eller om andra barn hade tagit den för en kunde man bli tvungen att traska till fots upp för tio trappor. För dom andra barnen hjälpte en naturligtvis inte, och de vuxna trodde att man bara ville leka med hissen och förstöra den (s 27).

En eftermiddag sprang en mus ut i gräset som vi inte fick gå på. Vi hittade inte igen den. Jag var lite ledsen, men jag tröstade mig med tanken att musen hade det mycket bättre därute än i buren.

Just den dagen kom min far in i vårt rum på kvällen, tittade i mössens bur och frågade: "Vad nu, varför är det bara två? Var är den tredje musen?" Jag anade ingen oråd, tyckte bara att frågan lät lustig. Min far hade aldrig kunnat med mössen och brukade säga att jag borde ge bort dem. Jag berättade att en mus hade sprungit bort för mig på lekplatsen.

Min far såg på mig, och han såg inte klok ut. Jag visste att nu var han utom sig av raseri. Han skrek och slog till mig. Han slog, och jag var instängd i min säng, jag kunde inte komma undan. Så våldsamt hade han aldrig slagit mig förr, och jag tänkte att nu slår han ihjäl mig. När han sedan gick lös på min syster fick jag ett par sekunders andrum och försökte instinktivt komma fram till fönstret. Jag tror att jag kunde ha hoppat ut, från elfte våningen.

Men min far högg tag i mig och kastade mig på sängen igen. Min mor stod väl i dörren och grät, men jag såg henne inte. Jag såg henne inte förrän hon kastade sig emellan min far och mig. Hon gick lös på honom med knytnävarna.

Han var fullständigt ifrån sina sinnen. Hans misshandlade min mor som låg på golvet. Jag blev plötsligt räddare för hennes skull än för min egen. Jag gick bakom dem. Min mor försökte fly in i badrummet och stänga till dörren för honom. Men min far höll fast henne i håret. I badkaret låg tvätt i blöt som alla kvällar. Någon tvättmaskin hade vi aldrig fått råd till. Min far körde ner hennes huvud i det fulla badkaret. På något sätt kom hon lös igen. Jag vet inte om min far släppte henne eller om hon själv gjorde sig fri. Min far försvann in i vardagsrummet, likblek i ansiktet. Min mor gick bort till garderoben och tog på sig kappan. Utan att säga ett ord gick hon ut från lägenheten.

Det var väl en av de förfärligaste stunderna i mitt liv då min mor utan att säga ett ord gick hemifrån och lämnade oss ensamma. Först tänkte jag bara att nu kommer han igen och fortsätter att slå oss. Men i vardagsrummet var det tyst, utom att TV-n var på (s 34 f).

Ingen kan på allvar tvivla på att fångarna i koncentrationslägren fick utstå förfärliga saker. Men när det berättas om misshandel av barn reagerar man märkvärdigt lugnt. Man säger allt efter sin ideologi att "det är ju helt normalt" eller "barn måste ändå lära sig veta hut" eller "det var vanligt på den tiden" eller "den som inte vill höra måste få känna" osv. En äldre herre berättade en gång förnöjt i ett sällskap att hans mor en gång när han var liten hade svängt honom över en flammande halmeld för att torka hans byxor och vänja honom av med att väta ned sig. "Min mor var den snällaste människa man kan tänka sig, men det där var brukligt hos oss på den tiden", sade han. Denna brist på inlevelse i den egna barndomstidens lidanden leder till att man kan bli förvånande okänslig för andra barns lidande. Om det som hände mig måste ske för mitt eget bästa, då måste denna behandling accepteras som en nödvändig del av livet och inte ifrågasättas efteråt.

Denna avtrubbning har alltså sin förhistoria i att individen själv blivit misshandlad, något som han kanske har ett minne av, men dess emotionella innehåll, hela upplevelsen av att bli slagen och förödmjukad, har i de flesta fall måst trängas bort fullständigt.

Här ligger skillnaden mellan tortyr av en vuxen och av ett barn. Hos den senare är självet ännu inte så utbildat att det kan hålla kvar en minnesbild med tillhörande känslor. Visserligen lagras (dock inte alltid) vetandet om att man fått stryk och att detta – det har föräldrarna sagt – skett till ens eget bästa. Men smärtan av misshandeln förblir omedveten och hindrar individen att längre

fram leva sig in i andras lidanden. Därför blir de en gång miss-
handlade barnen fäder och mödrar som misshandlar, och bland
dem rekryteras de pålitligaste bödlarna, uppsyningsmännen vid
koncentrationslägren, kapos, fångvaktare, torterare. De slår, miss-
handlar och torterar av ett inre tvång att upprepa sin egen historia,
och de kan göra det utan någon som helst medkänsla för offret
därför att de helt identifierar sig med den angripande delen. Dessa
människor har själva så tidigt blivit slagna och förödmjukade att
det inte var möjligt för dem att då medvetet uppleva det hjälplösa,
angripna barnet i sig. För att kunna göra det hade de behövt en
förstående, ledsagande vuxen, men det hade de inte. Endast under
sådana betingelser skulle barnet kunna uppleva sig som vad det
för ögonblicket är, nämligen *som det svaga, hjälplösa, utlämnade,*
slagna barnet och integrera denna del i sitt själv.

Teoretiskt kunde man tänka sig att ett barn visserligen agas av sin
far men därefter får gråta ut hos en snäll faster och berätta vad
han har varit med om, och att denna faster inte försökte förringa
barnets smärta eller rättfärdiga fadern utan hade sinne för bety-
delsen i det skedda. Men sådana lyckliga situationer är sällsynta.
Den andra föräldern brukar antingen dela den agandes uppfost-
ringsprinciper eller själv vara hans offer, i alla händelser sällan
barnets försvarare. En sådan tänkt "faster" är ett sällsynt undan-
tag också därför att det agade barnet väl knappast skulle ha inre
frihet att söka upp och använda henne. Ett barn tar hellre på sig
den förfärliga inre isoleringen och klyvningen av känslorna än det
"baktalar" sin far eller mor inför främmande människor. Psyko-
analytikerna vet hur länge det i vissa fall kan ta innan ett barns
i 30, 40, 50 år undertryckta förebråelse kan formuleras och upp-
levas.

Därför är situationen för ett litet misshandlat barn ibland ännu
värre och följderna för samhället ännu allvarligare än situationen
för de vuxna i koncentrationslägren. Den förutvarande lägerfången
kan visserligen ibland hamna i situationer där han märker att han
aldrig adekvat kommer att kunna förmedla hela djupet av sina
genomgångna lidanden, att människor är oförstående, kalla, okäns-
liga och likgiltiga mot honom, att de kanske inte ens tror på

122   Förintelsekriget mot det egna självet

honom*, men *själv* kommer han med få undantag *aldrig att tvivla på tragiken i sina upplevelser.* Han kommer aldrig att försöka intala sig att *de grymheter han tillfogades var till hans bästa,* att tro att de fruktansvärda händelserna i lägret var för honom nödvändiga uppfostringsåtgärder *eller försöka leva sig in i sina bödlars bevekelsegrunder.* Han kommer att möta människor som haft liknande upplevelser och kunna dela sina känslor av harm, hat och förtvivlan över de lidna grymheterna med dem.

Alla dessa möjligheter saknas för det misshandlade barnet. Det är *ensamt med sitt lidande inte bara i familjen utan också i sitt eget inre,* vilket jag försökt visa med Christiane F:s exempel. Och därför att det inte kan dela denna smärta med någon kan det inte heller i sin egen själ finna ett ställe att gråta ut. Det skapar ingen snäll "fasters" famn i sitt eget själv, det håller fast vid ideologin att "man måste bita ihop tänderna och vara tapper". Det värnlösa och hjälplösa får inget hem i självet och blir sedan genom identifikationen med angriparen förföljt överallt i världen.

En människa som från början med eller utan hjälp av kroppsaga tvingats att döda respektive fördöma, utestänga och förfölja det levande barnet inom sig kommer hela sitt liv att behöva ägna sina krafter åt att hindra denna inre fara från att tränga fram igen. Men de psykiska krafterna är så sega att det sällan går att slutgiltigt utplåna dem. De söker ständigt nya utvägar för att kunna överleva, ofta i förvrängda och för samhället långt ifrån ofarliga former. En sådan form är projektion utåt av det barnsliga, som t ex i storhetsidéerna, en annan är bekämpandet av det "fula" i ens eget inre. Den "svarta pedagogiken" visar hur dessa båda former förenas och hur de är sammankopplade i den traditionella religiösa uppfostran.

Vid jämförelse mellan misshandel av barn och av vuxna finns det fler aspekter än *självets mognadsgrad, lojaliteten* och *isoleringen.* Den misshandlade fången kan visserligen inte bjuda motstånd, inte

---

* William G. Niederlands bok *Folgen der Verfolgung* (1980) förmedlar övertygande till läsaren den forne fångens oförstående omvärld speglad i de psykiatriska utlåtandena.

värja sig mot förödmjukelserna, men är *i sitt inre fri* att hata sin förföljare. Denna möjlighet att *uppleva sina känslor* och till och med dela dem med andra fångar ger honom en chans att inte behöva ge upp sitt eget själv. Den chansen har inte barnet. *Han får inte* hata sin far, det förbjuder ju fjärde budet, och det har han fått lära sig sedan han var liten. Han *kan inte* heller *hata honom, för han är rädd att förlora hans kärlek*, och *han vill inte alls hata honom därför att han älskar honom.* Ett barn står alltså inte som lägerfången inför en hatad förföljare utan inför en *älskad*, och det är just denna tragiska komplikation som får ett så starkt inflytande på barnets senare liv. Christiane F. skriver:

Jag hade ju aldrig hatat honom utan bara varit rädd för honom. Jag hade också alltid varit stolt över honom. Därför att han var djurvän och därför att han hade en så snabb bil, en 62-a Porsche (s 36).

Dessa rader är så gripande därför att de är sanna: Just så känner ett barn. Dess tolerans har inga gränser, det är alltid trofast och till och med stolt över att dess far som brutalt slår barnet aldrig gör ett djur illa. Barnet är berett att förlåta fadern allt, att alltid ta på sig hela skulden själv, inte känna något hat, fort glömma allt som hänt, aldrig vara långsint, inte berätta något för andra, försöka bete sig så att det slipper mera stryk, ta reda på varför fadern är så missbelåten, förstå honom osv. Det händer sällan att en vuxen omvänt beter sig så mot ett barn – annat än om han är barnets psykoterapeut – men ett beroende, sensibelt barn gör det nästan regelbundet. Men vad händer med alla de undertryckta affekterna? Man kan ju inte utplåna dem. De måste i stället riktas mot ställföreträdande objekt, för att skona fadern. Också på den punkten får vi åskådlig information av Christianes berättelse om sitt liv med modern, som nu skilt sig från fadern, och hennes vän Klaus:

Det blev bråk mellan oss också. Om småsaker. Många gånger var det jag som provocerade bråket. Oftast gällde det skivorna. Min mor hade gett mig en skivspelare när jag fyllde 11, en sån där liten apparat, och jag hade ett par skivor, disco-sound, teeny-music. På kvällarna brukade

jag lägga på en skiva och dra upp ljudet så högt att det var rent öron-
bedövande. En kväll kom Klaus in i vårt rum och sa åt mig att sänka
ljudet. Det gjorde jag inte. Då kom han igen och lyfte stiftet från ski-
van. Jag satte tillbaka det och ställde mig framför skivspelaren så att
han inte kunde komma åt den. Då tog han tag i mig och föste undan
mig. När den där karlen tog i mig blev jag alldeles utom mig (s 38).

Samma barn som utan att göra motstånd tog emot den värsta miss-
handel från sin far blev nu genast "utom sig" när "den där karlen"
tog tag i henne. Liknande saker får man ofta vara med om vid
analys. Kvinnor som lider av frigiditet eller under analysen börjar
känna motvilja när deras män rör vid dem kommer in på ett spår
som leder till mycket tidiga minnen av sexuella närmanden, som
deras far eller andra män i familjen utsatt dem för. Oftast dyker
dessa minnen upp utan att åtföljas av starka känslor – dessa är i
stället fast knutna till den nuvarande partnern. Först så småningom
upplevs hela skalan av besvikelser över den älskade fadern: skam-
men, förödmjukelsen, vreden, harmen.

Det förekommer ofta i analyser att täck-minnen av liknande
episoder med mindre närstående personer berättas innan minnet
av faderns sexuella övergrepp får bryta fram och bli medvetet.

Vem är "den där karlen" här? Om det inte var den egna fadern,
varför har barnet då inte gjort motstånd? Varför har hon inte
berättat för föräldrarna om det som hänt? Är det inte så att hon
redan tidigare upplevt något liknande med fadern och då helt
självklart känt en plikt att tiga? Genom att förskjuta den "fula"
affekten på en mer likgiltig person kan hon vidmakthålla den med-
vetet "goda" relationen till sin far. När Christiane kunde ha sina
"bråk" med Klaus tedde sig fadern som "förbytt". "Han verkade
så hemskt snäll. Och var det faktiskt också. Han gav mig en ny
hund. En tik" (s 39). Och längre fram skriver hon:

Min far var alla tiders. Jag kände att han älskade mig också på sitt sätt.
Han behandlade mig nästan som en vuxen nu. Jag fick till och med gå
ut med honom och hans väninna på kvällarna.
    Han hade blivit riktigt förnuftig. Nu hade han också jämnåriga vänner
och hade berättat för alla att han hade varit gift. Jag behövde inte kalla

honom farbror Richard längre. Jag var hans dotter, och han verkade riktigt stolt över att jag var hans dotter. I alla fall var det typiskt för honom att han hade lagt sin semester vid en tid som passade honom och hans vänner. Vid slutet av mina ferier. Jag kom två veckor för sent till min nya skola och det började alltså genast med skolk (s 40).

Det motstånd hon aldrig gjort mot faderns misshandel kommer nu fram i striden mot lärarna:

Jag kände mig inte accepterad i skolan. Dom andra hade ju två veckors försprång. Det är mycket i en ny skola. Jag prövade min metod från grundskolan här också. Jag avbröt lärarna med mina inpass och sade emot. Ibland för att jag hade rätt, ibland bara ändå. Jag förde krig mot lärarna och mot skolan igen. Jag ville bli accepterad (s 41).

Detta krig utvidgades sedan till poliserna. Faderns raseriutbrott blir glömda, till den grad att Christiane till och med kan skriva:

Hittills hade jag egentligen bara (!) upplevt portvakter som sådana auktoritetstyper som man hatade därför att dom alltid var på en när man hade roligt. Poliserna var alltjämt en oangripbar auktoritet för mig. Nu fick jag lära mig att i Gropiusstadt fanns det snutar som var mycket farligare än portvakterna. Vad Piet och Kathi sa var i alla fall för mig ren och absolut sanning (s 46).

De andra bjöd på hasch och hon inser att hon "inte kan säga nej".

Kathi började smeka mig. Då visste jag inte riktigt om jag borde tycka om det (s 47).

Ett snällt väldresserat barn får inte känna efter vad det upplever utan frågar sig hur det *borde känna*.

Jag gjorde inget motstånd. Jag var som förlamad. Jag var vansinnigt rädd för någonting. En gång ville jag springa min väg. Men sen tänkte jag: "Christiane, det här är det pris du får betala för att vara med i det här gänget." Jag lät allting hända med mig utan att säga något. På ett sätt hade jag också en enorm respekt för dom här typerna (s 48).

Christiane hade tidigt fått lära sig att älskad och accepterad kan man bara bli om man förnekar sina egna behov, impulser och känslor (som hat, motvilja, äckel), alltså avstår från att vara sig själv. Allt går nu ut på att ge upp sitt eget själv, dvs vara *cool*. Ordet cool förekommer därför nästan på varje sida i hennes bok. För att uppnå det tillståndet, för att bli fri från icke önskvärda känslor behövde man hasch:

I vårt gäng kunde dom helt koppla av, dom var inte som alkisarna som gick och var stressade och aggressiva på krogen och överallt. I vårt gäng slappnade dom av efter jobbet, rökte brass, lyssnade på cool musik och tog det fullständigt lugnt. Vi glömde hela skiten som vi måste jobba med resten av dagen.

Jag kände mig inte riktigt som dom andra än. Jag tänkte att jag var nog för ung. Men dom andra var mina ideal. Jag ville bli så lik dom som möjligt. Jag ville lära mig av dom för jag tänkte att dom visste väl hur man gör för att leva cool och ge katten i knegarna och hela skiten (s 49).

Jag måste liksom jämt tända på. Jag gick i ett ständigt rus. Det ville jag göra för att inte behöva göra något åt hela eländet i skolan och hemma (s 51).

Jag ville se hemlighetsfull ut. Ingen skulle genomskåda mig. Ingen skulle kunna märka att jag inte alls var en sån cool brud som jag ville vara (s 52).

Det fanns inga problem i gänget. *Vi pratade aldrig om våra problem.* Skiten därhemma eller på jobbet lastade man inte på någon annan. När vi var tillsammans existerade inte dom andras ynkliga värld (s 60 f.).

Det falska självet byggs upp medvetet och med stor möda, och blir allt perfektare. Några rader får belysa dessa bemödanden:

Där fanns det alltså enormt coola typer ... Han var liksom ännu mera cool än killarna i vårt gäng ... (s 63).

Det fanns liksom *ingen kontakt alls* mellan människorna (s 64).

Det var en verkligt cool samling (s 68).

På trappan ... enormt lugn (s 67).

Det absoluta lugnet är dock för en tonåring det minst uppnåeliga av alla ideal. Just under puberteten upplever människan sina känslor som mest intensivt, och striden mot dessa känslor med hjälp av tabletter blir något av ett *självmord*. För att ändå kunna rädda något av det levande i sig, av sin förmåga att känna, måste hon ha en annan drog, en som inte lugnar ner utan tvärtom hetsar upp, piggar upp och ger henne *känslan av att ännu vara levande.* Huvudsaken är emellertid att man kan *reglera, kontrollera och manipulera det hela själv.* Liksom föräldrarna förut med hjälp av aga lyckades skaffa sig kontroll över barnets känslor allt efter sina egna behov, så försöker den tolvåriga flickan nu manipulera sina stämningar med hjälp av droger.

Där på Sound fanns det alla möjliga droger. Jag tog allting, valium, mandrax, efedrin, cappis, dvs captagon, naturligtvis hur mycket kitt som helst och en tripp minst två gånger i veckan. Uppiggande och sömnmedel tog vi nävar av. Tabletterna slogs som galna i kroppen på en och det var det som gav en sån häftig feeling. Man kunde få fram stämningar precis som man hade lust. Man kunde ta antingen mer uppiggande eller mer lugnande tabletter. När jag alltså kände för att skaka på Sound tog jag mer cappis och efedrin, men när jag bara ville sitta stilla i ett hörn eller på bio då tog jag ordentligt med valium och mandrax. I ett par veckor mådde jag jätteskönt. (s 70).

Hur fortsätter detta?

Närmast försökte jag utplåna alla känslor för andra hos mig. Jag tog inga tabletter och inte en enda tripp. Jag drack te hela dagarna med hasch i och gjorde mig den ena marihuanacigaretten efter den andra. Efter ett par dagar var jag verkligt cool igen. Jag hade lyckats få det så att jag inte brydde mig om någon eller någonting mer än mig själv. Jag tänkte att nu hade jag alltid mina känslor under kontroll (s 73 f.).

Jag blev väldigt lugn. Det hängde också ihop med att jag tog mer och mer lugnande medel och bara sällan något uppiggande. Hela min levnadslust var borta. Jag gick sällan upp på dansgolvet. Det var egentligen bara när jag inte hade fått tag i valium.

Min mor och hennes vän måste ha tyckt att jag var riktigt ordentlig

128   Förintelsekriget mot det egna självet

hemma. Jag sa aldrig emot, jag visade mig aldrig uppstudsig mot dom. Jag opponerade mig aldrig mot någonting längre, för jag hade givit upp tanken på att försöka ändra på någonting hemma för min del. Och jag märkte att det gjorde situationen lättare (s 75).

Jag tog mer och mer tabletter. En lördag, då jag hade pengar och det fanns alla slags tabletter att få, gick jag för långt. Jag var liksom väldigt nere, och så tog jag två captagon, tre efedrin och ett par koffi, dvs koffeintabletter, och sköljde ner dom med en öl. När jag då blev riktigt hög gillade jag inte det heller. Då tog jag mandrax och en massa valuim ovanpå (s 78).

Hon går nu på en David Bowie-konsert, men får inte ha roligt där utan måste först ta en massa valium. "Inte för att berusa mig utan för att kunna hålla mig fullkomligt cool när jag lyssnade på David Bowie" (s 80).

När David Bowie satte igång var det ungefär så häftigt som jag hade tänkt mig. Det var enormt. Men när han sen kom till låten "It's too late", det är för sent, damp jag ner med en enda gång. Jag risade ihop precis. Sista veckorna hade jag liksom inte vetat vad allting tjänade till och den här låten, "It's too late", hade gått mig på nerverna förut. Jag tyckte att sången handlade precis om hur jag hade det. Nu kom det här "It's too late" som ett slag i huvudet. Jag hade behövt mer valium (s 81).

När de gamla medlen inte räckte till för att upprätthålla kontrollen går Christiane, 13 år gammal, över till heroin. I början går allt efter önskan:

För mig gick det som jag hade tänkt mig. I början har man ju inga avtändningsbesvär. Jag hade kvar en cool feeling hela veckan. Allt var jätteskönt. Hemma var det aldrig något bråk mer. I skolan var jag avspänd, arbetade en del och fick bra betyg. Under de närmaste veckorna höjde jag mina poäng i flera ämnen. Jag tyckte att jag kom på det klara med allt och alla. Jag gled fram genom livet riktigt cool (s 84 f).

Människor som aldrig i barndomen har fått lära sig att fritt umgås med sina äkta känslor och bli förtrogna med dem får det särskilt svårt i puberteten.

Jag bar alltid med mig mina problem och visste inte riktigt vad det var
för problem ens. Jag sniffade H. och problemen försvann. Men nu
räckte en sniffning inte en hel vecka längre (s 92).
Någon relation till verkligheten hade jag inte längre. Det verkliga var
overkligt för mig. Varken igår eller i morgon intresserade mig. Jag hade
inga planer, bara drömmar. Helst pratade jag med Detlef om hur det
skulle vara ifall vi hade pengar. Då skulle vi köpa oss ett stort hus och
en stor bil och världens mest coola möbler. En sak förekom dock aldrig
i dessa dagdrömmar: heroin (s 95).

Men vid den första avtändningen var det slut med oberoendet av
känslor och makten över dem. Då sker en total regression till späd-
barnsstadiet.

Nu var jag beroende av H och av Detlef. Jag blev mer förfärad över
att jag var beroende av Detlef. Vad blev det för kärlek när den ena var
totalt beroende? Hur skulle det bli om Detlef lät mig tigga och be om
tjack på kvällarna? Jag visste hur knarkarna kan tigga när dom är utan.
Hur dom förnedrade sig och lät sig förödmjukas. Hur dom föll ihop
i en hög. Jag kunde inte tigga. Särskilt inte av Detlef. Om han lät mig
tigga, då var det slut mellan oss. Jag hade ännu aldrig kunnat be någon
om något (s 114).
    Jag tänkte på hur jag hade behandlat knarkare som var på avtändning.
Jag hade aldrig riktigt kollat vad det var med dom. Jag hade bara märkt
att dom var hemskt känsliga, lättsårade och kraftlösa. En knarkare som
är på avtändning vågar knappast säga emot, så svag är han. Jag har
många gånger spelat ut min maktlystnad mot dom. Om man riktigt tog
sig för kunde man knäcka dom precis. Få dom i chocktillstånd liksom.
Man skulle bara angripa dom på deras svaga punkter, riva och gräva i
deras sår, då föll dom ihop. När dom var på avtändning var dom så
pass klarsynta att dom begrep vilka eländiga stackare dom var. Då var
det slut med den coola fasaden, då kände man sig inte upphöjd över
allt och alla längre.
    Jag sade till mig själv: Nu sätter dom åt mig när du är på avtänd-
ning. Dom märker snart hur ynklig du egentligen är (s 115).

I denna panik för avtändning finns det ingen människa som Christiane skulle kunna tala med om saken. Modern "blir precis utom sig om du berättar för henne hur det är". "Så illa kan jag inte göra henne", tycker Christiane och fortsätter att bära på barnets tragiska ensamhet för att skona den vuxna människan, sin mor.

Så småningom kommer hon att tänka på fadern, när hon för första gången går för att "fixa" och inte vill att hennes vän Detlef ska få veta det.

Skulle jag gå på gatan? Hellre än jag gör nåt sånt slutar jag knarka. Faktiskt. Nä, min far har råkat påminna sig att han har en dotter och gav mig lite fickpengar (s 120).

Haschen kunde väcka hopp om befrielse och cool självständighet – men med heroinet inser hon snart att hon måste räkna med totalt beroende.

"Stoffet", den tunga drogen, övertar till sist den funktion som den nyckfulle, argsinte fadern hade i hennes barndom. Hon är nu *helt utlämnad* åt heroinet, som hon förr var åt fadern. Och liksom hennes verkliga själv den gången måste hållas dolt för föräldrarna så utspelas också nu hennes egentliga liv i hemlighet, under jorden, och är till en början fördolt för både skolan och modern.

Vi blev alla allt aggressivare för varje vecka. Knarket och hela den hektiska kampen dag för dag om pengar och H, den ständiga stressen därhemma, smusslandet och ljugandet för att lura föräldrarna, frätte på nerverna. Man kunde inte kontrollera den uppdämda aggressiviteten ens oss emellan (s 133).

Faderns återuppträdande i den psykiska dynamiken märks tydligt för en utomstående fast kanske inte för Christiane själv när hon beskriver sitt första sammanträffande med Stammar-Max. Denna enkla och rättframma berättelse kan öppna läsarens ögon för en perversions väsen och tragik mycket bättre än många teoretiska psykoanalytiska avhandlingar. Hon berättar:

Genom Detlef kände jag till Stammar-Max sorgliga historia. Han var diversearbetare, mellan trettiofem och fyrtio och kom från Hamburg.

Hans mor var prostituerad. Som barn hade han fått hemskt mycket stryk. Av modern och av hennes hallickar och i de hem där han var. Dom hade slagit honom så illa att han aldrig hade lärt sig tala riktigt, och nu behövde han att man slog honom för att han skulle bli sexuellt tillfredsställd.

Vi gick till hans lägenhet båda två. Jag begärde pengarna först, fast han var ju stamkund och med dom behövde man egentligen inte vara så försiktig. Han gav mig faktiskt hundrafemtio mark, och jag var lite stolt över att jag hade varit så cool att jag fick ut så mycket pengar av honom. Jag tog av mig min T-shirt och han gav mig piskan. Det var precis som på bio. Jag var inte jag själv. Först slog jag inte ordentligt. Men han gnällde att jag måste göra honom illa. Då började jag slå hårdare. Han skrek "Mami" och vad det var. Jag hörde inte på. Jag försökte också att inte titta. Men jag såg i alla fall att det blev strimmor på hans kropp och de blev mer och mer svullna tills huden riktigt flagnade av på några ställen. Det var avskyvärt och vi höll på nästan en timme.

När han äntligen var klar drog jag på mig min T-shirt och sprang. Jag rusade ut genom dörren till lägenheten, nerför trappan och kom utanför huset, men sen kunde jag inte kontrollera min eländiga mage längre utan måste spy. Sedan var allt över. Jag grät inte, jag kände inte ett dugg medlidande med mig själv. Jag hade liksom alldeles klart för mig att jag själv hade försatt mig i den här situationen, att nu satt jag fast i skiten.

Jag gick till järnvägsstationen. Detlef var där. Jag berättade inte mycket. Jag sa bara att jag hade gjort jobbet med Stammar-Max själv (s 125 f).

Nu blev Max vår gemensamma stamkund, Detlefs och min. Ibland gick vi dit tillsammans, ibland gick en av oss ensam. Det var inget fel med Max egentligen. Han älskade oss båda två i alla fall. Naturligtvis kunde han inte fortsätta att betala oss hundrafemtio mark av sin diversearbetarlön. Men fyrtio mark, tillräckligt för ett skjut, lyckades han alltid skrapa ihop. En gång slog han till och med sönder sin spargris och lite småmynt hade han i en skål och så räknade han upp precis fyrtio mark åt mig. När jag hade bråttom kunde jag ibland springa upp till honom och få ut tjugo mark. Då sa jag åt honom att i morgon klockan så och så kommer jag igen och då ska jag göra det åt dig för tjugo mark. Om han hade tjugo till, gjorde vi så.

Stammar-Max passade alltid upp på oss. Min älsklingsdryck, persiko-saft, fanns alltid till hands åt mig. Åt Detlef fanns hans älsklingsrätt, mannagrynspudding, alltid färdig i kylskåpet. Max lagade själv pud-dingen. Dessutom hade han olika slags yoghurt och choklad åt mig, för han visste att jag gärna ville ha det efteråt. Pryglandet hade blivit en ren rutinsak för mig, och efteråt brukade jag sitta och äta och dricka och prata med Max. Han blev magrare och magrare. Han investerade fak-tiskt sina sista slantar på oss och fick inte själv råd att äta tillräckligt. Han hade vant sig så vid oss och var så happy att han knappast ens stammade när han var tillsammans med oss (s 126 f.)

Kort efter fick han sparken från sitt jobb. Han hade dekat ner sig precis utan att ens ha prövat på knark. Knarkare hade gjort slut på ho-nom. Vi. Han tiggde oss om att åtminstone hälsa på hos honom. Men såna där vänskapsvisiter är faktiskt ingenting för en knarkare. Dels där-för att han inte kan uppbringa tillräckligt med känslor för en annan. Dels och framför allt därför att han har att göra hela dagen med att få ihop pengar och tjack och faktiskt inte har tid för sånt där. Detlef för-klarade också det stenhårt för Stammar-Max, när han lovade att ge oss ordentligt med pengar så snart han hade något igen. "En knarkare är som en affärsman. Han måste se till att kassan stämmer varenda dag. Han kan inte ge kredit bara av vänskap eller sympati" (s 128).

Christiane och hennes vän Detlef beter sig här som yrkesarbetande föräldrar som drar nytta av sitt barns (kundens) kärlek och beroen-de och till sist tar kål på det. Stammar-Max' rörande urval av yog-hurt var å andra sidan antagligen en uppspelning av hans "barna-glädje". Man kan gott tänka sig att hans mor var noga med att ge honom något gott att äta när hon förut hade slagit honom. Men vad Christiane beträffar så hade hon utan sin förhistoria med sin egen far aldrig kunnat "klara av" det första sammanträffandet med Stammar-Max. Nu var *fadern i henne,* och hon slog sin kund inte bara på befallning utan utifrån ett *misshandlat barns hela uppdämda förtvivlan.* Denna identifikation med angriparen hjälper henne sedan att stänga ute sin svaghet, känna sig stark på den andres bekostnad och överleva. Härvid är människan Christiane, det uppväckta, sen-sibla, intelligenta, vitala men alltjämt beroende barnet, nära att kvä-vas:

När någon av oss var på avtändning då kunde den andra trakassera honom till förtvivlan. Det blev egentligen inte bättre av att vi ibland låg och höll om varandra som två barn. Ibland var det så inte bara mellan oss flickor utan också mellan Detlef och mig att man såg i den andre vad man var för en skit. Man hatade sin egen ynklighet och angrep samma ynklighet hos den andre och ville väl med det bevisa för sig att riktigt så ynklig var man inte.
Den här aggressiviteten urladdades naturligtvis mot främlingar också (s 137). Innan jag började gå på H hade jag varit rädd för allt. För min far, sedan för min mors vän, för skitskolan och lärarna, för portvakter, trafikpoliser och tunnelbanekontrollanter. Nu kände jag mig oåtkomlig. Jag var inte ens skraj för deckarna som ibland slog sina lovar kring järnvägsstationen. Jag hade iskallt klarat mig ur varenda razzia (s 195).

Denna inre utarmning, djupfrysningen av känslorna gör till sist livet meningslöst och väcker dödstankar:

Knarkare dör ensamma. Oftast ensamma på ett stinkande dass. Och jag ville dö verkligt. Egentligen väntade jag ju inte på något annat. Jag visste inte vad jag var till för. Det hade jag inte vetat förr heller. Men varför i all världen ska en knarkare leva? Bara för att förstöra livet för andra också? Jag tänkte den här eftermiddagen att jag borde dö för min mors skull. Jag visste i alla fall inte längre om jag fanns till eller inte (s 216).
Den fåniga rädslan för att dö kunde knäcka en bara den. Jag ville dö, men före varenda sil var jag så idiotiskt rädd för att dö. Och baksmällan fick mig kanske också att fatta hur eländigt det egentligen är att dö när man ännu inte har hunnit leva på riktigt (s 221).

Det var en stor lycka att de båda journalisterna Kai Hermann och Horst Rieck gav sig in på ett långt samtal med Christiane som varade i två månader. Det kan få stor betydelse för hela hennes liv att hon under pubertetens avgörande fas förunnades att efter de ruskiga upplevelser hon haft få komma ut ur sin gränslösa psykiska ensamhet och träffa människor som kunde lyssna, förstå, visa medkänsla och engagemang, som *gav henne möjlighet att artikulera sig* och berätta om sitt liv.

Det orimliga beteendets dolda logik

Hos varje läsare som är öppen för känslor väcker Christianes berättelse så stark förtvivlan och vanmakt att han förmodligen helst skulle vilja glömma alltihop och tänka att det var en uppdiktad historia. Men det kan han inte därför att han märker att hon bara berättar rena sanningen. Om man inte bara sätter sig in i det yttre förloppet utan under läsningen hela tiden frågar sig varför, får man här en klar belysning inte bara av missbrukets karaktär utan också av andra former av mänskligt beteende som ibland väcker ens uppmärksamhet därför att de är så absurda och helt tycks sakna logik. Om man träffar på en heroinmissbrukare som förstör sitt liv ligger det oftast så nära till hands att försöka nå denna unga människa med förnuftsargument eller, ännu värre, med uppfostrande åtgärder. Efter sådana riktlinjer arbetar många terapeutiska grupper. De försöker driva ut djävulen med Belsebub utan att försöka väcka den unges intresse för frågan om vilken mening missbruket egentligen har i hans liv och vad det är han omedvetet vill säga till omvärlden genom det. Ett exempel kan belysa detta.

I ett TV-program den 23 mars 1980 berättar en tidigare heroinmissbrukare, nu botad sedan 5 år, om sitt nuvarande liv. Hans depressiva, nästan självmordsinriktade stämning är påtaglig. Han är ungefär 24 år, har en flickvän och berättar att han nu skulle få inreda vindsvåningen i sina föräldrars hus till bostad åt sig med alla tänkbara borgerliga bekvämligheter. Hans föräldrar, som aldrig har förstått honom och som betraktat hans missbruk som en form av kroppslig, livsfarlig sjukdom, behöver nu hjälp och yrkar på att han ska bo kvar i deras hus. Denne man klamrar sig fast vid alla möjliga föremål som han nu får äga och som han offrar sitt liv som självständig människa för. Från och med nu kommer han att bo i en gyllene bur, och det är inte alls underligt att han ideligen nämner faran för återfall till heroinmissbruk. Om den här unge mannen hade fått genomgå en terapi som hade hjälpt honom att uppleva den tidiga barndomens uppdämda raseri över de känslofientliga och auktoritära föräldrarna som satte trånga gränser för hans liv, då hade han kunnat känna vilka hans verkliga behov var och då hade han inte låtit sig inspärras i en bur. Antagligen hade han då trots allt kunnat hjälpa föräldrarna bättre och ärligare. Om man inte gör sig beroende av sina föräldrar som ett barn kan man erbjuda dem hjälp fritt och oberoende. Men gör man sig beroende är det risk för att man straffar dem med missbruk eller självmord. I sådana utspel berättas då den sanna barndomshistorien som förut under hela livet aldrig har fått komma i dagen.

Den klassiska psykiatrin är trots sin väldiga maktapparat i grund och botten maktlös så länge den försöker att *avhjälpa de svåra skadorna av den tidiga uppfostran med nya uppfostringsåtgärder.* Hela straffsystemet på de psykiatriska klinikerna med dess raffinerade former av förödmjukelser mot patienterna syftar liksom uppfostran till att *definitivt tysta ned de sjukas chifferspråk.* Matvägran är ett gott exempel på detta. Vad är det egentligen den matvägrande flickan vill säga, hon som har växt upp i ett förmöget hem och blivit bortskämd med allt vad som finns av materiella och andliga tillgångar men som nu är stolt över att hennes vikt inte överstiger 30 kilo? Av föräldrarna får man höra att deras äktenskap varit alltigenom harmoniskt och att de är förfärade över dotterns frivilliga och överdrivna svält. De har förut aldrig haft några svårigheter med detta barn som alltid uppfyllt deras förväntningar. Jag tänker mig att denna unga flicka inte längre orkar fungera som en automat inför pubertetens anstormande känslor, men med sin bakgrund har hon heller ingen möjlighet att uppleva de känslor som nu bryter fram. *Genom sitt sätt att nu göra sig till slav, kontrollera och stänga in sig, tar hon livet av sig,* berättar hon vad man gjort med henne i hennes tidigare barndom. Därmed är inte sagt att föräldrarna var elaka, de har bara försökt uppfostra sitt barn till det som det också har blivit: en välanpassad, duktig och av många beundrad flicka. Ofta var det inte föräldrarna själva utan guvernanter som uppfostrade. I alla händelser *uppvisar anorexia nervosa samma detaljer som en sträng uppfostran:* obarmhärtighet, diktatur, övervakningssystem, kontroll, brist på förståelse och på inlevelse i barnets verkliga behov. Vidare överdrivna ömhetsbetygelser omväxlande med en avvisande och övergivande attityd (glupskhetsorgier och kräkningar). Det första budet i detta polissystem lyder: Alla medel är bra som bidrar till att göra dig sådan som vi vill ha dig, och sådan måste du bli annars kan vi inte älska dig. Detta avspeglas sedan i matvägrans terror. Vilken kontrolleras med yttersta noggrannhet och syndaren bestraffas omedelbart om gränsen överskrids.

Dessa patienters liv är i fara, och även den bästa psykoterapeut måste se till att de ökar i vikt, annars kan inga samtal komma till stånd. Men det är en sak att förklara för den sjuka att hon måste gå upp i vikt men samtidigt ange att syftet med terapin är att hon ska förstå sig själv, och något helt annat att betrakta viktökningen som det enda terapeutiska målet. I det senare fallet övertar läkaren den tidiga uppfostrans tvångsmetoder och måste räkna med återfall eller andra symtom. Om ingen av dessa konsekvenser inträder så har även den andra uppfostran lyckats, och när puberteten väl är förbi är en bestående livlöshet garanterad.

Allt orimligt beteende har en förhistoria i den tidiga barndomen, men den förblir oåtkomlig så länge den vuxnes manipulerande av barnets själsliga och kroppsliga behov inte uppfattas som grymhet utan som nödvändig uppfostran. Det är ett misstag som även fackfolk gör sig skyldiga till, och därför blir det som man kallar psykoterapi ofta bara en fortsättning på den tidiga, oavsiktliga grymheten. Det förekommer inte så sällan att mödrar ger valium åt en ettåring för att han ska sova lugnt så att de kan gå bort en kväll. Någon enstaka gång kan det vara nödvändigt. Men när valium används som ett *medel att styra barnets sömn,* då blir den *naturliga jämvikten störd* och man skapar redan mycket tidigt en *vegetativ obalans.* Man kan också tänka sig att när föräldrarna kommer sent hem vill de gärna leka lite med sitt barn och kanske väcker det. Nu behöver de ju inte vara oroliga längre. Valium rubbar inte bara barnets naturliga insomningsförmåga utan hämmar också dess varseblivningsförmåga. Barnet får aldrig veta att det är ensamt i bostaden, det får inte uppleva fruktan och som vuxen kommer det kanske att sakna viktiga signaler om fara.

Föräldrar behöver inte några djupgående studier i psykologi för att kunna behandla barnet så att det som vuxen inte utvecklar orimliga och självdestruktiva beteenden. Om de bara låter bli att missbruka det lilla barnet och manipulera det efter sina behov, om de alltså låter bli att störa det i dess vegetativa jämvikt, då finner barnet redan i sin egen kropp det bästa skyddet mot otillbörliga krav. Barnet blir *från början förtroget med den egna kroppens språk och signaler.* Om föräldrarna dessutom lyckas *möta sitt barn med samma respekt och tolerans som de alltid visat sina egna föräldrar,* då har de säkert givit det de bästa förutsättningarna för dess senare liv. Barnets känsla av eget värde och av frihet att utveckla sina medfödda anlag är beroende av denna respekt. För att visa den respekten behöver föräldrarna inga psykologiska böcker, men vad som behövs är en revidering av uppfostrans ideologi.

Så som man blivit behandlad som liten, så behandlar man sedan livet igenom sig själv. *De värsta kvalen är ofta dem man själv tillfogar sig.* Förföljaren i det egna självet, som ofta uppträder förklädd till uppfostrare, kan man inte komma undan. Vid sjukdomar som anorexia nervosa tar han helt och hållet ledningen. Kroppen förslavas och viljan missbrukas på ett fruktansvärt sätt. Narkotikamissbruket börjar med ett försök att undandra sig föräldrarnas herravälde, att vägra att ställa upp, men genom upprepningstvånget blir det till sist ständiga bemödanden att driva upp massor med pengar för att skaffa fram det nödvändiga "stoffet" – alltså en rent "borgerlig" form av slaveri.

När jag läste om Christianes problem med polis och langare såg jag plötsligt framför mig Berlin år 1945, den illegala livsmedelshandelns många smygvägar, rädslan för ockupationssoldaterna, svartabörshandeln – den tidens "langare". Jag vet inte om det bara är jag som får den associationen. För många föräldrar till dagens missbrukare var detta en gång den enda möjliga världen, eftersom deras barnögon inte hade sett något annat. Det är inte uteslutet att hela scenbilden med drogmissbruk mot bakgrund av inre utarmning till följd av undertryckta känslor kan ha något samband med fyrtiotalets svarta marknad. Denna tanke vilar till skillnad från mycket annat som sägs i den här boken inte på något vetenskapligt belagt material utan på ett infall, en subjektiv association som jag inte har följt upp. Jag nämner den ändå därför att man nu på många håll genomför psykoanalytiska studier av krigets och nazistregimens efterdyningar i andra generationer och då gång på gång stöter på det märkliga förhållandet att söner och döttrar omedvetet iscensätter sina föräldrars öden, dess intensivare ju mindre de vet om dem. Av de fragment som de under barndomen har snappat upp rörande de tidiga trauman kriget orsakat deras föräldrar bygger de upp fantasier med sin egen verklighet som grund, och dessa ageras ofta ut i grupper under puberteten. Judith Kestenberg berättar t ex om ungdomar som på 60-talet plötsligt försvann ut i skogen från en lugn och välbärgad tillvaro. Under psykoterapi kom det senare fram att deras föräldrar hade överlevt kriget som partisaner i Östeuropa, men aldrig talat närmare med sina barn om detta (jfr Psyche 28, s 249–265).

Jag blev en gång uppsökt av en sjuttonårig flicka med anorexia nervosa som var mycket stolt över att hon nu hade samma vikt som hennes mor hade för 30 år sedan då hon blev räddad i Auschwitz. Under samtalets gång framgick det att den detaljen var det enda dottern visste om moderns förflutna. Modern vägrade nämligen att tala om denna tid och hade bett familjen att inte komma med några frågor. Det är just det hemlighetsfulla som oroar barnen, det som man inte talar om i hemmet, det som rör föräldrarnas känslor av skam, skuld och ångest. En viktig möjlighet att handskas med detta hot är fantasi och lek. Att kunna leka med föräldrarnas rekvisita ger barnen en känsla av delaktighet i deras förflutna.

Kan det alltså tänkas att den själens ruinvärld som Christiane beskriver går tillbaka på ruinerna från 1945? Om så är, hur har denna upprepning kommit till stånd? Förbindelsen leder antagligen över föräldrarnas psykiska verklighet. De växte ju upp under en tid av svåra materiella umbäranden, och det viktigaste i livet blev därför för dem att skaffa sig trygga materiella förhållanden. Ett ökande välstånd tjänade som försvar mot fruktan att åter behöva sitta som ett svältande hjälplöst barn bland ruiner. Men denna ångest kan inte fördrivas med någon aldrig så stor lyx. Så länge den är omedveten lever den sitt eget liv. Och nu överger barnen dessa luxuösa bostäder där de känner sig oförstådda därför att där inte finns plats för känslor och ångest. De drar sig till knarkarkvartarna, och antingen börjar de en affärsverksamhet som langare liksom sina fäder i det större samhället, eller också sitter de apatiska på stenarna som små, hjälplösa, livshotade barn på ruinerna, sådana barn som deras föräldrar en gång var i verkligheten, en verklighet som de inte fick tala med någon om. Detta ruinbarn blev för evigt utestängt från sin lyxbostad, och nu återkommer det som en hotande ande i de vilsegångna sönerna och döttrarna, i deras sönderrivna kläder, deras apatiska ansikte, deras hopplöshet, deras främlingskap, deras hat mot all lyxen.

Det är lätt att inse att dessa ungdomars föräldrar inte kan förstå dem. Människan kan rätta sig efter de strängaste lagar, bemöda sig till övermått, pressa sig till maximala prestationer, fullfölja den vansinnigaste karriär hellre än förmå sig till att med kärlek och förståelse möta det hjälplösa, olyckliga barn som hon själv en gång var och som hon senare för alltid har drivit ut. När detta barn nu i den egna sonens eller dotterns gestalt helt oväntat träder fram på det dyra parkettgolvet i den eleganta våningen, då kan det begripligt nog inte räkna med förståelse. Det möts i stället av kylig förvåning, harm, råd eller straffåtgärder, kanske också av hat, men framför allt av en hel arsenal av vapen för uppfostran som föräldrarna måste tillgripa för att kunna fösvara sig mot varje påminnelse om sin egen olyckliga barndom under kriget.

Det händer också när barnen tvingar fram en konfrontation med föräldrarnas aldrig övervunna förflutna, att det hela får ett för hela familjen välgörande förlopp:

Brigitte, en mycket sensibel, gift kvinna, född 1936 och mor till två barn, sökte upp en analytiker för andra gången på grund av depressioner. Hennes katastroffruktan hade ett tydligt tematiskt samband med barndomens flyganfall, men förblev trots alla psykoanalytiska bemödanden resistent tills patienten – med hjälp av sitt barn – leddes till en öm punkt som under denna långa tid inte hade kunnat läkas eftersom den hittills aldrig blivit upptäckt och därför aldrig behandlats.

När hennes son var 10 år, alltså precis lika gammal som patienten varit då hennes far återvände från östfronten, började han och några kamrater måla hakkors i skolan och leka med andra delar av Hitlerdramats rekvisita. Dessa "aktioner" hölls på ett sätt hemliga men var samtidigt lätta att avslöja, vilket klart visade att de hade karaktären av en vädjan, och barnets nöd trädde här tydligt i dagen.

Ändå hade modern svårt att ta itu med denna nöd och förstå den genom samtal med barnet. Lekarna tedde sig otäcka för henne, hon ville inte ha något med saken att göra, kände sig sårad av barnets uppträdande – hon hade varit medlem av en antifascistisk student-grupp – och reagerade mot sin vilja auktoritärt och fientligt. De medvetna ideologiska motiveringarna till hennes attityd räckte inte till för att förklara de starka känslor av avsky hon kände för sitt barn. Här fanns i djupet fortsättningen på något som förut – även under den första analysen – hade varit helt oåtkomligt för henne. Tack vare den förmåga att känna som utvecklats under den andra analysen kunde hon närma sig denna historia emotionellt. I början hände följande: Ju mer oförstående och upprörd modern var, ju mer hon bemödade sig att göra slut på sitt barns lekar, desto oftare och intensivare ägnade han sig åt dem. Han förlorade mer och mer förtroendet för sina föräldrar och knöts fastare till grup-pen, vilket ledde till förtvivlade utbrott från moderns sida. Med hjälp av överföringen kunde rötterna till denna vrede till sist blott-läggas, varigenom hela situationen ändrades för familjen.

Det började med att patienten plötsligt liksom överföll av pinan-de frågor som rörde analytikerns person och förflutna. Hon värjde sig förtvivlat mot dessa frågor, i panisk skräck för att hon skulle förlora honom om hon lade fram dem. Eller kanske få sådana svar att hon skulle komma att förakta honom.

Analytikern lät henne formulera sina frågor, respekterade deras vikt och betydelse men besvarade dem inte. Han märkte att de i grund och botten inte gällde honom och ville därför inte avvärja dem med förhastade tolkningar. Och då kom den 10-åriga flickan tydligt i dagen, hon som en gång inte hade fått ställa några frågor till sin hemvändande far. Patienten menade att något sådant den gången aldrig hade fallit henne in. Ändå ligger det väl nära till hands att ett tioårigt barn, som i många år har väntat på sin älska-de fars återkomst, frågar honom: "Var har du varit? Vad har du gjort? Vad har du sett? Berätta en historia för mig, en sann historia." Inget sådant hade skett, menade Brigitte – det var tabu i familjen, man talade inte med barnen om "de där sakerna", och dessa kände att de inte fick veta något om faderns förflutna. Nyfikenheten, som då undertrycktes medvetet och som redan tidigare genom den så kallade "goda uppfostran" hade frusits ner, denna känsla framträdde nu i hennes relation till analytikern levande och påträngande. Den hade varit nedfrusen men inte ihjälfrusen. Och när den nu fick upplevas till fullo försvann också depressionen. Nu kunde patienten för första gången efter 30 år tala med sin far om hans upplevelser under kriget, något som var en lättnad också för honom. Nu var situationen nämligen en annan: Hon var stark nog att höra på hans åsikter utan att behöva ge upp sina egna, och hon var inte längre ett litet barn, beroende av honom. Men den gången hade sådana samtal inte varit möjliga. Brigitte förstod att hennes barnsliga ångest att genom frågor förlora sin älskade far inte hade varit ogrundad, för fadern hade den gången inte kunnat tala om sina upplevelser i öst. Han hade alltid försökt glömma allt som påminde om denna tid som han ville bli fri från. Dottern hade fullständigt anpassat sig till detta behov och hade endast lyckats skaffa sig en ytterst torftig och rent intellektuell kunskap om Tredje rikets historia. Hon hävdade att man borde kunna bedöma denna tid "sakligt" och lidelsefritt, som en dator som räknar de döda på båda sidor men inte visar några bilder eller väcker några känslor.

Men Brigitte var ingen dator utan en ytterst sensibel människa med högt differentierad tankeförmåga. Och eftersom hon försökte hålla allt detta instängt led hon av depressioner, känslor av inre tomhet (hon tyckte sig ofta stå "framför en svart vägg"), sömnlöshet och beroende av tabletter som skulle dämpa hennes naturliga vitalitet. Den intelligenta flickans nyfikenhet och drift att utforska, som försköts till rent intellektuella problem, dök först upp nästan bokstavligen som "djävulen i hennes sons trädgård". Hon försökte driva bort den därifrån och det gjorde hon därför att hon av upprepningstvånget drevs att försöka skona sin internaliserade, emotionellt osäkre far. Varje barn bygger sina föreställningar om det onda på föräldrarnas försvarsattityder: "Ont" är allt det som gör föräldrarna ännu osäkrare. Därav uppstår skuldkänslor som förblir resistenta mot all senare insikt, så länge deras historia inte upplevs medvetet. Brigitte hade tur såtillvida som denna "djävul" hos henne, dvs det levande, vakna, intresserade och kritiska barnet, var starkare än hennes anpassning, och hon kunde därför integrera detta högst karakteristiska drag i sin personlighet.

Vid denna tid upphörde sonen att fascineras av hakkorsen, och det visade sig att de hade fyllt flera funktioner. Å ena sidan hade de "agerat ut" Brigittes undertryckta vetgirighet, och å andra sidan hade de avlett till barnet hennes besvikelse över fadern. Sedan hon fått möjlighet att uppleva alla dessa känslor med analytikern behövde hon inte längre använda barnet till det.

Brigitte berättade sin historia för mig sedan hon lyssnat till ett föredrag av mig. På min tillfrågan vid en senare tidpunkt gav hon gärna sin tillåtelse till att den publiceras här. Hon menade att hon hade ett behov av att förmedla sina upplevelser till andra och "inte tiga längre".

Vi var båda övertygade om att en hel generations situation speglades i hennes nöd, en generation som tvingades till tystnad och som medvetet eller (oftare) omedvetet led av det. Psykoanalysen i Tyskland har ända till de tyskspråkiga psykoanalytiska föreningarnas konferens i Bamberg (1980) föga sysslat med detta problem, och det har därför hittills bara varit möjligt för enstaka människor att inte bara intellektuellt utan också emotionellt få befrielse från detta tystnadstabu, så t ex för B. Klaus Theweleit (jfr *Männerphantasien*).

Den andra generationens starka reaktioner på TV-filmen Holocaust liknade en utbrytning ur ett fängelse. Fängelset var tigandet, att inte få fråga, att inte kunna känna, den vanvettiga föreställningen att något så fasansfullt kunde övervinnas "lidelsefritt". Är det något att sträva efter, att uppfostra våra barn till människor som med lätt sinne kan höra om hur en miljon barn har gasats ihjäl, utan att denna tragedi framkallar känslor av harm eller smärta hos dem? Vad har vi för nytta av vetenskapsmän som kan skriva historieböcker om detta och därvid bara bemöda sig om att vara historiskt objektiva och exakta? Vad skulle en sådan förmåga till kall objektivitet inför det fruktansvärda tjäna till? Skulle inte våra barn riskera att lockas av vilken ny fascistisk regim som helst? De skulle ju inte ha något att förlora på det annat än sin inre tomhet. En sådan regim skulle ju tvärtom ge dem chansen att få ett nytt offer att rikta sina känslor mot, de känslor som nu är avstängda genom den vetenskapliga objektiviteten och inte får komma till uttryck. Som medlemmar av en mäktig grupp skulle de till sist kunna få utlopp för dessa otämjda, arkaiska känslor som nu är inspärrade i fängelse.

Den kollektiva formen av orimligt beteende är säkert den farligaste. Där blir det orimliga inte längre uppmärksammat utan sanktioneras som "normalt". För de flesta efterkrigsbarn i Tyskland var det självklart att det var otillständigt eller åtminstone olämpligt att ställa alltför ingående frågor till föräldrarna om Tredje rikets verklighet. Ofta var det direkt förbjudet. Tigandet om denna tid, som också var föräldrarnas förflutna, hörde till ett "väluppfostrat beteende" och var lika önskvärt som sekelskiftets hysch-hysch omkring sexualiteten.

Det vore inte svårt att empiriskt bevisa det inflytande detta nya tabu har haft på utvecklingen av dagens neurosformer, men det traditionella teoretiska systemet är och förblir resistent mot dessa erfarenheter, därför att inte bara patienterna utan också analytikerna är offer för samma tabuförklaring. Det faller sig lättare för dem att hos patienterna söka spåra de sexuella tvångsföreställningar och förbud som Freud för länge sedan avslöjade men som ofta inte längre är aktuella för oss, än att upptäcka *vår* tids, dvs även sin *egen barndoms,* förnekade känslor och tankar. Ändå skulle vi ur Tredje rikets historia bl a kunna lära oss att det ohyggliga inte så sällan ligger just i det "normala", i det som av det stora flertalet upplevs som "fullständigt normalt och självklart".

Tyskar som under sin barndom eller pubertet upplevde Tredje rikets storhetstid och som senare i livet försökt vara ärliga mot sig själva måste ha haft det särskilt svårt i detta avseende. Som vuxna fick de veta den förfärliga sanningen om det nationalsocialistiska systemet och integrerade denna vetskap intellektuellt. Men hos dem lever ändå alltjämt – ofta oberört av allt som de senare fått veta – minnet av vad de tidigt och med barnets intensiva känslor upplevde: sångerna, talen, de jublande folkmassorna. I de flesta fall var dessa intryck förknippade med stolthet, entusiasm och glada förhoppningar.

Hur ska en människa kunna få dessa två världar att stämma med varandra – sitt emotionella vetande från barndomen och sina senare inhämtade kunskaper som går i helt annan riktning – utan att förneka en viktig del av sitt själv? Enda sättet att undkomma denna konflikt och denna tragiska ambivalens tycks ofta vara att frysa ned känslorna, så som Brigitte försökte, och klippa av rötterna.

Jag vet inget konstverk som bättre ger uttryck åt denna ambivalens hos en stor del av en hel tysk generation än Hans-Jürgen Syberbergs sju timmar långa film "Hitler – ein Film aus Deutschland". Syberberg hade ingen annan avsikt än att framställa sin subjektiva sanning, och därför att han överlämnade sig åt sina känslor, fantasier och drömmar kunde han skapa en tidshistorisk bild där många människor kommer att känna igen sig. Filmen förenar nämligen båda perspektiven: *den seendes och den förfördas.*

Wagners förtrollande musik, de granna paraderna, Führerns känsloladdade, obegripliga vrål i radion, föreställningen om Hitler som en mäktig men ändå ofarlig docka – allt detta som påverkar det begåvade barnet ryms i filmen. Men det finns där vid sidan av fasan och avskyn och framför allt vid sidan av den vuxnes äkta smärta som knappast anats i de tidigare filmerna om detta tema, därför att det förutsätter frigörelse från det pedagogiska schemat beskyllning – urskuldande. I flera scener i filmen märks denna smärta – smärtan över förföljelsens offer men också över *förförelsens offer* och inte minst över det *absurda i alla ideologier* som tar arv efter den tidiga barndomens uppfostrande föräldrar.

Endast den som kunnat uppleva att han blivit vilseförd utan att förneka det kan skildra det med en sådan sorgens intensitet som Syberberg gör. Upplevelsen av sorg gör filmen levande och ger åskådaren på ett emotionellt sätt en djupare insikt i den nationalsocialistiska ideologins ihålighet – särskilt i ett par starka scener – än många väl dokumenterade, objektiva böcker kan ge. Det är ett av de sällsynta försöken att leva med ett ofattbart förflutet i stället för att förneka dess verklighet.

Adolf Hitlers barndom –
från den fördolda till den manifesta fasan

"Min pedagogik är hård. *Svagheten måste hamras bort.* I mina ordensborgar ska det växa upp en ungdom som världen kommer att frukta. *Jag vill* en våldsam, befallande, oförfärad, grym ungdom. Sådan måste ungdomen vara. Smärtor måste den uthärda. *Det får inte finnas något svagt och ömsint i den.* Ur dess ögon ska det fria, härliga rovdjuret blixtra fram. Stark och skön ska min ungdom vara... Då kan jag skapa något nytt."

(Adolf Hitler)

Inledning

Önskan att veta mer om Adolf Hitlers barndom dök upp hos mig först när jag börjat skriva denna bok och gjorde mig inte lite överraskad. Den föranleddes närmast av tanken att den övertygelse jag genom analytiska behandlingar vunnit, att den mänskliga destruktiviteten i fallet Adolf Hitler var förvärvad (inte medfödd), eventuellt skulle kunna bekräftas eller, om Erich Fromm m fl skulle ha rätt, behöva ifrågasättas. Denna idé var viktig nog för att jag skulle fullfölja den trots att jag till en början tvivlade starkt på att det skulle bli möjligt för mig att med inlevelse ta itu med denna människa som jag anser som den störste förbrytare jag känner till. Empatin, det vill här säga försöket att sätta sig in i ett barnaöde utifrån barnets upplevelse och inte bedöma det med den uppfostrade vuxnes ögon, är det enda instrument jag kan använda för att förstå detta öde, och utan detta instrument vore hela undersökningen meningslös och tjänade till ingenting. Jag blev glad när jag märkte att jag för sakens skull lyckades behålla detta instrument och betrakta Hitler som människa.

Därvid måste jag befria mig från den traditionella och idealiserande uppfattning av "det mänskliga" som vilar på förnekelse, bortträngning och projektion av det onda, och inse att mänsklighet och "djuriskhet" inte utesluter varandra (jfr Fromm-citatet på s 176). Inget djur lider av ett tragiskt tvång att ännu efter årtionden hämnas tidigt upplevda narcissistiska kränkningar, så som fallet var med t ex Fredrik den store. I alla händelser vet jag för lite om djurets omedvetna och om dess förhållande till sin historia för att kunna göra några uttalanden om det. De värsta odjuren har jag hittills stött på bland människor, och det är på det mänskligas område jag måste följa det djuriskas spår och fråga efter dess orsaker. Men dessa frågor kan jag inte låta bli att ställa om jag inte vill låta mig användas som instrument åt grymheten och aningslöst (och därför visserligen utan skuld men blint) föra den vidare.

Om man vänder ryggen åt det ofattbara och upprörd förklarar att det är "omänskligt" så avstår man från att skaffa sig kunskap om det. Då riskerar man lättare att nästa gång understödja det igen av idel oskuld och naivitet.

Under de senaste 35 åren har det kommit ut otaliga böcker om Adolf Hitlers liv. Jag har säkert många gånger hört att Hitler fick stryk av sin far, och läste det också för några år sedan i Helm Stierlins monografi utan att denna information berörde mig. Men sedan jag fått upp ögonen för hur barnet förnedras under sina första levnadsår fick denna information mycket större betydelse för mig. Jag frågade mig: Vad hade han för slags barndom, denne man som i hela sitt liv var besatt av hat och som så lätt lyckades engagera andra människor i detta hat? Tack vare läsningen av *Schwarze Pädagogik* och de känslor den boken väckte hos mig, kunde jag plötsligt föreställa mig och känna vad som utspelades i familjen Hitlers hem när Adolf Hitler var liten. Den förut svart-vita filmen förvandlades till en färgfilm som så småningom blev så sammanvävd med mina egna upplevelser från det sista världskriget att den inte längre föreföll som en film utan blev till ett liv, ett liv som inte bara hade utspelats någon gång någonstans utan som med tanke på sina konsekvenser och riskerna för en upprepning angår oss alla även här och nu, förefaller det mig. Hoppet att det i längden skulle kunna gå att avvärja mänsklighetens nukleära undergång genom förnuftiga avtal vilar i grund och botten på ett irrationellt önsketänkande, och all erfarenhet talar emot det. Om inte förr kunde vi senast i Tredje riket uppleva att förnuftet bara är en liten del av människan och inte ens den starkaste. En ledares villfarelse och några miljoner väluppfostrade medborgare var tillräckligt för att otaliga oskyldiga människor skulle avlivas inom loppet av några år. Om vi inte gör allt för att förstå hur detta hat kunde uppstå kommer vi inte att kunna räddas ens av de mest utstuderade strategiska överenskommelser. Anhopningen av kärnvapen är bara en symbol för de uppdämda hatkänslorna och den därmed sammanhängande oförmågan att varsebli och artikulera de verkliga behoven.

Exemplet Adolf Hitlers barndom ger oss möjlighet att studera uppkomsten av ett hat vars konsekvenser miljoner människor fick lida av. Hur detta destruktiva hat är beskaffat har psykoanalytikerna länge känt till, men man kan knappast vänta sig någon hjälp från det hållet så länge psykoanalysen ser hatet som ett *uttryck för dödsdriften.* Inte ens Melanie Kleins lärjungar som mycket ingående beskriver det lilla barnets hat men tolkar det som medfött (instinktivt) och inte förvärvat utgör här något undantag. Heinz Kohut är den som kommer närmast detta hat-fenomen med sitt begrepp narcissistisk vrede, som jag har satt i samband med dibarnets reaktion på att primärobjektet inte finns till hands (1979).

Men för att förstå uppkomsten av ett livslångt, omättligt hat sådant som det Adolf Hitler behärskades av måste man gå ett steg längre. Man måste lämna driftteorins välkända marker och fråga sig vad som sker hos ett barn som å ena sidan förödmjukas och förnedras av sina föräldrar och å andra sidan har ålagts att respektera och älska dem som gör så mot honom och under inga omständigheter ge uttryck åt sin smärta. Ett så orimligt krav skulle väl ingen ställa på en vuxen (utom i klart sado-masochistiska relationer), men föräldrar förväntar sig i de flesta fall just detta av sina barn, och i de tidigare generationerna sveks deras förväntningar sällan. Under de första levnadsåren är det alltjämt möjligt att glömma de värsta grymheter och idealisera angriparen. Men senare handlingsmönster förråder att hela historien om den tidiga barndomens lidanden lagrades någonstans och nu med oerhörd precision utvecklar sig inför omvärlden, men med andra förtecken: det en gång förföljda barnet är i den nya iscensättningen själv förföljare. I en psykoanalytisk behandling utspelas denna historia inom ramen för överföring och motöverföring.

Om psykoanalysen bara kunde befria sig från föreställningen om dödsdriften skulle den med det material den förfogar över om den tidiga barndomens betingning kunna ge ett väsentligt bidrag till fredsforskningen. Men tyvärr visar flertalet psykoanalytiker inget intresse för frågan om vad föräldrarna gjorde med sina barn utan överlåter hela problemkomplexet åt familjeterapeuterna. Dessa åter arbetar inte med överföring utan inriktar sig framför allt på förändringar i samspelet mellan familjemedlemmarna och får därför sällan sådana inblickar i den tidiga barndomens upplevelser som man kan få vid en djupgående analys.

Det skulle räcka med att i detalj återberätta förloppet av en enda analys för att visa vilka konsekvenser tidig förnedring, misshandel och psykiska övergrepp mot ett barn får i hela dess senare liv. Men av diskretionsskäl låter detta sig inte göra. Hitlers liv har emellertid ända till sista dagen så noggrant iakttagits och protokollförts att man utan svårighet i detta material kan påvisa hur de tidiga barndomssituationerna spelas upp på nytt. Förutom vittnesutsagor och de historiska gärningar där hans handlingsmönster dokumenterats, har hans tankar och känslor artikulerats i hans många tal och i boken *Mein Kampf*, om också i förklädd form. Det vore en oerhört instruktiv och lönande uppgift att försöka förklara Hitlers hela politiska aktivitet utifrån hans tidiga barndoms förföljelsehistoria. Men den uppgiften skulle spränga ramarna för den här boken. Mitt syfte här är bara att få fram exempel på den "svarta pedagogikens" konsekvenser. Därför ska jag begränsa mig till några få punkter i denna levnadshistoria och då tillmäta vissa bestämda barndomsupplevelser en alldeles särskild betydelse, upplevelser som hittills föga uppmärksammats i biografierna. Eftersom historiker helst sysslat med yttre fakta och psykoanalytiker ägnar sig åt Oidipuskomplexet tycks det hittills vara få som allvarligt frågat sig: Vad *kände* detta barn, vad *lagrades* i dess inre, när det från sina första levnadsår dagligen fick stryk och förnedrades av sin far?

Utifrån det tillgängliga materialet kan man utan svårighet göra sig en föreställning om den atmosfär som Adolf Hitler växte upp i. Familjens struktur kan väl sägas vara prototypen för den *totalitära regimen*. Den ende, oomstridde och ofta brutale härskaren är *fadern*. Hustrun och barnen är helt underkastade hans vilja, hans sinnesstämning och nycker och måste ta emot förödmjukelser och oförrätter tacksamt och utan att fråga. Lydnad är deras främsta livsprincip. Modern har sitt revir i hushållet, och när fadern inte är hemma är hon härskarinna över barnen och kan alltså delvis ta igen lidna förödmjukelser på de svagare. I den totalitära staten fyller säkerhetspolisen ungefär samma funktion, de bevakar slavarna men är själva slavar, de utför diktatorns önskningar och representerar honom i hans frånvaro, de injagar skräck i hans namn, utdelar straff och spelar härskare över de rättslösa.

De rättslösa är barnen. Om de har yngre syskon finns det ett område där de kan avreagera sig lidna förödmjukelser. Om det finns ännu svagare och mer hjälplösa individer tills hands är man inte den lägsta slaven. Men många gånger står man, som Christiane F., i egenskap av barn ändå lägre än hunden. Hunden behöver inte få stryk om det finns barn.

Denna rangordning, som noga kan studeras t ex i koncentrationslägrens organisation (med vakter, kapos etc) och som till fullo legitimeras av den "svarta pedagogiken", finns kanske alltjämt kvar i många familjer. Vilka följderna av detta kan bli för ett begåvat barn låter sig i detalj kartläggas i fallet Adolf Hitler.

Fadern – hans öde och relationen till sonen

Joakim Fest berättar följande om Alois Hitlers härkomst och om hans liv före Adolfs födelse:

I småbrukaren Johann Trummelschlagers hus i Strones nr 13 satte ogifta pigan Maria Anna Schicklgruber den 7 juni 1837 ett barn till världen, och redan samma dag döptes det till Alois. I Döllersheims församlings födelsebok förblev den rad där barnafaderns namn skulle ha stått tom. Det ändrades inte heller när modern fem år senare gifte sig med arbetslöse mjölnargesällen Johann Georg Hiedler. I stället gav hon samma år

sin son till mannens bror, bonden Johann Nepomuk Hüttler från Spital
– antagligen inte minst därför att hon var rädd att inte kunna ge barnet
vad det behövde. Hiedlers sades vara så fattiga att de "till sist inte ens
hade någon säng utan sov i en kreaturskrubba".

En av dessa båda bröder, mjölnargesällen Johann Georg Hiedler och
bonden Johann Nepomuk Hüttler, var förmodligen far till Alois Schickl-
gruber. En tredje möjlighet är, enligt en snarast fantastisk men ur Hitlers
närmaste omgivning stammande uppgift, att fadern var en jude från
Graz vid namn Frankenberger, i vars hushåll Maria Anna Schicklgruber
skulle ha arbetat då hon blev gravid. Hans Frank, i många år Hitlers
advokat och senare generalguvernör i Polen, försäkrar i alla händelser
inom ramen för sin redovisning i Nürnberg att Hitler år 1930 fick ett
brev från en son till sin halvbror Alois som i dunkla antydningar utbred-
de sig om "speciella omständigheter" i den hitlerska familjehistorien.
Avsikten var eventuellt att öva utpressning. Frank fick i förtroende upp-
drag att undersöka saken och fann ett visst stöd för antagandet att
Frankenberger var Hitlers farfar. Bristen på hållbara bevis gör att teo-
rin ter sig ytterst tvivelaktig, hur lite anledning Frank än kan ha haft
att i Nürnberg tillskriva Hitler en judisk förfader. Senare undersökningar
har ytterligare försvagat uppgiftens trovärdighet och teorin skulle knap-
past tåla en allvarlig utredning. Dess egentliga betydelse ligger också
mindre i dess objektiva tillförlitlighet. Mer avgörande och psykologiskt
betydelsefullt var det att Hitler måste konstatera att Franks resultat kas-
tade ett tvivelaktigt ljus över hans härkomst. En ny undersökningsaktion
vidtogs år 1942 av Gestapo på Heinrich Himmlers uppdrag men ledde
inte till något konkret resultat. Den version som med "till absolut viss-
het gränsande sannolikhet" betecknar Johann Nepomuk Hüttler som
Alois Schicklgrubers far är inte mycket tillförlitligare än alla andra far-
farsteorier, även om den vittnar om en viss ambitiös kombinationsför-
måga. Alla dessa teorier slutar i dunkla och förvirrade förhållanden
präglade av nöd, slöhet och lantligt bigotteri: Adolf Hitler visste inte
vem som var hans farfar.

Tjugonio år efter det att Maria Anna Schicklgruber hade tynat bort
och dött av bröstvattusot i Klein-Motten vid Strones och nitton år efter
hennes makes död infann sig dennes bror Johann Nepomuk tillsammans
med tre bekanta hos prästen Zahnschirm i Döllersheim och yrkade på
legitimering av sin nu nästan fyrtioårige "fosterson", tulltjänstemannen

Alois Schicklgruber. Det var visserligen inte han själv utan hans döde bror Johann Georg som var far, och denne hade själv medgett detta, det kunde hans följeslagare intyga. Prästen lät sig faktiskt luras eller övertalas. I den gamla kyrkoboken ändrade han helt enkelt i de den 7 juni 1837 införda uppgifterna "utom äktenskapet" till "inom äktenskapet" och fyllde i raden där faderns namn skulle stå som önskat. I kanten skrev han falskeligen: "Att den som fader angivne Georg Hitler, väl känd av undertecknade vittnen, erkänt sig vara den av barnamodern Anna Schicklgruber angivne fadern till barnet Alois och anhållit om att hans namn förs in i dopboken härstädes intygas av undertecknade ✕ ✕ ✕ Josef Romeder, vittne; ✕ ✕✕ Johann Breiteneder, vittne; ✕ ✕ ✕ Engelbert Paukh." De tre vittnena kunde inte skriva utan undertecknade med tre kryss och prästen skrev dit deras namn. Men han glömde att föra in datum och hans egen underskrift saknas liksom de (sedan länge döda) föräldrarnas. Legitimeringen var visserligen olaglig men ändå effektiv: från januari 1877 kallade sig Alois Schicklgruber Alois Hitler.

Initiativet till denna byintrig kom säkert från Johann Nepomuk Hüttler. Det var han som hade uppfostrat Alois, och han var begripligt nog stolt över honom. Alois hade just blivit befordrad på nytt, han hade gift sig och kommit sig upp högre än någon Hüttler eller Hiedler någonsin tidigare. Ingenting är naturligare än att Johann Nepomuk kände ett behov av att få sitt eget namn bevarat genom fostersonen. Men även Alois kunde ha intresse av en namnändring. Han var en energisk och pliktmedveten man och hade gjort en anmärkningsvärd karriär, vilket kan ha väckt ett behov av att konsolidera den genom ett "hederligt" namn. Vid tretton års ålder hade han satts i lära hos en skomakare i Wien, men hade beslutsamt givit upp hantverket och fått tjänst inom den österrikiska förvaltningen. Han hade avancerat snabbt och till sist befordrats till tulltjänsteman i den högsta löneklass som han med sin utbildning över huvud kunde nå. Han framträdde gärna som representant för överheten vid offentliga tillfällen och var noga med att bli tilltalad med sin rätta titel. En kollega vid tullen betecknade honom som "sträng, noggrann, rentav pedantisk", och själv förklarade han för en släkting, som bad om råd för sin sons yrkesval, att förvaltningen krävde absolut lydnad och pliktmedvetande och inte var något för "drinkare, skuldsatta, kortspelare och andra med omoraliskt levnadssätt". De porträttfotografier som han brukade låta göra när han blev befordrad visar genomgående en ståtlig man i vars misstänksamma ämbetsmannaansikte en sträv borgerlig livsduglighet och borgerlig representationslust lyser igenom: självsäker och inte utan värdighet ter han sig för betraktaren med sina blanka uniformsknappar. (J. Fest, 1978, s 31.)

Till denna berättelse kan fogas att Maria Schicklgruber efter sonens födelse i 14 år fick underhållsbidrag av den av Fest omnämnde judiske köpmannen. Fest citerar inte längre den exakta ordalydelsen i Franks redogörelse i sin Hitlerbiografi av 1973 men däremot i den tidigare som kom ut 1963. Frank skriver:

Hitlers far var utomäktenskaplig son till en köksa som var anställd i ett hushåll i Graz och hette Schickelgruber och var från Leonding bei Linz . . . Köksan Schickelgruber, Adolf Hitlers farmor, var anställd i en judisk familj vid namn Frankenberger när hon födde sitt barn (skall vara: när hon blev havande. Förf.) Och denne Frankenberger betalade för sin då – det hela utspelades på 30-talet förra århundradet – ungefär nittonårige sons räkning (som hade gjort köksan med barn – AM) *underhåll till Schickelgruber från barnets födelse till dess fjortonde levnadsår*. Det förekom också *en årslång brevväxling mellan dessa Frankenbergers och Hitlers farmor som* i sin helhet präglades av *de delaktigas tysta samförstånd* om att Schickelgrubers barn hade avlats under omständigheter som gjorde Frankenberger *underhållsskyldig* . . . (J. Fest, 1963, s 18.)

Om dessa fakta var så välkända i byn att de berättades ännu efter 100 år är det otänkbart att Alois inte skulle ha vetat någonting om saken. Det är inte heller troligt att människor i hans omgivning skulle ha trott på att en sådan frikostighet inte skulle ha sina orsaker. Hur det än kan ha varit i verkligheten så förlänade det Alois en fyrfaldig vanära:

1. fattigdomen,
2. den utomäktenskapliga härkomsten,
3. skilsmässan från den köttsliga modern vid 5 års ålder och
4. det judiska blodet.

De första tre punkterna var säkra, den fjärde kan ha varit bara ett rykte, men det gjorde inte situationen lättare. Hur ska man värja sig mot ett rykte som ingen för fram öppet, som det bara viskas om? Det är lättare att leva med vissheter, hur svåra de än är. Man kan t ex arbeta sig upp inom sitt yrke så att det inte finns några spår av fattigdom längre. Det lyckades Alois göra. Han lyckades också senare göra sina två äkta hustrur gravida före bröllopet och kunde på så sätt aktivt upprepa sitt eget öde med den utomäktenskapliga börden på sina barn och omedvetet hämnas för det. Men frågan om den egna härkomsten var och förblev obesvarad i hela hans liv.

Om man inte medvetet upplever och sörjer över sin ovissa härkomst kan den medföra stor oro och rastlöshet. Särskilt om ovissheten som i Alois' fall är förknippad med ett *olycksaligt rykte* som varken kan bevisas eller fullständigt vederläggas.

Jag hörde nyligen talas om en nästan 80 år gammal man som invandrat från Östeuropa och sedan 35 år bor med hustru och vuxna barn i Västeuropa. Till sin oerhörda förvåning fick denne man för kort tid sedan ett brev från sin nu 53-årige utomäktenskaplige son i Sovjetunionen som han i 50 år hade ansett som död. Det då treåriga barnet befann sig hos sin mor när hon blev skjuten. Barnets far blev gripen vid samma tillfälle och satt i fängelse som politisk fånge. Han hade senare aldrig kommit på tanken att söka efter denne son, så övertygad var han om hans död. Men sonen, som bar sin mors namn, skrev i sitt brev att han sedan 50 år inte haft någon ro utan ständigt följt upp den ena informationen efter den andra och gjort sig nya förhoppningar som ständigt gäckades. Men till slut lyckades han efter 50 år hitta sin far, trots att han i början inte ens känt till hans namn. Man kan tänka sig vilken idealbild av sin okände far denne man måste ha gjort sig, vilka förhoppningar han har knutit till återseendet. Det måste ha krävt oerhörda mängder av energi att från en liten provinsstad i Sovjetunionen ta reda på en man i Västeuropa.

Denna historia visar hur livsnödvändigt det kan vara för en människa att få klarhet i frågan om sin härkomst och få träffa den okända föräldern. Det är inte sannolikt att Alois Hitler medvetet kan ha upplevt sådana behov, och det var heller inte möjligt för honom att idealisera den okände fadern eftersom ryktet påstod att denne var jude, något som i hans omgivning betydde smälek och isolering. Hela företaget med namnändringen och alla de därmed förenade felaktigheterna, som Joakim Fest beskriver, genomförd då Alois Hitler var omkring 40 år, visar hur konfliktladdad frågan om härkomsten var för honom.

Men emotionella konflikter kan inte undanröjas med officiella dokument. Hans barn fick känna av hela tyngden av denna oro som han försvarade sig mot med prestationer, ämbeten, uniform och högfärdigt beteende.

John Toland berättar:

Han hade blivit retlig och grälsjuk. Faderns dåliga humör gick framför allt ut över Alois jr. Ibland rådde krigstillstånd mellan fadern, som krävde absolut lydnad, och denne son som vägrade att visa sig så foglig. Senare beklagade Alois jr sig bittert över att fadern ofta hade "slagit honom obarmhärtigt med flodhästpiskan", men i den tidens Österrike var det inte alls ovanligt att barn utsattes för hårdhänt kroppsaga. En sådan behandling ansågs välgörande för barnets själsliga utveckling. När pojken en gång hade stannat hemma från skolan i tre dagar därför att han ville göra färdig en leksaksbåt, behandlade fadern, som oreserverat hade uppmuntrat honom till denna hobby, honom så länge med piskan att han förlorade medvetandet. Enligt en del berättelser blev även Adolf tuktad med piskan om också inte så ofta, och hunden slog husets herre "ända tills den vred sig och slickade golvet". Även den tåliga hustrun, Klara Hitler, utsattes enligt Alois Hitler jr för liknande våld. Om dessa uppgifter är riktiga måste sådana uppträden ha gjort ett outplånligt intryck på Adolf Hitler (J. Toland, 1977, s 26).

Det är intressant att Toland skriver "om dessa uppgifter är riktiga", trots att han själv har i sin ägo en information av Adolf Hitlers syster Paula, som han visserligen inte återger i sin bok men som citeras i Helm Stierlins monografi med hänvisning till Tolands materialsamling.

Den lyder:

Det var framför allt bror Adolf som provocerade min far till extrem hårdhet och som varje dag fick sin beskärda del av prygel. Han var en riktig buspojke och alla hans fars försök att banka fräckheten ur kroppen på honom och få honom att gå i statens tjänst var förgäves (H. Stierlin 1975, s 23).

Om systern Paula personligen berättade för John Toland att hennes bror Adolf var dag fick "sin beskärda del av prygel" av fadern finns det ingen anledning att betvivla det. Men det är typiskt för alla levnadstecknare att de anstränger sig att identifiera sig med barnet och helt omedvetet bagatellisera föräldrarnas misshandel. Följande avsnitt från Franz Jetzinger är mycket belysande:

Man har också skrivit att pojken blev illa slagen av sin far. Därvid åberopar man sig på ett uttalande av Angela som påstås ha sagt: "Adolf, tänk på hur jag och mor höll fast far i uniformsrocken när han ville slå dig!" Detta påstådda uttalande är *mycket tvivelaktigt.* Efter Hafeldtiden bar fadern inte uniform längre, och sista året han ännu gick i uniform bodde han inte hos familjen. Dessa scener skulle alltså ha utspelats mellan 1892 och 1894; då var Adolf bara fyra år och Angela bara tolv, då hade hon *aldrig vågat* hålla tillbaka den stränge fadern i uniformsrocken. *Det där är påhittat* av någon som har svårt med tidräkningen!

"Führern" berättade själv för sina sekreterare, som han för övrigt ofta *spelade pajas för,* att fadern en gång hade givit honom trettio slag på ryggradens förlängning, men i denna krets berättade han mycket som är bevisligen osant, och just denna uppgift förtjänar så mycket mindre tilltro som han berättade den i samband med några indianhistorier och skröt med att han vid denna procedur liksom indianerna inte hade givit ett ljud ifrån sig. Det kan nog hända att den tämligen olydige och motspänstige pojken ibland fick sig en omgång som han ärligt förtjänat, men till de "misshandlade barnen" hörde han i alla händelser inte. Hans far var en alltigenom liberalt sinnad man. Med sådana konstgjorda teorier löser man inte gåtan Hitler, gör den bara mer komplicerad!

Det ser tvärtom snarare ut som om Hitlers far, som vid Leondingtiden ju var över 61 år, för det mesta lät udda vara jämnt och över huvud taget inte brydde sig så mycket om pojkens uppfostran. (Jetzinger, 1957, s 94).

Om Jetzingers tidsangivelser stämmer, och det finns ingen anledning att tvivla på det, så bekräftar hans "bevisföring" min fasta övertygelse att Adolf agades inte bara som halvvuxen pojke utan redan som helt liten, nämligen *före fyraårsåldern.* Egentligen behövs det inga bevis, *hela hans liv* är ett bevis för detta. Själv skriver han i *Mein Kampf* ganska ofta om det "låt oss säga" treåriga barnet. Jetzinger förutsätter tydligen att detta inte kan ha varit möjligt. Varför inte? Hur ofta händer det inte att det lilla barnet blir bärare av det onda som den vuxne försvarar sig mot.* I de pedagogiska skrifter som jag tidigare citerat och i doktor Schrebers böcker, som på sin tid var oerhört populära, *rekommenderas ju varmt aga av spädbarn.* Det påpekas ständigt att man *inte nog tidigt kan börja att driva ut det onda* så att "det goda kan växa ostört". Av tidningsreportage vet vi att mödrar slår sina spädbarn, och vi skulle antagligen veta mycket mer om detta om barnläkare öppet skulle berätta om vad de dagligen upplever. Till helt nyligen har de varit förhindrade att göra det (åtminstone i Schweiz) av hänsyn till tystnadsplikten, och nu tiger de kanske fortfarande av gammal vana eller "av anständighetsskäl". Om någon alltså tvivlar på att Adolf Hitler tidigt utsattes för aga kan ovan citerade ställe i Jetzingers biografi ge honom objektiv information om saken fast det väl egentligen är motsatsen Jetzinger vill bevisa – medvetet åtminstone. Omedvetet har han varseblivit mera och det kommer fram i den tydliga motsägelsen. För antingen hade Angela skäl att vara rädd för sin "stränge far", och då var Alois inte så godmodig som Jetzinger vill påstå, eller också var han det och då behövde hon inte ha varit rädd för honom.

Jag har uppehållit mig så länge vid detta ställe därför att jag betraktar det som ett belägg för att biografier ofta förfalskar sanningen för att skona föräldrarna. Det är betecknande att Jetzinger talar om att "spela pajas" när Hitler berättar den bittra sanningen och hävdar att han "i alla händelser" inte hörde till de "misshandlade barnen"

* Ray E. Helfer och C. Henry Kempe har under titeln *The Battered Child* (1974) samlat uppsatser som med stor inlevelse och kunskap om motiven ger information om aga av spädbarn.

och att den "olydige och motspänstige pojken" "ärligt förtjänat" agan. Hans far var nämligen en *alltigenom* (!) liberalt sinnad person.

Man kan säkert ha delade meningar om vad Jetzinger menar med liberalt sinnad, men bortsett därifrån finns det fäder som faktiskt visar prov på liberalt tänkande utåt och som ändå med sina barn, eller kanske med ett bland de andra utvalt barn, upprepar sin barndomshistoria.

Den pedagogiska inställning som ser det som sin huvuduppgift att skydda föräldrarna mot barnets förebråelser ger upphov till de märkligaste psykologiska tolkningar. Fest menar t ex att det först var Franks rapport 1938 om faderns judiska härkomst som hos Adolf Hitler utlöste aggressioner mot fadern. I motsats till min tes att Adolf Hitlers välgrundade barndomshat mot fadern fick sitt utlopp i judehatet hävdar Fest att Adolf Hitler som vuxen år 1938 *började hata sin far* sedan han genom Frank *fått vetskap om faderns judiska härstamning.* Han skriver:

Ingen kan säga vilka reaktioner upptäckten av dessa sammanhang väckte hos sonen, som just beredde sig att ta makten i Tyskland. Det finns dock en del som talar för att de oklara aggressioner som han alltid hade känt gentemot fadern nu *slog över i öppet hat.* Redan i maj 1938, några få veckor efter Österrikes "Anschluss", *lät han förvandla samhället Döllersheim och dess omgivning till militärt övningsområde. Faderns födelseort och farmoderns gravplats jämnades med marken av krigsmaktens pansarvagnar* (J. Fest, 1963, s 18).

Ett sådant hat mot fadern kan inte ha sitt upphov bara i hjärnan på en vuxen människa, i en så att säga "intellektuell" antisemitisk inställning. Ett sådant hat har enligt vad erfarenheten visar djupa rötter i de egna barndomsupplevelsernas dunkel. Typiskt nog anser också Jetzinger att det "politiska hatet" mot judarna efter Franks undersökningar "förvandlades" till ett "personligt hat" mot fadern och familjemedlemmarna (jfr Jetzinger, s 54).

Efter Alois' död innehöll Linz' Tagespost den 8 januari 1903 en dödsruna där följande stod att läsa:

"Om han också emellanåt kunde låta barsk doldes dock ett gott hjärta under den sträva ytan. För rätt och rättfärdighet var han alltid beredd att gå i bräschen med stor energi. Välunderrättad på alla områden kunde han överallt bidra med ett avgörande ord." Alois Hitlers gravsten bär en bild av den forne tullförvaltaren där han beslutsamt riktar blicken uppåt (cit efter J. Toland, s 34).

Smith rapporterar t.o.m. att Alois "hyste en sann respekt för de mänskliga rättigheterna och djup omsorg om människors välfärd" (Stierlin, s 20).

Det som för "respekterade" personer ter sig som en "sträv yta" kan för det egna barnet vara rena helvetet. J. Toland ger ett exempel på det:

Under en speciellt upprorisk period beslöt Adolf en dag att rymma hemifrån. Hans far fick emellertid reda på det och stängde in honom i ett av rummen på övervåningen. På natten försökte pojken fly genom ett fönster, och då det visade sig för trångt tog han av sig sina kläder. I samma stund hörde han sin far komma uppför trappan. Han gav då upp försöket och skylde hastigt sin nakenhet med en bordduk. Den här gången grep den gamle herrn inte till piskan, i stället brast han i skratt och ropade på sin hustru. Hon måste komma upp och titta på den "togaklädde pojken". Detta hån drabbade sonen hårdare än någon kroppsaga. För Helene Hanfstaengl förklarade han senare att det "hade tagit lång tid för honom att komma över den episoden". Många år senare berättade Hitler för en av sina kvinnliga sekreterare att han en gång hade läst i en äventyrsroman att det var ett tecken på mod att inte visa sin smärta. Alltså "föresatte jag mig att vid nästa omgång stryk skulle jag inte ge ett ljud ifrån mig. Och när det alltså var dags – jag vet att min mor ängsligt väntade utanför dörren – räknade jag varje slag. Min mor trodde att jag hade blivit tokig när jag strålande av stolthet rapporterade: 'Trettiotvå slag har far givit mig!' " (Toland, s 30).

Av detta och liknande ställen får man det intrycket att Alois om och om igen lät sin blinda vrede över sin barndoms förödmjukelser gå ut över sonen. Det är tydligt att han kände ett tvång att låta just detta barn få uppleva hans egen barndoms förnedring och smärta.

En historia ur ett annat sammanhang kan kanske hjälpa läsaren att förstå bakgrunden till ett sådant tvång. I ett amerikanskt TV-program framträder en terapeutisk grupp av unga mödrar som berättar om hur de misshandlat sina små barn. En av mödrarna berättar att hon en gång inte stod ut med att höra barnet skrika längre utan plötsligt ryckte upp det ur korgen och slog det mot väggen. Hon kunde förmedla till åskådaren en mycket klar bild av sin förtvivlan den gången och berättade vidare att när hon inte längre visste vad hon skulle ta sig till hade hon vänt sig till den telefontjänst som tycks finnas i Amerika just för liknande situationer. Rösten i telefonen frågade vem det egentligen var hon hade velat slå. Till sin egen häpnad hörde hon sig säga "mig själv" och brast i gråt.

Med hjälp av denna historia vill jag försöka förklara hur jag uppfattar Alois' misshandel av sonen. Det ändrar emellertid inte det faktum att Adolf, som ju *inte som barn kunde veta allt detta,* levde under ständigt hot, ja i ett helvete, i daglig fruktan och i ett verkligt trauma. Dessutom var han tvungen att undertrycka alla dessa känslor och kunde endast rädda sin stolthet genom att inte visa smärtan, som han då *måste tränga bort* (se fotnot s 88).

Vilken obetvinglig, omedveten avund den lille pojken genom sin blotta närvaro måste ha framkallat hos Alois! Född som ett "legalt" barn inom äktenskapet, därtill som son till en tulltjänsteman, av en mor som inte på grund av fattigdom måste lämna honom till andra människor och med en *far som han kände* (som han till och med kroppsligen fick känna av var dag, så tydligt och eftertryckligt att han aldrig skulle glömma honom). Var det inte just detta som Alois så smärtsamt kände saknaden av och som han trots de största ansträngningar aldrig kunde uppnå, därför att man inte kan ändra sitt barndomsöde? Man kan bara ta det på sig och leva med sanningen om det förflutna eller också fullständigt förneka det och låta andra lida för det.

Många människor har svårt att tåla den sorgliga sanningen att grymheten för det mesta drabbar oskyldiga. Redan som liten lär man ju sig att ta de grymma inslagen i uppfostran som straff för det man gjort sig skyldig till. En lärarinna berättade för mig att flera barn i hennes klass sedan de sett filmen Holocaust ansåg: "Judarna måste ändå vara skyldiga annars hade man inte straffat dem så."

Mot den bakgrunden får man också förstå biografiernas ansträngningar att tillskriva den lille Adolf alla möjliga synder, framför allt lättja, motspänstighet och lögnaktighet. Föds då ett barn till världen som lögnare? Är inte lögnen många gånger enda chansen att överleva och rädda en smula av sin värdighet med en sådan far? För den som är så totalt utlämnad till en annan människas nycker som Adolf Hitler (och inte bara han!) var är förställning och dåliga skolbetyg ofta den enda möjligheten att i hemlighet utveckla en liten smula autonomi. Man kan därför snarare anta att Hitlers senare beskrivningar av en öppen strid med fadern beträffande yrkesvalet var efterhandskonstruktioner, men inte därför att sonen "av naturen" var feg utan därför att denne far inte kunde tillåta några diskussioner. Följande ställe ur *Mein Kampf* svarar nog hellre mot rätta förhållandet:

Jag kunde hålla tillbaka mina inre uppfattningar något, behövde ju inte alltid genast säga emot. Det räckte med att jag själv var fast besluten att inte i framtiden bli ämbetsman för att jag skulle känna mig fullständigt lugn inombords (cit. efter K. Heiden, 1936, s 16).

Det är betecknande att levnadstecknaren, Konrad Heiden, som citerar detta ställe tillfogar anmärkningen: "alltså en liten hycklare". Vi begär av ett barn att det ska uppträda öppet och ärligt i en totalitär regim, men samtidigt ska det lyda omedelbart, komma hem med fina betyg, inte säga emot sin far och alltid göra sin plikt.

Och holländaren Rudolf Olden skriver i sin biografi (1935) följande om Hitlers skolsvårigheter:

Olust och oförmåga tilltar snabbt. Faderns hårda hand var en *viktig drivfjäder* som försvann i och med hans plötsliga död (R. Olden, 1935, s 18).

Faderns slag skulle alltså sporra till bättre skolresultat. Det skriver samme författare som något tidigare har rapporterat följande om Alois:

Även som pensionerad hade han den typiska ämbetsmannastoltheten och krävde att man skulle tilltala honom med herr och titeln. Bönderna och torparna sade du till varandra. På hån visade de den inflyttade främlingen den vördnad han krävde. Han fick aldrig något gott förhållande till sin omgivning. I stället hade han i sitt eget hus upprättat en familjediktatur. Hustrun såg upp till honom, och barnen styrde han med hård hand. Särskilt Adolf förstod han inte. Han tyranniserade honom. *När den gamle underofficeren skulle kalla på pojken stoppade han två fingrar i munnen och visslade* (Olden, s 12).

Denna scen, beskriven 1935 då många bekanta till familjen Hitler ännu bodde kvar i Braunau och det inte var så svårt att få fram informationer, finns så vitt jag vet inte med i någon av efterkrigsbiografierna. Bilden av mannen, som visslar på sin son som på en hund, påminner så starkt om de beskrivningar man fått från koncentrationslägren att man inte kan undra över att senare levnadstecknare har dragit sig för att ta med den. Dessutom har vi den tendens som utmärker alla biografierna att bagatellisera faderns brutalitet med hänvisning till att aga var något helt normalt på den tiden, eller med komplicerade bevis som talar mot ett sådant "nedsvärtande" av fadern – så t ex hos Jetzinger. Tyvärr är just hans noggranna efterforskningar en viktig källa för senare arbeten. Hans psykologiska insikter är inte mycket större än Adolf Hitlers fars.

Hur Adolf Hitler som barn verkligen måste ha upplevt sin far visade han genom att omedvetet överta dennes beteende och spela ut det aktivt i världshistorien: den strame, uniformerade, en aning löjlige diktatorn, sådan som Chaplin framställde honom i sin film och som fienderna uppfattade honom, det var Alois sedd med den kritiske sonens ögon. Den store, älskade och beundrade ledaren för det tyska folket, det var den andre Alois, den underdåniga hustrun Klaras beundrade och älskade man. *Som helt liten* delade Adolf säkert hennes vördnad och beundran. Dessa båda internaliserade aspekter av fadern framstår så tydligt på många punkter i Adolfs senare iscensättningar (vi kan t ex tänka på hälsningen "Heil Hitler", på massornas hyllningar osv) att man får det intrycket att hans konstnärliga begåvning med oerhörd kraft har tvingat honom att i hela

162   Adolf Hitlers barndom

sitt senare liv iscensätta och framställa de djupt inpräglade men hela tiden omedvetna intrycken av den tyranniske fadern. De är och förblir oförglömliga för alla hans samtida, men härvid har en del av hans samtid upplevt diktatorn *med den misshandlades skräck* och andra med *det aningslösa barnets fullständiga hängivelse och bejakande.* Varje stor konstnär skapar utifrån sin barndoms omedvetna, och Hitlers verk hade också kunnat bli ett konstverk om det inte hade kostat miljoner människor livet, om inte så många människor hade måst utstå hans aldrig upplevda smärta som han försvarade sig mot med sitt grandiosa beteende. Men trots identifikationen med angriparen finns det ställen i *Mein Kampf* som direkt visar hur Adolf Hitler upplevde sin barndom.

"I en bostad som består av två dystra rum i källarplanet bor en arbetarfamilj med sex medlemmar. Bland barnen finns en pojke på låt oss säga tre år ... Redan trångboddheten leder till att förhållandena blir ogynnsamma. Gräl och kiv kommer på så sätt ofta att uppstå ... Om ... denna kamp också utkämpas mellan föräldrarna själva, och det nästan var dag, i former som i fråga om inre råhet inte lämnar något övrigt att önska, då måste en sådan åskådningsundervisning sätta sina spår hos de små. Hurdana de blir, om denna ömsesidiga tvist tar formen av råa övergrepp från faderns sida mot modern och av misshandel i berusat tillstånd, kan den som är obekant med den här sortens miljöer knappast föreställa sig. Vid 6 års ålder anar den lille beklagansvärde pojken saker *som en vuxen måste fasa för* ... Vad han annars får höra därhemma leder inte till aktning för den kära omvärlden ... Men det slutar illa om mannen från första början går sina egna vägar och hustrun just för barnens skull vänder sig mot detta. Då blir det gräl och kiv och ju mer främmande för hustrun mannen blir, dess närmare kommer han alkoholen. När han till sist kommer hem på söndag eller måndag kväll, drucken och brutal, men alltid befriad från sitt sista öre, då utspelas ofta scener så att Gud sig förbarme. Hundratals gånger har jag upplevt exempel på allt detta ..." (Stierlin, 1975, s 24).

Trots att den djupa och kvarstående skada hans värdighet led hindrade Hitler från att beskriva den "låt oss säga" treårige pojkes situation i jagform som sin egen, kan det inte råda något tvivel om att framställningen återger något upplevt.

Ett barn som fadern inte ropar på med namnet utan visslar på som på en hund har samma rättslösa och namnlösa status i familjen som "juden" i Tredje riket.

Hitler lyckades faktiskt utifrån ett omedvetet upprepningstvång överföra sitt familjetrauma på hela det tyska folket. Genom införandet av raslagarna blev det nödvändigt för varenda medborgare att *legitimera sin härkomst bakåt intill tredje generationen* och ta på sig de konsekvenser detta kunde leda till. En oklar eller ogynnsam härkomst kunde betyda först smälek och förnedring och till sist döden för en människa – och det mitt i fredstid, mitt i en stat som kallade sig rättsstat. Det är något som inte förekommit någon annanstans i historien och som inte har någon förebild någonstans. Inkvisitionen t ex förföljde judarna för deras tros skull men lämnade ändå möjligheten öppen för dem att överleva genom att låta döpa sig. Men i Tredje riket hjälpte det inte hur man bar sig åt eller vad man än presterade – som jude var man *genom sin härkomst* dömd till förnedring och senare till döden. Speglas inte Hitlers eget öde här i dubbel bemärkelse?

1. Även för Hitlers far var det ju trots alla ansträngningar och framgångar, trots en yrkeskarriär från skomakare till tullförvaltare omöjligt att utplåna "smutsfläcken" i sitt förflutna, liksom det sedan skulle bli förbjudet för en jude att ta bort davidsstjärnan. "Smutsfläcken" satt kvar och plågade honom i hela hans liv. Det kan hända att de många flyttningarna (elva enligt Fest) skedde inte bara på grund av yrket utan också av denna orsak – för att sopa igen spåren. Denna tendens är också mycket klar i Adolfs liv: "När man 1942 rapporterade för honom att en minnestavla fanns uppsatt i byn Spital [faderns hemtrakt – AM] fick han ett av sina besinningslösa raserianfall", berättar Fest.

2. Därtill betydde raslagarna en upprepning av det egna barndomsdramat. Liksom juden nu inte hade någon chans, så hade *en gång barnet Adolf* inte kunnat undkomma sin fars slag, för orsaken till slagen var faderns olösta problem, ett behov av försvar mot sorgen över den egna barndomen, inte barnets beteende. Sådana fäder brukar också rycka upp sitt sovande barn ur sängen när de inte kan komma över en sinnesstämning (när de kanske har känt sig

små och osäkra ute i samhället) och prygla barnet för att återupp-
rätta sin narcissistiska jämvikt (jfr Christiane F., s 19 f.).
Den funktionen fyllde judarna i Tredje riket, som tog skadan igen
på dem för Weimarrepublikens smälek, och den funktionen hade
Adolf i hela sin barndom. Utan att kunna försvara sig måste han
finna sig i att ovädret när som helst kunde bryta lös över honom,
och han kunde inte hitta på något eller prestera något som kunde
avvända det.

Adolf upplevde aldrig någon ömhet från faderns sida (i *Mein Kampf*
kallar han honom typiskt nog "Herr Vater") och därför *växte hatet
fram hos honom kontinuerligt och entydigt.* Annorlunda är det för
barn med fäder som ibland har vredesutbrott men som dessemellan
är snälla och glada och leker med dem. Då kan aldrig hatet bli så
renodlat. Dessa människor har det svårt på ett annat sätt, de söker
sig en partner med en struktur där samma ytterligheter går igen, de
är bundna vid sin partner med tusen band och kan inte lämna ho-
nom eller henne, de lever i ständig förhoppning om att den goda
sidan till sist ska ta överhand och grips av ny förtvivlan vid varje
nytt utbrott. Sådana sado-masochistiska förbindelser som går till-
baka på en förälders dubbelhet är starkare än en kärleksförbindelse.
De är oskiljbara och innebär fortlöpande självdestruktion.

Barnet Adolf visste att misshandeln skulle fortsätta. Vad han än
gjorde så kunde det inte påverka den dagliga prygeln. För honom
återstod det bara att förneka smärtorna, alltså förneka sig själv och
identifiera sig med angriparen. Ingen kunde hjälpa honom, inte ens
modern som då själv utsattes för misshandel (jfr Toland, s 26).

Detta ständiga hot avspeglas precis i judarnas öde i Tredje riket.
Vi kan försöka föreställa oss en scen: En jude går ut på gatan, kan-
ske för att hämta mjölk, och plötsligt rusar en man med SA-bindel
runt armen på honom, en människa som har rätt att göra vad han
vill med honom, vad han just då får för sig och vad hans omedvetna
dikterar för honom. Juden har ingen möjlighet att påverka vad som
sker – lika lite som barnet Adolf en gång. Om juden försvarar sig
kan och får man trampa ihjäl honom. När den 11-årige Adolf på
sin tid tillsammans med tre kamrater i förtvivlan hade rymt hemifrån
för att driva nerför floden på en hemmagjord flotte och på så sätt

rädda sig ur faderns våld, blev han nästan ihjälpryglad bara för att han haft en tanke på flykt (jfr Stierlin, s 23). Inte heller för juden finns det nu någon möjlighet till flykt, alla vägar är avskurna och leder till döden liksom järnvägsspåret som slutade vid Treblinka och vid Auschwitz – där upphörde livet. Så känner sig varje barn som dagligen agas och som fadern nästan bankar livet ur när han tänkt fly.

I den scen som jag beskrivit och som utspelades i oräkneliga varianter mellan 1933 och 1945 måste juden uthärda allt som ett hjälplöst barn. Han måste låta det gå ut över sig att en man som skriker, är utom sig och nästan förvandlad till ett monster med SA-bindel häller mjölken över huvudet på honom, tillkallar andra för att de ska få roligt (liksom Alois skrattade åt Adolfs toga) och njuter av att känna sig stor och stark inför en människa som är helt utlämnad åt honom. Om juden har livet kärt kommer han nu inte att riskera det bara för att visa sig modig och hård. Han håller sig lugn och är i sitt inre fylld av avsky och förakt för denne man, alldeles som Adolf, som med tiden genomskådade sin fars svaghet och började ge igen åtminstone något lite genom sina dåliga skolresultat, vilka fadern upplevde som kränkande.

Joachim Fest anser att orsaken till Adolfs misslyckanden i skolan inte kan ligga i hans relation till fadern utan i att fordringarna blev högre i Linz där Adolf inte längre klarade konkurrensen med kamrater från borgerliga hem. Å andra sidan skriver Fest att Adolf var "en vaken, livlig och klart begåvad elev" (s 37). Varför skulle en sådan pojke inte klara skolan, om inte av den orsak som han själv anger men som Fest tvivlar på därför att han tillskriver honom "en dragning åt bekvämlighet" och en "redan tidigt framträdande oförmåga till regelbundet arbete" (s 37). Så hade Alois kunnat uttrycka sig, men att den grundligaste levnadstecknaren som ägnar tusentals sidor åt att bevisa Hitlers prestationsförmåga senare i livet här identifierar sig med fadern mot barnet vore förvånande om det inte vore regeln. Nästan alla levnadstecknare övertar utan invändning uppfostringsideologins måttstockar: föräldrarna har alltid rätt, och barnen är lata, bortskämda, "egensinniga" och "lynniga" (s 37), om de inte i alla situationer fungerar efter önskan. Om barnen säger något mot föräldrarna blir de ofta misstänkta för lögn. Fest skriver:

Honom (fadern) framställde sonen senare, för att få fram en effektfull svärta i bilden (som om det skulle behövas! AM), ofta till och med som en suput som han med böner och skällsord måste släpa hem från "stinkande, rökiga krogar", något som han upplevde som "hemskt skamligt" (Fest 1978, s 37).

Varför är detta bara effektsökeri? Därför att levnadstecknarna är eniga om att fadern visserligen gärna gick till krogen och drack och i anslutning därtill ställde till scener därhemma, men "inte var någon alkoholist". Med diagnosen "inte någon alkoholist" kan man sopa undan allt vad fadern gjorde och fullständigt prata bort upplevelsens betydelse för barnet, nämligen smäleken och skammen vid de förfärliga scenerna.

Något liknande händer när människor under sin analys förhör sig om sina föräldrar hos mer avlägsna släktingar. De under livstiden felfria föräldrarna avancerar efter sin död utan vidare till änglar och lämnar sina barn i ett helvete av självförebråelser. Det finns knappast en människa i omgivningen som vill bekräfta de upplevelser dessa barn en gång gjort, utan de står där isolerade med dem och kommer att betrakta sig själva som mycket elaka. Så lär det ha varit också för Adolf Hitler när han vid 13 års ålder förlorade sin far och från den stunden i hela sin omgivning aldrig påträffade annat än en idealiserad fadersbild. Vem skulle på den tiden ha varit beredd att bekräfta den grymhet och brutalitet fadern visat när levnadstecknarna än idag anstränger sig att förklara att den regelbundna agan inte kunde skada? Men så snart Adolf Hitler lyckades överflytta sin upplevelse av det onda till "juden i sig" lyckades han också bryta isoleringen.

Det finns väl knappast en pålitligare föreningslänk mellan Europas folk än judehatet. Av gammalt är det ett av regeringar uppskattat medel för manipulation, och det ägnar sig tydligen utmärkt för att maskera olika intressen så att även grupper som är starkt fientliga mot varandra kan enas om att fördöma judarna som farliga eller gemena. Detta visste Hitler som vuxen, och han sade en gång till Rauschning att "om inte judarna fanns så fick man uppfinna dem".

Varifrån hämtar antisemitismen sin ständigt förnyade kraft? Det är inte svårt att förstå. Man hatar inte juden för något som han är eller gör. Allt som judarna gör eller är kan påträffas också hos andra folk. Man hatar juden därför att man bär på ett *otillåtet hat* och är angelägen om att *legitimera* det. Det judiska folket lämpar sig alldeles särskilt väl för denna legitimering. I två årtusenden har judarna förföljts av de högsta kyrkliga och statliga auktoriteter och därför har ingen behövt skämmas för sitt judehat, inte ens den som växt upp med de strängaste moraliska principer och som annars skämts för helt naturliga psykiska impulser (jfr s 113 f.). Ett barn som växt upp inom de alltför tidigt inpräglade dygdernas murar griper gärna efter det enda tillåtna utloppet för sitt hat, får tag i antisemitismen (dvs sin rätt att hata) och behåller den i hela sitt liv. Det är dock möjligt att detta utlopp inte utan vidare fanns tillgängligt för Adolf Hitler eftersom det rörde vid ett familje-tabu. Längre fram, i Wien, njöt han av att upphäva detta underförstådda förbud, och när han kom till makten behövde han bara upphöja det enda enligt västerländsk tradition legitimerade hatet till högsta dygd för den ariska människan.

Min förmodan att härkomstfrågan var belagd med tabu i Adolfs föräldrahem grundar jag på det faktum att han senare tillmätte detta tema så stor betydelse. Hans reaktion på Franks rapport år 1930 bekräftar denna förmodan. Den röjer den blandning av vetande och icke-vetande som är så typisk för barn och speglar den förvirring som rådde i familjen i förbindelse med detta tema. I Franks rapport heter det bl a:

Själv visste Adolf Hitler att hans far inte var frukten av en sexuell förbindelse mellan Schicklgruber och juden i Graz. Det visste han av sin fars och farmors berättelser. Han visste att hans far härstammade från de föräktenskapliga relationerna mellan hans farmor och hennes senare make. Men de var båda fattiga, och judens underhållspengar var ett högst välkommet tillskott till det fattiga hushållet i flera år. Man hade angivit honom som kunde betala som fader, och juden betalade utan process, förmodligen därför att han drog sig för en rättslig process och den därmed sammanhängande publiciteten (citerat efter Jetzinger, s. 30).

Jetzinger kommenterar Hitlers reaktion med följande ord:

Detta stycke återger tydligen vad Hitler sagt om Franks avslöjanden. Han måste naturligtvis ha blivit ytterst bestört men fick givetvis inte låta märka något inför Frank utan låtsades som om dessa uppgifter inte var helt nya för honom. Han sade att han av sin fars och sin farmors berättelser visste att fadern inte härstammade från juden i Graz. Men i ögonblickets förvirring trasslade han till det ordentligt för sig! Hans farmor hade legat mer än fyrtio år i graven när Adolf föddes, hon kunde inte ha berättat något för honom! Och hans far? Han hade i så fall berättat det innan Adolf ännu var fjorton år eftersom han dog sedan. För en så ung pojke berättar man inte sådana saker, och man säger bestämt inte till honom: "Din farfar var inte jude", om det aldrig var tal om någon judisk farfader. Vidare svarade Hitler att han visste att hans far stammade från den föräktenskapliga förbindelse hans farmor haft med sin senare make. Varför hade han då några år tidigare i sin bok skrivit att hans far var son till en fattig torpare? Mjölnargesällen som hans mor kunde ha haft föräktenskapliga förbindelser med först då hon åter bodde i Döllersheim var aldrig i hela sitt liv torpare! Och att beskylla farmodern för en sådan gemen handling – om det nu var Hitler eller Frank som gjorde det – som att helt enkelt utpeka som barnafader en som kunde betala, det svarar mot ett tänkesätt som kan vara vanligt bland avsigkomna individer men bevisar ingenting beträffande härstamningen. Adolf Hitler visste absolut ingenting om sin härkomst! Man brukar ju heller inte upplysa barn om sådana här saker (Jetzinger, s 30 f).

En sådan outhärdlig förvirring i föräldrahemmet kan leda till att ett barn får skolsvårigheter (*att veta är förbjudet, alltså hotfullt och farligt*). I alla händelser ville Adolf Hitler senare veta exakt om varje medborgare, intill tredje led, om inte någon judisk förfader fanns med i bakgrunden.

Fest ägnar flera betraktelser åt Adolfs misslyckande i skolan och påpekar bland annat att det fortsatte efter faderns död, vilket skulle bevisa att det inte hade något samband med fadern. Mot detta kan man invända:

1. Citaten ur *Schwarze Pädagogik* visar mycket tydligt att lärarna gärna följer i fädernas spår när det gäller att aga eleverna samt att

de drar nytta av detta för sin egen narcissistiska självhävdelse.

2. När Adolfs far dog hade han redan för länge sedan internalise-rats av sonen, och lärarna blev nu faderssubstitut som han kunde försöka värja sig mot, kanske mer framgångsrikt. Dåliga resultat i skolan är ett av de få medel man har att straffa lärareń-fadern.

3. Vid 11 års ålder blev Adolf nästan ihjälpryglad när han för-sökte rädda sig genom flykt ur en för honom outhärdlig situation. Vid den tiden dog också hans bror Edmund, som han kanske hade kunnat utöva en viss makt över, eftersom denne var svagare. Om detta vet vi ingenting. Under denna period börjar det i alla hän-delser gå dåligt för honom i skolan fast han förut hade haft bra betyg. Vem vet om inte detta vakna, begåvade barn hade kunnat finna en annan, mer human väg att komma till rätta med det upp-dämda hatet om hans vetgirighet och vitalitet hade kunnat finna bättre näring i skolorna. Men även umgänget med andliga värden blev *omöjliggjort* för honom genom denna första, *svårt störda fa-dersrelation,* som överfördes på lärare och skola.

Detta barn som var fyllt av raseri på samma sätt som fadern be-faller längre fram att böcker av fritänkande människor ska brän-nas. Det var böcker som Adolf hatade och aldrig hade läst, men *kanske hade kunnat läsa och förstå* om man från början hade givit honom tillfälle att utveckla sina gåvor. När han lät bränna böcker och fördömde konstnärer var det ju också en hämnd för att han trots sin begåvning aldrig haft någon glädje av sin skolgång. Vad jag menar med detta kan kanske förtydligas med hjälp av en historia.

En gång satt jag på en bänk i en park i en för mig främmande stor-stad. En gammal man satte sig bredvid mig. Han berättade sedan för mig att han var 82 år gammal. Jag lade märke till honom därför att han pratade så intresserat och aktningsfullt med de lekande bar-nen, och jag inledde ett samtal med honom. Han berättade en del om sina upplevelser som soldat under första världskriget. "Vet ni", sade han, "jag har en skyddsängel som alltid är hos mig. Jag fick så ofta uppleva att alla mina kamrater träffades av granater eller bom-ber och föll ner döda, men jag som stod bredvid dem levde och var inte ens sårad." Om allt detta verkligen utspelats så i alla detaljer är oviktigt. Denne man gav en skildring av sitt eget själv och sitt stora förtroende för sitt öde. Jag blev inte förvånad då han på min fråga om han hade syskon svarade: "De är alla döda, jag var yngsta barnet." Hans mor hade "älskat livet", berättade han. På vårmorgnarna hade hon ofta väckt honom så att de tillsammans kunde gå ut i skogen och lyssna till fågelsången innan han gick till skolan. Det var underbara upplevelser. På min fråga om han hade brukat få stryk svarade han: "Det fick jag knappast, möjligen att min far kunde smälla till mig någon gång, och då blev jag alltid så arg, men det gjorde han aldrig då mor var närvarande, det hade hon aldrig tillåtit. Men vet ni", berättade han, "en gång fick jag förfärligt mycket stryk – av läraren. I de tre första klasserna var jag den bäste eleven, men i fyran fick vi en ny lärare. Han beskyllde mig en gång för en sak som jag inte hade gjort. Då tog han in mig på sitt rum och slog och slog och skrek hela tiden som en besatt: Ska du säga sanningen nu? Men hur skulle jag göra? Jag hade ju fått lov att ljuga för honom, och det hade jag aldrig förr gjort, för jag behövde aldrig vara rädd för mina föräldrar. Jag stod ut med slagen i en kvart, men efter det intresserade jag mig inte för skolan längre och jag fick dåliga betyg. Senare har jag ofta beklagat att jag inte tog studenten. Men den gången tror jag inte jag hade något annat val."

Denne man tycks ha mött en sådan aktning hos sin mor som barn att han också själv kunde respektera och leva ut sina känslor. Därför *märkte* han att han blev arg på sin far när denne "smällde till" honom, han *märkte* att läraren ville få honom att ljuga och förnedra honom, och han *kände sorg* över att han fick betala för sin värdighet och trohet mot sig själv med förlust av möjligheten till bildning, därför att det *den gången* inte fanns någon annan väg för honom. Jag lade märke till att han inte som de flesta sade: "Min mor älskade mig varmt", utan han sade: "Hon älskade livet." Jag kom att tänka på att jag en gång skrev detsamma om Goethes mor. Sina vackraste upplevelser hade denne gamle man haft med sin mor i skogen när han märkte hennes glädje över fåglarna och fick dela den. Denna varma relation till modern fick alltjämt hans gamla ögon att stråla, och moderns aktning för honom speglades omisskännligt i hans sätt att nu tala med de lekande barnen. Det fanns ingenting överlägset eller nedlåtande i hans attityd utan bara uppmärksamhet och aktning.

Jag har uppehållit mig så länge vid Hitlers skolsvårigheter därför att deras orsaker såväl som deras konsekvenser är representativa för miljoner människor. Hitlers stora och entusiastiska anhängarskara bevisar att otaliga människor hade en liknande psykisk struktur, dvs var uppfostrade på liknande sätt som han. Biografierna över honom visar hur långt vi ännu har kvar innan vi erkänner att ett barn har rätt att respekteras. Joachim Fest, som har utfört ett oerhört omfattande och grundligt arbete för att skildra Hitlers liv, kan inte tro att sonen verkligen lidit så mycket genom sin far utan menar att Adolf bara "dramatiserar" svårigheterna med fadern, som om någon över huvud taget skulle ha rätt att påstå sig veta mer om detta än Adolf Hitler själv.

Man kan inte förundra sig över att Fest anlägger mot föräldrarna skonsamma perspektiv när man tänker på hur bunden av sådana synpunkter även psykoanalysen är. I den mån dess anhängare ännu – i Wilhelm Reichs anda – anser sig behöva kämpa för en frigörelse av sexualiteten förbiser de helt avgörande aspekter. Vad ett barn som inte har fått uppleva någon aktning för sig själv och därför heller inte kunnat utveckla någon självaktning gör av den "befriade" sexualiteten kan vi se bland prostituerade och narkomaner. Där lär man sig bl a också vilket ödesdigert beroende (av andra människor och av heroin) barnens "frihet" leder till. Det är ingen frihet så länge den är förknippad med nedvärdering av det egna självet.

Inte bara agan utan också dess konsekvenser för barnen är så väl integrerade i vårt liv att vi knappt lägger märke till dem hur absurda de än är. Ungdomars "hjältemodiga beredvillighet" att i kriget låta sig såras och (redan i livets början!) stupa för andras intressen kan också hänga samman med att den tidiga barndomens avvärjda hat återvänder med förnyad intensitet i puberteten. Ungdomars hat kan avledas från föräldrarna om de får en entydig bild av en fiende, som de *har tillåtelse att hata fritt.* Av den anledningen var det som så många unga konstnärer och diktare frivilligt gav sig av till fronten under första världskriget. I hopp om att befrias från föräldrahemmets tvång lät de sig hänryckas av marschmusiken. Heroinet fyller bland annat också denna funktion, dock så att förstörelseraseriet här riktas mot den egna kroppen och det egna självet.

Lloyd deMause, en psykohistoriker som framför allt har intresserat sig för motivationer och beskriver de gruppfantasier som ligger till grund för dem, har en gång undersökt frågan om vilka fantasier krigsförklarande folk behärskas av. När han gick igenom sitt material frapperades han av att det ideligen i de många uttalandena av olika statsmän blan dessa folk dök upp bilder som påminde om förloppet vid födelsen. Det talas påfallande ofta om strypning, om hur det krigsförklarande folket håller på att strypas men nu hoppas kunna befria sig ur denna situation genom ett krig. L. deMause menar att i denna fantasi speglas barnets faktiska situation vid födelsen och att den stannar kvar hos varenda människa som ett trauma och därför är föremål för upprepningstvång.

Känslan av att man håller på att strypas och måste befria sig förekommer *inte hos de verkligt hotade folken,* som t ex i Polen 1939, utan där inget faktiskt hot i verkligheten finns, t ex i Tyskland 1914 och 1939 och i tal av Kissinger vid tiden för Vietnamkriget, något som talar för att denna tes skulle kunna vara riktig. Vid en krigsförklaring handlar det utan tvivel om befrielse ur en situation som i fantasin upplevs som hotande, instängd eller förnedrande. Av det som jag nu vet om barndomen och som jag försöker visa bland annat med exemplet Adolf Hitler skulle jag i alla händelser snarare dra den slutsatsen att det inte är födelsetraumat utan andra upplevelser som spelas upp på nytt i krigsivern. Även den svåraste födelse är en *engångshändelse, ett avslutat trauma,* som vi trots vår svaghet och litenhet för det mesta aktivt eller med hjälp av ingripande utifrån har *övervunnit.* Upplevelsen av misshandel, den psykiska förödmjukelsen och grymheten som upprepas om och om igen, som man inte kan undkomma och *där det inte finns någon räddande hand därför att ingen anser att detta helvete är något helvete,* är ett ständigt pågående eller ständigt på nytt upplevt tillstånd där det till sist inte får finnas något förlösande skrik och som bara kan glömmas genom bortträngning (se fotnot s 88). Det är just dessa upplevelser som aldrig övervunnits som måste söka sig uttryck i upprepningstvånget. I de krigsförklarandes jubel lever hoppet om att äntligen få hämnd för gamla förödmjukelser, och förmodligen upplevs också tillåtelsen att hata och skrika som en befrielse. Det förutvarande barnet tar första möjliga tillfälle att få vara aktiv och inte

längre tvungen att tiga. Där inget sorgearbete har varit möjligt för-
söker individen i upprepningstvånget *göra det förgångna ogjort*
och genom dagens aktivitet utplåna den forna tragiska passiviteten.
Men då detta aldrig kan lyckas, därför att det förgångna aldrig kan
ändras, leder sådana krig inte till befrielse för angriparen utan i
sista hand till katastrof, även om en tillfällig seger vinns.

Trots dessa synpunkter kunde man ändå tänka sig att födelsefanta-
sin här spelar en viss roll. För ett barn som *dagligen får stryk och
tigande måste ta emot det,* är födelsen kanske den enda händelse i
dess barndom som det inte bara i fantasin utan i verkligheten har
framgått ur som segrare – annars hade det ju inte överlevt. Det
kämpade sig igenom den trånga passagen, fick skrika efteråt och
blev ändå omhändertaget och vårdat. Kan denna sällhet jämföras
med vad som kom senare? Det vore inte så underligt om vi skulle
försöka utnyttja denna stora triumf som hjälp för att komma över
barndomens nederlag och övergivenhet. I den meningen skulle man
uppfatta *associationerna till födelsetraumat* under krigsförklaringen
*som försvar mot det faktiska, dolda traumat som ingenstans i sam-
hället tas på allvar och som därför är hänvisat till iscensättningar.*
I Adolf Hitlers liv hör skoltidens "boerkrig", *Mein Kampf* och det
andra världskriget till isbergets synliga topp. Den dolda förhistorien
till en sådan utveckling kan inte sökas i upplevelsen av passagen
genom slidan, en erfarenhet som Hitler delar med alla människor.
Men alla människor blev inte som barn lika plågade som han.

Vad allt gjorde inte sonen för att glömma traumat efter faderns miss-
handel: Han lade under sig Tysklands härskande klasser, han vann
massorna, han tvingade Europas regeringar att foga sig efter hans
vilja. Han ägde nästan oinskränkt makt. Men om natten, i sömnen,
då det omedvetna påminner människor om deras tidigaste barn-
domsupplevelser, då fanns det ingen möjlighet att undkomma: då
mötte han sin skräckinjagande far och fasan spred sig. Rauschning
skriver (s 273):

Men han har tillstånd som närmar sig förföljelsemani och personlighets-
klyvning. Sömnlösheten beror inte bara på överretade nerver. Han vak-

nar ofta på natten. Han vandrar rastlöst omkring. Då måste han ha det ljust omkring sig. På sista tiden har han då kallat på ungdomar som ska dela timmar av påtaglig fasa med honom. Emellanåt har dessa tillstånd tydligen tagit en särskilt elakartad vändning. En man ur hans närmaste dagliga omgivning har berättat för mig: På natten vaknar han med gråtkramper. Han ropar på hjälp. Han sitter på sängkanten och kan inte röra sig. Han skakar av ångest så att hela sängen vibrerar. Han utstöter förvirrade, helt obegripliga ord. Han flämtar som om han skulle kvävas. Den här mannen har beskrivit en scen för mig som jag inte skulle ha trott om den inte kommit från en sådan källa: Han står vacklande mitt i rummet och stirrar virrigt omkring sig. "Han! Han! Han var här", flämtar han. Läpparna är blå. Svetten rinner av honom. Plötsligt börjar han *rabbla tal för sig själv*. Helt meningslösa. Enstaka ord och stycken av meningar. Det låter hemskt. Han använder underligt sammansatta ordbildningar, helt okända. Sedan står han åter alldeles stilla och rör bara läpparna. Man frotterar honom och ger honom något att dricka. Då vrålar han plötsligt: "Där! Där! i hörnet! Vem är det som står där?" Han stampar i golvet och skriker som man är van vid att han gör. Man visar honom att det inte finns något ovanligt där, och så småningom lugnar han sig. Sedan sover han i många timmar. Och sedan är det under en tid åter någorlunda bra med honom.

Trots att (eller därför att) de flesta människorna i Hitlers omgivning en gång själva varit barn som fick stryk begrep ingen sambandet mellan hans paniska skräck och de "obegripliga talen". De känslor av skräck som i barndomen undertrycktes medan han räknade slagen överföll nu den vuxne mannen när han stod på höjden av sin makt, i form av plötsliga och ofrånkomliga mardrömmar i nattens ensamhet.

Hela världen hade inte räckt som offer för att hålla Adolf Hitlers internaliserade far borta från hans sovrum, ty det egna omedvetna förintas inte även om världen förintas. Men om Hitler hade levat längre hade världen ändå fått sitta emellan, för hos honom flödade hatets källa ständigt – också i sömnen . . .

För människor som aldrig i verkligheten har upplevt det omedvetnas krafter kan det låta naivt att man försöker förstå Hitlers verk utifrån hans barndom. Det finns alltjämt många människor som anser att "barn är barn" och politik är något allvarligt, något för vuxna, ingen barnlek. De tycker att det är konstigt eller löjligt att söka knyta an till barndomen därför att de – begripligt nog – helst vill glömma sanningen om den tiden. Hitlers liv ägnar sig särskilt väl som åskådningsexempel, också därför att kontinuiteten framträder så klart här. Redan som liten pojke lever han ut sin längtan efter befrielse från faderns förtryck i krigslekar. Han leder först indianerna, sedan boerna *till kamp mot förtryckaren:* "Det dröjde inte länge förrän *den stora hjältekampen hade blivit den största inre upplevelsen för mig"*, skriver han i *Mein Kampf,* och på ett annat ställe kan man ana den ödesdigra vägen från lek i barnets nödsituation till fruktansvärt allvar: "Från den stunden svärmade jag mer och mer *för allting som på något sätt hängde ihop med krig eller med soldatyrket"* (*Mein Kampf,* cit efter Toland, s 31).

Hitlers tysklärare, dr Huemer, berättar att Adolf i puberteten "inte så sällan tog emot sina lärares förmaningar och varningar . . . med illa dold motvilja; men *av sina kamrater krävde han villkorslös underkastelse"* (jfr Toland, s 77). Den tidiga identifieringen med den tyranniske fadern ledde till att Adolf, enligt en vittnesutsaga från Braunau, redan som helt liten pojke hade stått på en kulle och "hållit långa lidelsefulla tal".* Braunau betyder de tre första levnadsåren. Så tidigt började alltså Führerns levnadsbana. I dessa tal spelade barnet upp den grandiose faderns tal, såsom han på den tiden hade upplevt dem. Och *i publiken* upplevde han samtidigt *sig själv* som det *häpna, beundrande barnet* från de *första levnadsåren.*

Denna funktion fylldes senare av de organiserade massmötena, där Führerns tidiga barndom också fanns inrymd. Den narcissistiska, symbiotiska enheten mellan Führern och folket kommer fram mycket klart i några ord av Hitlers ungdomsvän Kubizek, som åhörde många av hans tal. John Toland skriver:

De gav Kubizek intryck av "vulkanutbrott"; han uppfattade dem som ett skådespel, färdigt för teatern, och var "till en början inget annat än häpen och förbluffad åhörare, som i sin förvåning glömde att applådera

* Denna information har jag fått genom en muntlig utsaga av Paul Moor.

på slutet". Först så småningom insåg Kubizek att det inte alls var fråga om teater utan att hans vän var fylld av "dödligt allvar". Han fick likaså klart för sig att Hitler väntade sig ett enda av honom: bifall. Kubizek, som rycktes med av formen och stilen i dessa lidelsefulla framträdanden mer än av innehållet i det som sades, snålade inte på bifall ... Adolf tycktes ana exakt vad Kubizek kände. "Han förnam allt som rörde mig så omedelbart *som om det hade hänt honom själv* ... Många gånger hade jag känslan av *att han levde med i mitt liv vid sidan av sitt eget*" (Toland, s 41).

Det finns väl ingen bättre kommentar till förståelsen av Hitlers legendariska agitationsteknik. Medan judarna representerar den förödmjukade, slagna delen av hans barndomstids själv, som han med alla medel försökte utplåna, stod det tyska folket, som hyllade honom och som här representeras av Kubizek, för den *goda och vackra delen av hans själ, som älskar fadern och älskas av honom*. Det tyska folket och skolkamraten får rollen som det snälla barnet Adolf. Fadern skyddar den rena barnsliga själen också för egna faror, i det att han fördriver och låter förinta de "stygga judarna", dvs också de "stygga tankarna", så att det äntligen kan få råda en ostörd enhet mellan far och son.

Dessa utläggningar är naturligtvis inte skrivna för människor som anser att "drömmar far som strömmar" och att det omedvetna är uppfunnet av en "sjuk ande". Men jag kan tänka mig att även de som redan har sysslat med det omedvetna ställer sig misstrogna eller blir upprörda inför mitt försök att förstå Hitlers handlingar mot bakgrunden av hans barndom, därför att de inte vill ha något att göra med hela denna "omänskliga historia". Men kan vi verkligen tänka oss att den gode Guden plötsligt kom på idén att skicka ned ett "mordiskt vidunder" till jorden? Något sådant tycks Erich Fromm ha i tankarna när han skriver:

Hur kan det förklaras att dessa båda välmenande, *stabila, högst normala* och *säkert inte destruktiva människor* satte till världen det barn som skulle bli odjuret Adolf Hitler? (cit efter Stierlin, 1975, s 36).

Jag tvivlar inte på att det döljer sig en personlig tragedi bakom varje förbrytelse. Om vi kunde utforska historien om och förhistorien till varje brott skulle vi kanske kunna göra mer för att förhindra dem än vi kan med våra indignerade moralpredikningar. Nu säger kanske någon: Alla som får stryk som barn blir ju inte mördare, i så fall skulle nästan alla människor bli mördare. Det är på sätt och vis sant. Men så fridfullt har mänskligheten det dock inte idag, och vi vet aldrig hur ett barn kommer att hantera den oförrätt han lidit. Det finns otaliga "tekniker" för det. Men framför allt vet vi ännu inte *hur världen kunde se ut* om barn fick växa upp *utan att förödmjukas,* om deras föräldrar respekterade dem och tog dem på allvar. Jag vet i alla händelser inte om någon människa som har mött sådan aktning* som barn och som sedan när han blivit vuxen haft behov av att slå ihjäl andra människor.

Men vi har ännu knappast utvecklat något sinne för barnets förnedring. Att respektera ett barn och uppmärksamma dess förödmjukelser är inte något man lär sig intellektuellt, i så fall skulle det för längesedan ha varit allmänt förekommande. Att känna med barnet vad det upplever när det blir blottat, kränkt, förödmjukat, betyder att man liksom i en spegel plötsligt ser den egna barndomens lidande, och det är något som många med fruktan måste försvara sig mot medan andra med sorg kan acceptera det. Människor som har vandrat denna sorgens väg förstår sedan mer om de psykiska förloppens dynamik än de någonsin skulle ha kunnat lära sig ur böcker.

Jakten på människor av judisk härkomst, kravet att uppvisa en "ren ras" intill tredje generationen, graderingen av förbud alltefter påvisbar rasrenhet – allt detta är groteskt, men bara vid första påseende. Dess innebörd uppenbaras när man tänker sig in i att det i Adolf Hitlers omedvetna fantasi sammanfattar två mycket starka tendenser: Å ena sidan var hans far den hatade juden som han kunde förakta och jaga, hota och skrämma med lagar och föreskrifter – fadern skulle ju också ha drabbats av raslagen om han hade levat. Men samtidigt – och det är den andra tendensen –

---

* Med aktning för barnet menar jag dock inte alls den antiauktoritära uppfostran som i grund och botten är en indoktrinering av barnet och som därför ringaktar dess egen värld (jfr s 106 f).

skulle raslagarna besegla Adolfs avståndstagande från fadern och hans härkomst. Förutom hämnden på fadern var också familjen Hitlers pinande ovisshet ett viktigt motiv för raslagarna: hela folket måste legitimera sig ända till tredje generationen därför att Adolf Hitler gärna hade velat veta *säkert* vem hans farfar var. Och framför allt görs juden till bärare av alla onda och föraktliga egenskaper som barnet någon gång lagt märke till hos fadern. Typisk för Hitlers föreställning om judarna är blandningen mellan satanisk *storhet och övermakt* (världsjudendomen som är beredd att förstöra hela världen) *å ena sidan* och den avskydde judens *svaghet och bräcklighet å den andra.* I denna blandning speglas den allmakt som även den svagaste far kan göra gällande över sitt barn: den av osäkerhet rasande tulltjänstemannen som faktiskt förstör barnets värld.

I analyser förekommer det ofta att det första genombrottet för kritik mot fadern sker genom att någon liten löjlig, bortträngd detalj dyker upp och banar vägen. Den överdimensionerat store fadern såg t ex löjlig ut i sin korta nattskjorta. Barnet hade aldrig någon nära kontakt med denne far utan var ständigt rädd för honom, men i denna bild med den korta nattskjortan fick det i fantasin en smula hämnd, och när nu ambivalensen bryter igenom i analysen används den som vapen mot det gudomliga monumentet. På liknande sätt sprider Hitler i *Stürmer* sitt hat och äckel mot de "stinkande" judarna för att kunna egga människor till att bränna verk av Freud, Einstein och otaliga andra verkligt framstående judiska intellektuella. Genombrottet för denna idé, som möjliggör en överföring av uppdämt hat från fadern till judarna som folk, är mycket belysande. Den beskrivs i följande avsnitt ur *Mein Kampf*:

Efter det att jag hade börjat syssla med denna fråga och väl hade uppmärksammat judarna framstod Wien för mig i ett annat ljus än tidigare. Vart jag gick såg jag nu judar, och ju mer jag såg dess tydligare skilde de sig från de andra människorna för min blick. Särskilt i innerstaden och i stadsdelarna norr om Donaukanalen vimlade det av ett folk som inte ens till det yttre liknade det tyska ... Allt detta verkade inte särskilt tilldragande. Direkt frånstötande måste man finna de *moraliska smutsfläckar* man utöver den kroppsliga osnyggheten *plötsligt upptäckte hos det utvalda folket.* Fanns det något smutsigt eller skamligt i någon form, framför allt inom det kulturella livet, där inte åtminstone en jude var inblandad? Bara man gjorde ett försiktigt snitt i en sådan svulst fann man, som mask i ruttnande kroppar, ofta bländad av det plötsliga ljuset, en jude ... Jag började så småningom hata dem (citerat efter Fest, s 63).

När han lyckas rikta hela sitt uppdämda hat mot ett objekt, känns det först som en stor lättnad. ("Vart jag gick såg jag nu judar ...") De förut förbjudna, undanträngda känslorna får nu fritt utlopp. Ju mer man fylls av dem dess lyckligare känner man sig över att äntligen ha funnit ett substitut. Hatet drabbar nu inte den egne fadern, och dammluckorna kan öppnas utan att man får prygel för det.

Men substitutet tillfredsställer inte – det finns inget bättre exempel på det än Adolf Hitler. Det har väl knappast någonsin funnits en människa som ägt så stor makt som Hitler att i sådan omfattning förinta liv, men ändå kunde han inte få ro. Det visar hans testamente mycket övertygande.

När man har upplevt andra världskriget och sedan läser Stierlins karakteristik av Adolf Hitlers far, häpnar man över hur exakt barnet i sig har tagit upp faderns väsen.

Det ser dock ut som om denna sociala förbättring inte kunnat åstadkommas annat än till högt pris för både honom själv och andra. Alois var visserligen samvetsgrann, pliktmedveten och flitig men också emotionellt labil, ovanligt rastlös och möjligen tidvis psykiskt störd. Åtminstone en källa antyder att han en gång var intagen på en asyl för mentalsjuka. Han hade också enligt en psykoanalytiker psykopatiska drag som bland annat visade sig i hans sätt att tolka och vända till regler och dokument så att de passade hans egna syften och därvid bevara en fasad av legitimitet. Han förenade kort sagt stark ärelystnad med ett i alla avseenden flexibelt samvete. När han t ex sökte påvlig dispens för sitt giftermål med Klara (som enligt lagen var hans kusin) framhöll han de två små moderlösa barn som behövde Klaras omvårdnad men underlät att nämna Klaras graviditet (Stierlin, 1975, s 68).

Endast i det omedvetna kan ett barn så exakt kopiera en förälder att varje drag senare kan återfinnas hos barnet, trots att levnadstecknarna inte har bemödat sig om att påpeka det.

Modern – hennes ställning i familjen och hennes roll i Adolfs liv

Alla levnadstecknare är överens om att Klara Hitler "högt älskade och skämde bort" sin son. Här måste man först och främst säga att denna mening i och för sig innebär en motsägelse, om man med kärlek menar att modern är öppen och lyhörd för barnets sanna behov. Det är när hon inte är det som barnet *skäms bort,* dvs överhopas med förmåner och saker *som det inte behöver* och som det bara får som ersättning för det man inte förmår ge barnet därför att man själv lider brist. Att barnet är bortskämt visar alltså en allvarlig brist som den vuxnes liv bekräftar. Om Adolf Hitler verkligen hade varit älskad som barn då hade han också blivit i stånd att älska. Hans relationer till kvinnor, hans perversioner (jfr Stierlin, s 168) och hela hans reserverade och i grund och botten kalla relation till människor visar att han inte hade fått ta emot kärlek från något håll.

Innan Adolf kom till världen hade Klara tre barn som alla dog i difteri inom loppet av en månad. De två första insjuknade kanske redan före det tredje barnets födelse, och det dog sedan också efter tre dagar. *13 månader senare föddes Adolf.* Jag återger Stierlins överskådliga uppställning:

	född	död	ålder vid tiden för dödsfallet
1. Gustav (difteri)	17.5.1885	8.12.1887	2 år, 7 månader
2. Ida (difteri)	23.9.1886	2.1.1888	1 år, 4 månader
3. Otto (difteri)	1887	1887	ungefär 3 dagar
4. Adolf	20.4.1889		
5. Edmund (mässling)	24.3.1894	2.2.1900	nästan 6 år
6. Paula	21.1.1896		

Den vackra legenden framställer Klara som en kärleksfull mor, som efter sina tre första barns död gav Adolf all sin ömhet. Det är kanske ingen tillfällighet att alla de författare som tecknat denna älskliga madonnabild är män. En ärlig modern kvinna som själv varit eller är mor kan kanske göra sig en mer realistisk föreställning om de händelser som föregick Adolfs födelse och om hurdan den emotionella omgivning var beskaffad där han upplevde sitt första, för barnets trygghet så avgörande levnadsår.

Vid 16 års ålder kommer Klara Pötzl in i sin "farbror Alois' " hem, där hon ska vårda hans sjuka hustru och hans två barn. Husets herre gör henne sedan med barn innan hans egen hustru är död, varpå hon vid 24 års ålder blir gift med den 48-årige Alois. Inom loppet av två och ett halvt år sätter hon tre barn till världen och förlorar dem alla tre under fyra–fem veckor. Vi kan försöka föreställa oss detta: Det första barnet, Gustav, insjuknar i difteri i november. Klara kan knappast vårda honom riktigt därför att hon just vid samma tid föder sitt tredje barn, Otto, som förmodligen blir smittad med difteri av Gustav och dör *efter tre dagar*. Kort efter, *före jul, dör också Gustav och tre veckor senare flickan Ida. Under en period av 4–5 veckor har Klara alltså upplevt en förlossning och tre barns död.* En kvinna behöver inte vara överdrivet känslig för att förlora jämvikten genom en sådan chock, helst som hon själv ännu var helt ung och mannen var tyrannisk och fordrande. Som from katolik upplevde hon kanske dessa tre dödsfall som Guds straff för hennes föräktenskapliga förbindelse med Alois. Kanske anklagade hon sig för att den tredje förlossningen hade hindrat henne från att ge Gustav den vård han hade behövt. I alla händelser skulle en kvinna behöva ett hjärta av sten för att inte ta illa vid sig av sådana händelser, och något stenhjärta hade Klara inte. Men ingen kunde hjälpa henne att uppleva sorgen riktigt, hennes äktenskapliga plikter till Alois kvarstod och samma år som Ida dog blir Klara åter gravid. I april året därpå föds Adolf.

Just därför att hon under sådana omständigheter knappast har kunnat bearbeta sin sorg, måste ett nytt barns födelse ha aktiverat den nyss upplevda chocken och väckt stor fruktan och en känsla av osäkerhet beträffande hennes förmåga som mor. Vilken kvinna med sådana erfarenheter skulle inte ha upplevt ångest redan under graviditeten för att samma sak skulle hända på nytt? Det är nästan otänkbart att hennes son under den första symbiotiska tiden hos sin mor fick insupa någon känsla av ro, tillfredsställelse och trygghet med modersmjölken. Det är mera sannolikt att moderns oro, de genom Adolfs födelse upprivna, färska minnena av de tre döda barnen och den medvetna eller omedvetna ängslan för att också detta barn skulle dö har överförts direkt till spädbarnet som mellan två kommunicerande kärl. Vreden mot den självupptagne mannen som inte gav henne något stöd i hennes själsliga lidanden fick Klara heller inte medvetet leva ut. Desto mer fick förmodligen spädbarnet som hon inte behövde vara lika rädd för känna av den.

Allt detta är ödet och att kasta skulden för det på någon tjänar ingenting till. Många människor har upplevt liknande öden. T ex Novalis, Hölderlin, Kafka fick alla uppleva flera syskons död och präglades starkt av det, men de hade möjlighet att ge uttryck åt sin smärta.

I fallet Adolf Hitler tillkom detta, att han inte hade någon att anförtro sina känslor och den djupa oro, som den från början störda modersrelationen ledde till, utan var tvungen att undertrycka dem för att inte väcka faderns uppmärksamhet och provocera mera stryk. Det återstod för honom bara att identifiera sig med angriparen.

Därtill kommer en annan omständighet som var ett resultat av denna ovanliga familjekonstellation: mödrar som föder ett barn efter ett som dött idealiserar ofta det döda barnet (som de försummade chanserna i ett olyckligt liv). Det levande barnet känner sig då eggat att anstränga sig alldeles särskilt mycket och prestera extra mycket för att inte stå tillbaka för det döda. Men ofta ägnar modern sin verkliga kärlek åt det döda, idealiserade barnet som i hennes fantasi hade alla fördelar – om det bara hade fått leva. Samma öde hade van Gogh, och han hade ändå bara *en* död bror.

Jag konsulterades en gång av en patient som talade på ett påfallande svärmiskt sätt om sin lyckliga och harmoniska barndom. Sådana idealiseringar är jag van vid, men här var det något i hans tonfall som jag fann märkligt och först inte kunde förstå. Under samtalets gång visade det sig att denne man hade haft en syster som dött vid knappt två års ålder och som tydligen haft för sin ålder övermänskliga färdigheter: hon sades ha vårdat modern när denna var sjuk, sjungit sånger för henne "för att lugna henne", hon kunde hela böner utantill osv. När jag frågade den här mannen om han ansåg att det verkligen var möjligt vid den åldern, tittade han på mig som om jag begått det värsta helgerån och sade: "Inte i normala fall, men med det här barnet var det så – det var ett under, något alldeles enastående." Jag sade till honom att mödrar ofta idealiserar sina döda barn överdrivet mycket, berättade för honom om van Gogh och påpekade att det ofta är mycket svårt för det levande barnet att ständigt jämföras med en sådan fullkomlig gestalt som man ju aldrig kan bli lik. Mannen började åter tala helt mekaniskt om sin systers förmåga och om hur förfärligt sorgligt det var att hon var död. Helt plötsligt tystnade han och sorgen kom över honom – sorg över systerns död, menade han, fast den låg nästan 35 år tillbaka i tiden. Jag hade intryck av att han då kanske för första gången grät över sitt eget barndomsöde, för dessa tårar var äkta. Först nu förstod jag också de främmande, konstlade tonfall hans röst fick och som jag frapperats av vid timmens början. Kanske kände han omedvetet att han måste demonstrera för mig hur hans mor hade talat om sin förstfödda. Han talade lika översvallande om sin barndom som modern hade talat om det döda barnet, men samtidigt delgav han mig genom denna oäkta ton den bakomliggande sanningen om sitt öde.

Jag kommer ofta att tänka på denna historia när jag har besök av människor som har liknande familjekonstellationer. När jag talar med dem om detta upplever jag om och om igen vilken kult som bedrivs med de döda barnens gravar. Den kan hållas levande i årtionden. Ju bristfälligare moderns narcissistiska jämvikt är, dess mer målar hon ut för sig vilka möjligheter som gått förlorade med det döda barnet. Detta barn skulle ha kompenserat henne för allt vad hon fått sakna, för de lidanden hennes make tillfogat henne och för allt besvär med de levande barnen. Det skulle ha varit en idealisk "mor" för henne och skyddat henne för alla smärtor – om det bara hade fått leva.

Då Adolf föddes som första barnet *efter tre döda barn* kan jag inte tänka mig att moderns relation till honom kan ha varit enbart "hängiven kärlek", så som levnadstecknarna framställer den. De anser utan undantag att Hitler fick *för mycket* kärlek av sin mor (i bortskämdheten eller, som de uttrycker det, det "orala bortskämmandet" ser de ett övermått av kärlek) och *därför* skulle ha varit så angelägen om att bli beundrad och uppskattad. *Eftersom* han hade haft en så god och långvarig symbios med sin mor sökte han ständigt henne, även i sin narcissistiska sammansmältning med massorna. Sådana påståenden hittar man ofta även i de psykoanalytiska sjukbeskrivningarna.

I sådana tolkningar tycker jag man kan spåra en uppfostringsprincip som finns djupt förankrad hos oss alla. I pedagogiska skrifter hittar man ständigt rådet att inte "skämma bort" barnen med för mycket kärlek och hänsyn (det kallas "blind" kärlek) utan från *första början härda dem för det verkliga livet.* Här uttrycker sig psykoanalytikerna på ett annat sätt, de anser t ex att man "bör förbereda barnet på att uthärda frustrationer", som om inte ett barn själv kunde lära sig det i livet. I grund och botten är det nämligen precis tvärtom: ett barn som en gång har mött äkta ömhet kan som vuxen bättre klara sig utan den än den som aldrig har fått ömhet. När en människa alltså ivrigt eftersträvar beundran och uppmärksamhet så är det *alltid* ett tecken på att *han söker något som han aldrig fått,* inte på att han inte vill vara utan något som han i barndomen har fått för mycket av.

Det som ser ut som eftergivenhet behöver inte alltid vara det. Ett barn kan bli bortskämt med mat, leksaker, omsorger utan att ändå någonsin ha blivit sett och respekterat som *den det är.* Vad gäller Hitler så kan man i varje fall lätt tänka sig att han aldrig skulle ha blivit älskad av modern som faderns fiende, vilket han dock i grund och botten var. Om hans mor över huvud taget någonsin var i stånd till kärlek och inte bara till plikttrohet så måste villkoren för kärlek i hennes fall ha varit att han var en duktig pojke och gentemot fadern villig att "förlåta och glömma" allt. Ett belysande ställe hos Smith visar hur föga Adolfs mor kan ha varit i stånd att bistå honom i hans svårigheter med fadern:

Husfaderns dominerande manér ingöt bestående respekt för att inte säga fruktan hos både hustrun och barnen. Även efter hans död stod hans pipor där vördnadsbjudande uppradade på sitt ställ i köket, och alltid när hans änka under ett samtal ville ge särskilt eftertryck åt något gjorde hon en gest mot piporna, som om hon ville frambesvärja mästarens auktoritet (cit. efter Stierlin, s 21/22).

Om Klara efter mannens död lät hans pipor överta den vördnad hon hyst för honom kan man knappast föreställa sig att hennes son någonsin skulle ha kunnat anförtro sina verkliga känslor åt henne. Särskilt inte som de tre döda syskonen säkert alltid i moderns fantasi hade varit "duktiga" och i alla händelser nu i himlen inte kunde hitta på några dumheter.

Föräldrarnas välvilja kunde Adolf alltså endast förvärva *till priset av fullständig förställning och förnekande av sina verkliga känslor.* Detta är upphovet till hela den livsinställning, som Fest menar går som en röd tråd genom hans historia. I början av hans Hitlerbiografi står följande träffande och centrala omdömen:

Att förkläda och förhärliga den egna personen var ett av hans livs viktigaste strävanden. Det finns knappast någon gestalt i historien som så våldsamt och med så nästan pedantisk konsekvens skapat en så stiliserad bild av sig själv och gjort det personliga så oåtkomligt. Den föreställning han hade om sig själv är mer ett monument än en bild av en människa. Livet igenom strävade han efter att dölja sig bakom detta monument (Fest, 1978, s 29).

En människa som har fått ta emot kärlek av sin mor behöver aldrig förställa sig så.

Adolf Hitler bemödade sig systematiskt om att skära av banden med sitt förflutna. Sin halvbror Alois tog han inte alls emot och sin syster Paula, som hushållade åt honom, tvingade han att byta namn. Men på den världspolitiska scenen satte han omedvetet upp sin barndoms verkliga drama – med andra förtecken. Nu var *han,* liksom förr hans far, den ende diktatorn, den ende som hade något att säga till om. De andra måste tiga och lyda. Han var den som injagade fruktan men som också ägde folkets kärlek och hängivenhet, liksom fadern en gång ägt den underdåniga Klaras.

Att kvinnor på ett speciellt sätt fascinerades av Hitler är ju känt. För dem förkroppsligade han fadern, som visste precis vad som var rätt och vad som var fel, och kunde dessutom ge dem en ventil för deras från barndomen uppdämda hat. Denna kombination förskaffade Hitler alla hans anhängare, såväl kvinnor som män. Ty alla dessa människor hade en gång uppfostrats till lydnad, plikt och kristliga dygder. Redan tidigt hade de fått lära sig att undertrycka sitt hat och sina behov. Och här kom nu en man som *inte ifrågasatte denna borgerliga moral i sig,* utan som i stället kunde ha god användning för deras inlärda, lydiga attityd och alltså aldrig ställde dem inför frågor eller framkallade inre kriser. I stället gav han dem ett universalmedel som äntligen gav dem tillfälle att på fullt legala sätt leva ut det hat som lagrats inom dem alltifrån barndomens första år. Vem skulle inte vilja dra nytta av det? Nu fick juden skulden för allt, och de verkliga förföljarna från förr, de egna, ofta verkligt tyranniska föräldrarna, kunde bevaras i ljust minne och idealiseras.

Jag känner en kvinna som aldrig hade kommit i kontakt med någon jude förrän hon gick med i "Bund Deutscher Mädel". Som barn blev hon mycket strängt uppfostrad. Hennes föräldrar behövde henne hemma i hushållet, efter det att de andra syskonen (två bröder och en syster) hade lämnat hemmet. Därför fick hon inte lära sig något yrke trots att hon hade bestämda önskemål och även begåvning för ett visst yrke. Långt senare berättade hon för mig med vilken entusiasm hon hade läst i *Mein Kampf* om "judarnas förbrytelser" och vilken lättnad hon hade känt då hon fick veta att det fanns någon som man utan tvekan kunde få hata. Hon hade aldrig öppet fått visa sin avund mot syskonen som hade fått utbilda sig till sina yrken. Men den där judiske bankiren som hennes farbror måste betala ränta till för ett lån, han var en utsugare och utnyttjade hennes stackars farbror som hon identifierade sig med. Hon blev faktiskt utnyttjad av sina föräldrar och var avundsjuk på sina syskon, men sådana känslor fick en anständig flicka inte ha. Och här erbjöd sig nu helt oväntat en så enkel lösning: *Man fick hata* så mycket man ville och kunde ändå, eller just därför, förbli sin fars snälla barn och fäderneslandets goda dotter. Dessutom kunde man projicera det "stygga" och svaga barnet, som man alltid lärt sig förakta i sitt inre, på judarna, som just var svaga och hjälplösa, och uppleva sig själv som *enbart* stark, *enbar*t ren

(arisk), *enbart* god.
Och Hitler själv? Det var ju här skådespelet började. Också för honom gäller det att han *i juden* misshandlar det hjälplösa barn som han själv en gång var på samma sätt som fadern misshandlade honom. Och liksom fadern aldrig fick nog utan pryglade honom på nytt varje dag och nästan slog ihjäl honom när han var 11 år, så fick Adolf Hitler heller aldrig nog. I sitt testamente skrev han, som hade låtit döda 6 miljoner judar, att resten av judendomen också måste utrotas.

Liksom hos Alois och andra fäder som delar ut stryk visar sig här ångesten för att de avstängda delarna av självet eventuellt kan återuppstå och komma igen. Därför är denna misshandel en uppgift som aldrig tar slut – bakom den står ångesten för upplevelsen av den egna undertryckta vanmakten, fördmjukelsen, hjälplösheten som man livet igenom har försökt undfly med hjälp av "en grandios hållning": Alois med ämbetet som högre tulltjänsteman, Adolf som Führer, en annan kanske som psykiater som blint tror på elektrochocker, eller som läkare som transplanterar aphjärnor, som professor som talar om vad andra ska tycka eller helt enkelt som far som uppfostrar sina barn. Alla dessa strävanden handlar inte om de andra människorna (eller aporna); i allt som dessa män gör med människor, när de föraktar och förnedrar andra, handlar det egentligen om att utrota den vanmakt man en gång känt och att undvika sorgen.

Helm Stierlins intressanta studie om Hitler utgår ifrån idén att Adolf av modern omedvetet "delegerades" att rädda henne. Det besegrade Tyskland skulle då vara en symbol för modern. Detta kan mycket väl vara riktigt, men hätskheten i hans senare handlande ger utan tvivel också uttryck åt omedvetna intressen djupt i hans eget inre. Det är en gigantisk kamp för att befria det egna självet från spåren av en gränslös förnedring, och i detta får Tyskland en symbolisk plats.

Men det ena utesluter inte det andra: Att rädda sin mor betyder för ett barn att slåss för sin egen existens. Med andra ord: Om Adolfs mor hade varit en stark kvinna hade hon – i barnets fantasi – inte utsatt honom för dessa kval och denna ständiga fruk-

tan och dödsångest. Men eftersom hon själv var förnedrad och
helt hade underkastat sig sin man kunde hon inte skydda barnet.
Nu måste han rädda modern (Tyskland) från fienden, för att få
en god, ren och stark, judefri mor, som kunde ge honom trygghet.
Barn fantiserar mycket ofta om att de måste befria eller rädda sina
mödrar, så att dessa äntligen kan bli sådana mödrar som barnen
en gång hade behövt. Senare i livet kan detta bli ett heltidsarbete.
Men inget barn har möjlighet att rädda sin egen mor, och tvånget
att upprepa denna vanmakt – ifall den inte blir erkänd och upp-
levd i sitt ursprung – leder oundvikligen till misslyckande eller
rentav katastrof. Utifrån denna synpunkt kan man fullfölja Stier-
lins tankegångar och med symbolspråk skulle de kunna formuleras
ungefär så här: Tysklands befrielse och det judiska folkets för-
intelse intill den siste juden, dvs det *fullständiga* utplånandet av den
elake fadern, skulle för Hitler ha skapat de förutsättningar som
kunde ha gjort honom till ett lyckligt barn som fick växa upp i
lugn och ro med sin älskade mor.

Denna omedvetna symboliska målsättning var självklart en illu-
sion, eftersom det förflutna inte kan ändras. Men varje illusion har
sin mening och den är mycket lätt att förstå om man känner till
barndomssituationen. Genom sjukdomshistorier och levnadsteck-
narnas uppgifter, som på grund av försvarsmekanismer förbiser
just de väsentligaste data, blir denna mening ofta förvrängd. Man
har t ex skrivit och forskat mycket om huruvida Alois Hitlers far
verkligen var jude eller inte och om Alois kan betecknas som
alkoholist eller inte.

Men barnets psykiska realitet har ofta mycket litet att göra
med det som levnadstecknarna senare "bevisar" som fakta. Just
misstanken om judiskt blod i familjen är för ett barn en mycket
tyngre belastning än vissheten. Redan Alois måste ha lidit av
denna ovisshet, och säkert fick Adolf höra talas om dessa rykten
även om man helst talade tyst om dem. Det som föräldrarna helst
vill förtiga funderar barnet allra mest över, särskilt som det var ett
stort trauma för fadern (s 167 f).

Förföljelsen av judarna gjorde det "möjligt" för Hitler att i fan-
tasin "korrigera" sitt förflutna. Han kunde:

1. Ta *hämnd* på fadern, som blev misstänkt för att vara halvjude,

2. *befria* modern (Tyskland) från hennes förföljare,
3. *vinna moderns kärlek* utan så många moraliska sanktioner, med mer av sitt sanna själv (det var ju som skrikande judehatare Hitler älskades av det tyska folket, inte som det snälla katolska barn han måste vara för sin mor),
4. *kasta om rollerna* – *han själv* är nu diktatorn, *honom* måste alla lyda och falla ned för, så som han var tvungen att lyda sin far, *han* inrättar koncentrationsläger där människorna behandlas på samma sätt som han behandlades som barn. (En människa brukar inte tänka ut gräsligheter om hon inte själv på något sätt har upplevt liknande saker. Vi är bara så benägna att bagatellisera barnets upplevelse.)
5. Därtill gjorde judeförföljelserna det möjligt för honom att *förfölja det svaga barnet i sitt eget själv*. Det projicerades på offret, för att ingen sorg över det förflutnas lidanden, som modern aldrig kunde hjälpa honom med, skulle upplevas. I detta och i den omedvetna hämnden på den tidiga barndomstidens buse, mötte Hitler en mängd tyskar som hade vuxit upp i liknande situationer.

I bilden av Adolf Hitlers familj sådan Stierlin tecknat den finns alltjämt den kärleksfulla modern med, hon som visserligen delegerar funktionen som räddare på barnet men som också skyddar det från faderns våld. Denna älskade och älskande, idealiserade modersgestalt finns också i Freuds Oidipusversion. Klaus Theweleit kommer i sin *Männerphantasien* något närmare dessa mödrars verklighet, men även han drar sig för att dra de yttersta konsekvenserna ur sina texter. Han konstaterar att hos de företrädare för den fascistiska ideologin som han analyserat förekommer överallt bilden av en sträng, tuktande far och en kärleksfull, beskyddande mor. Hon beskrivs som "världens bästa kvinna och mor", som "den goda ängeln", "klok, karaktärsfast, hjälpsam, djupt religiös" (jfr Theweleit, band I, s 133). *Hos kamraternas mödrar* eller hos svärmödrarna *beundrar* man vidare *ett drag* som man tydligen inte vill återfinna hos sin egen mor: *hårdheten, kärleken till fäderneslandet, den preussiska stilen* ("tyskar gråter inte") – järnmödrarna, "som inte ens blinkar vid underrättelsen om sina söners död". Theweleit citerar:

Det var inte den underrättelsen som tog knäcken på mor. Fyra söner tog kriget för henne och hon uthärdade. En i jämförelse därmed skrattretande småsak knäckte henne. Lothringen blev franskt och därmed koppargruvorna (s 135).

Men om dessa båda sidor var de två hälfterna av ens egen mor? Hermann Ehrhardt berättar:

En gång stod jag en vinternatt fyra timmar därute i snön tills mor äntligen tyckte att straffet var tillräckligt (a.a., s 133).

Innan modern "räddar" sonen och anser att "straffet är tillräckligt" låter hon honom stå ute i snön i fyra timmar. Ett barn kan inte förstå varför den älskade modern gör honom så illa, han kan inte fatta att den i hans ögon jättestora kvinnan i själva verket är rädd som en liten flicka för sin man och omedvetet förmedlar sin egen barndoms förödmjukelser till sin lille pojke. Ett barn *måste lida under denna hårdhet*. Men *han får inte leva ut och visa* sitt lidande. Det återstår honom ingen annan utväg än att stänga ute smärtan och projicera den på andra, dvs tillskriva andras mödrar sin egen mors hårda drag och till och med beundra detta drag hos dem.

Kunde Klara Hitler hjälpa sin son så länge hon själv var sin makes underdåniga, lydiga tjänstepiga? Så länge mannen levde kallade hon honom blygt för "Onkel Alois", och efter hans död kastade hon vördnadsfulla blickar på pipstället i köket var gång hans namn nämndes.

Vad händer i ett barn när han om och om igen får uppleva att samma mor som talar till honom om kärlek, som med omsorg lagar till hans mat och sjunger vackra sånger för honom stelnar till en saltstod och orörlig tittar på när detta barn blir slaget blodigt av fadern? Hur måste det inte kännas för barnet att ständigt förgäves hoppas på moderns hjälp och räddning, hur ska det inte kännas när han förgäves under tortyren väntar på att hon ska sätta in sin makt som dock i hans ögon var så stor? Men han blir aldrig räddad. Modern ser på medan hennes barn blir förödmjukat, hånat, torterat utan att försvara honom, utan att ingripa och befria. Genom att tiga gör hon sig solidarisk med förföljaren, hon utlämnar sitt barn. Kan man vänta sig att barnet ska förstå detta? Och kan man undra om förbittringen kommer att gälla också modern, fast den trängs bort till det omedvetna? Detta barn kommer kanske medvetet att hett älska sin mor. Senare, bland andra människor, kommer han ofta att få känslan av att vara utlämnad, prisgiven, förrådd.

Hitlers mor är säkert ingen undantagsföreteelse utan snarare helt normal, om inte rentav ett ideal för många män. Men kan en mor som bara är en slavinna ge sitt barn den aktning det behöver för att det levande i det ska kunna utvecklas? I följande beskrivning av massan i *Mein Kampf* kan man utläsa vilket kvinnlighetsideal Adolf Hitler hade fått:

Den stora massans psyke är inte mottagligt för halvhet och svaghet. *Liksom kvinnan,* vars psykiska förnimmelse bestäms mindre av abstrakta förnuftsskäl är av en odefinierbar, känslomässig längtan efter fullbordande kraft och som därför hellre böjer sig för den starke än behärskar den svage, *älskar också massan härskaren mer än den som ber* och känner sig i sitt inre mer tillfredsställd av en lära som inte tål något annat vid sin sida än av den liberala frihetens tolerans. Den vet för det mesta inte riktigt vad den ska ta sig till med den och har lätt att känna sig övergiven.

Massan blir lika lite medveten om hur oförsynt den blir terroriserad andligt sett som om hur upprörande dess mänskliga frihet misshandlas, och anar på intet sätt hela lärans inre förvirring. Den ser bara den hänsynslösa kraften och brutaliteten i dess målmedvetna yttringar och *böjer sig till sist för den* (cit efter Fest, 1978, s 79).

I denna beskrivning av massan ger Hitler ett mycket troget porträtt av sin mor och hennes underkastelse. Hans politiska riktlinjer bygger på tidigt förvärvade erfarenheter: brutaliteten segrar alltid. Fest betonar också Hitlers kvinnoförakt, som är begripligt mot bakgrunden av hans familjesituation, och skriver:

Hans rasteori var genomsyrad av sexuella avundskomplex och en djupt liggande kvinnofientlig affekt: Kvinnan, försäkrar han, har fört in synden i världen och hennes mottaglighet för den djuriska undermänniskans vällustiga konster är huvudorsaken till att det nordiska blodet förgiftats (Fest, 1978, s 64).

Kanske var det bara av blyghet som Klara kallade sin man "Onkel Alois". Men han var i alla fall tillfreds med det. Kan han rentav ha krävt det, liksom han krävde att hans grannar skulle tilltala honom med "ni" och inte säga "du"? Adolf talar ju också om "Herr Vater" i *Mein Kampf,* något som möjligen bottnar i en önskan från fadern som internaliserats på ett mycket tidigt stadium. Det är högst sannolikt att Alois med sådana anordningar ville kompensera sig för sin tidiga barndoms elände (bortlämnad av sin mor, utomäktenskaplig, fattig, av okänd härkomst) och äntligen känna sig som *herre.* Men från den föreställningen är det inte långt till tanken att det var *därför* alla tyskar i 12 år måste hälsa varandra med orden "heil Hitler". Hela Tyskland måste foga sig efter de märkligaste, helt privata önskningar som Führern kunde ha, alldeles som Klara och Adolf hade fått rätta sig efter den allsmäktige fadern.

Hitler smickrade den "tyska, germanska" kvinnan därför att han *behövde* hennes hyllningar, hennes röster vid val och hennes tjänster i övrigt. Han hade behövt modern också. Men något verkligt varmt, förtroligt förhållande uppstod aldrig mellan honom och modern. Stierlin skriver:

N. Bromberg berättar följande om Hitlers sexuella vanor: "... för att Hitler skulle få full sexuell tillfredsställelse var det nödvändigt för honom att få se på en ung flicka som satt på huk över hans huvud och urinerade eller hade avföring i ansiktet på honom." Han berättar vidare om "... en episod av erogen masochism då Hitler kastade sig framför fötterna på en ung tysk skådespelerska och bad henne trampa på honom. Först ville hon inte, men då besvor han henne att tillmötesgå hans önskan. Därvid överöste han sig själv med anklagelser och vred sig framför henne och verkade så plågad att hon till sist gav efter för hans bön. När hon då trampade på honom blev han upphetsad, och när hon trampade ännu mer eftersom han bad henne stegrades hans upphetsning.

Åldersskillnaden mellan Hitler och de unga kvinnor som han på något sätt inlät sig med sexuellt motsvarade vanligen de cirka 23 år som låg mellan hans föräldrar (Stierlin, 1975. s 168).

Det är helt otänkbart att en man som i barndomen blivit ömt älskad av sin mor, något som de flesta författare till Hitlerbiografier bedyrar att han blev, skulle kunnat lida av sådant sadomasochistiskt tvång. Det tyder på en mycket tidig störning. Men vår uppfattning om moderskärlek har uppenbarligen ännu inte helt frigjort sig från den "svarta pedagogikens" ideologi.

Sammanfattning

Om någon läsare skulle uppfatta dessa funderingar om Adolf Hitlers tidiga barndom som sentimentalitet eller rentav som försök att "urskulda" hans gärningar, så har han naturligtvis sin fulla rätt att förstå det han läser så som han kan eller måste. Människor som t ex mycket tidigt måste lära sig att "bita ihop tänderna" identifierar sig med uppfostraren och betraktar varje form av medkänsla som visas ett barn som uttryck för känslosamhet eller sentimentalitet. Vad skuldproblemet beträffar, så har jag ju valt Hitler just därför att jag inte känner till någon annan förbrytare som har så många liv på sitt samvete. Men med ordet "skuld" är ingenting vunnet. Självklart är det vår fulla rätt och en nödvändighet att spärra in mördare som hotar vårt liv. Hittills har vi inte funnit någon annan väg. Men det ändrar inte faktum att tvånget att mörda är uttryck för ett tragiskt barndomsöde och att fängelset är en tragisk besegling av detta öde.

Om man inte söker efter nya fakta utan efter deras *betydelse* mot bakgrunden av hela den kända historien, stöter man vid forskningen i Hitlers öde på fyndgruvor som ännu knappast har undersökts och som därför inte har offentliggjorts. Såvitt jag vet har t ex det viktiga faktum att Klara Hitlers puckelryggiga och schizofrena syster *från Adolfs födelse och under hela hans barndom* bodde i familjen hittills blivit föga beaktat. I de Hitler-biografier som jag läst har jag i varje fall aldrig funnit denna information nämnd i samband med Tredje rikets eutanasilag. För att man ska uppmärksamma ett sådant sammanhang måste man kunna ana vilka känslor som kan väckas hos ett barn som dagligen får bevittna ett ytterst absurt och oroväckande beteende och samtidigt inte får lov att artikulera sin fruktan, sin vrede och sina *frågor*. Även en schizofren mosters närvaro i hemmet kan bearbetas positivt av ett barn, men förutsättningen är att det fritt får kommunicera med sina föräldrar på det emotionella planet och tala med dem om sin rädsla och oro.

Franziska Hörl, som vid tiden för Adolfs födelse var anställd i hemmet, berättade i en intervju för Jetzinger att hon inte hade stått ut med att vara kvar där för denna mosters skull utan hade givit sig iväg. Hon sade helt enkelt: "Jag kunde inte vara ihop med den där tokiga puckelryggen" (jfr Jetzinger, s 81).

Något sådant får det egna barnet inte säga, det håller ut, det kan ju inte ge sig iväg. Först som vuxen kan det handla. När Adolf Hitler kom till makten i Tyskland kunde han äntligen hämnas tusenfalt på denna stackars moster för sin egen olycka: han lät döda alla psykiskt sjuka i hela Tyskland därför att de som han kände det var "oanvändbara" för det "sunda" samhället (dvs för honom som barn). Som vuxen behövde Adolf Hitler inte finna sig i någonting längre, han kunde till och med "befria" hela Tyskland från den "landsplåga" som de psykiskt sjuka och efterblivna utgjorde och drog sig inte heller för att hitta på ideologiska förklädnader för denna rent personliga hämnd.

Jag har inte gått närmare in på förhistorien till eutanasilagen i min framställning därför att jag i den här boken främst har velat skildra följderna av aktivt förödmjukande behandling av barn i ett övertygande exempel. Den sortens förödmjukelse, förknippad med förbud att tala, är en *viktig faktor i uppfostran* och förekommer överallt, och därför kan man lätt förbise denna faktors inflytande på barnets senare utveckling. Man avfärdar det med kommentaren att *stryk är vanligt* eller hävdar att det är *nödvändigt* om barn ska lära sig något, och måttet av barnens tragedi ignoreras fullständigt. Dess relation till senare förbrytelser uppmärksammas aldrig, och sålunda kan världen förfasa sig över dessa utan att fråga efter

förhistorien, som om mördarna kom som blixtar från klar himmel.
Jag har valt Hitler som exempel för att visa:
1. Att inte ens historiens störste förbrytare kom till världen som
förbrytare,
2. att inlevelse i barnets öde *inte utesluter en rätt bedömning av
senare grymheter* (det gäller både för Alois och för Adolf),
3. att förföljelsen är en form av *försvar mot den egna offerupp-
levelsen,*
4. att *medvetet upplevande av den egna offersituationen* är ett
bättre skydd mot sadism, dvs mot tvånget att plåga och förödd-
mjuka andra, än ett omedvetet avvärjande,
5. att den av fjärde budet och av den "svarta pedagogiken" på-
bjudna *skonsamheten mot föräldrarna* leder till att helt *avgörande
faktorer* i en människas tidiga barndom och senare utveckling för-
bises,
6. att man som vuxen inte kommer någon vart med beskyllningar,
indignation och skuldkänslor utan måste försöka *förstå samman-
hangen,*
7. att verklig, emotionell förståelse inte har någonting att göra
med billigt, sentimentalt medlidande,
8. att om ett sammanhang förekommer överallt så är vi inte där-
för befriade från skyldigheten att undersöka det utan tvärtom –
det är ju eller kan bli allas vårt öde – samt
9. *att leva ut ett hat är något annat än att uppleva det.* Att upp-
leva är en inompsykisk realitet, att leva ut är däremot en handling
som kan kosta andra människor livet. Där vägen till upplevelse
är spärrad genom förbud ur den "svarta pedagogiken" eller genom
föräldrarnas nöd, där måste resultatet bli utlevelse. Den kan då
antingen ta sig destruktiva former som hos Hitler eller själv-
destruktiva som hos Christiane F. Men den kan också komma till
uttryck i förstörelse både av det egna självet och av andra. Så är
fallet hos de flesta förbrytare som hamnar i fängelse. Detta ska
jag i nästa kapitel visa med Jürgen Bartsch som exempel.

Jürgen Bartsch – återblick över ett liv

"Men en fråga är och förblir obesvarad och ingen skuld kan förändra något här: Varför ska det över huvud taget finnas människor som är sådana? Är de födda sådana? Gode Gud, vad har de förbrutit före sin födelse?"

(Ur ett brev från Jürgen Bartsch i fängelset)

Inledning

Människor som tror blint på statistiska undersökningar och som hämtar sitt psykologiska vetande ur dem betraktar säkert min strävan att förstå barnen Christiane och Adolf som onödig och irrelevant. De kräver statistiska bevis för att så och så många fall av barnmisshandel har lett till att nästan lika många personer har blivit mördare. Något sådant kan inte bevisas, och det av följande orsaker:

1. Misshandel av barn sker oftast fördolt och kan många gånger inte påvisas. Barnen själva hemlighåller och tränger bort sådana upplevelser.

2. Även om det finns talrika vittnesutsagor så finns det alltid människor som försäkrar motsatsen. Även om deras utsagor är motstridiga, som i Jetzingers fall (jfr ovan s 155), tror man hellre på dem än på barnet själv, därför att de bidrar till att upprätthålla idealiseringen av föräldrarna.

3. Eftersom sambandet mellan misshandel av barn och spädbarn och senare mordgärningar hittills knappast har registrerats vare sig av kriminologer eller av psykologer i större utsträckning är det inte vanligt med statistiska undersökningar om dessa samband. En del sådana undersökningar finns dock.

Statistiska undersökningar är för mig ingen tillförlitlig källa, även om de bekräftar mina rön. De bygger ofta på okritiska förutsättningar och begrepp, som antingen är intetsägande (som t ex "skyddad barndom"), oklara, mångtydiga ("fick mycket kärlek") eller är överskylande ("fadern var hård men rättvis") eller till och med innebär direkta motsägelser ("han blev älskad· och bortskämd"). Därför vill jag inte förlita mig på ett nät av begrepp som har så stora hål att sanningen faller igenom utan i stället pröva en annan väg, vilket jag redan gjort i kapitlet om Hitler. I stället för statistikens objektivitet ska jag söka det inblandade offrets subjektivitet i den mån jag kan leva mig in i det. Så kan jag avslöja spelet av kärlek och hat. Å ena sidan finns bristen på aktning, på intresse för den unika, av föräldrarnas behov oberoende varelsen, och man missbrukar, manipulerar, begränsar friheten, förödmjukar och misshandlar, å andra sidan finns smekningarna och barnet skäms bort och förförs, i det att det upplevs som en del av förälderns eget själv. Den vetenskapliga trovärdigheten i dessa slutsatser bygger på att de kan vinnas i efterhand, med ett minimum av teoretiska förutsättningar och kan prövas, bekräftas eller vederläggas också av en lekman. Även juridiskt utbildade är ju psykologiska lekmän.

Statistiska undersökningar brukar knappast kunna förvandla ointresserade jurister till empatiska och lyhörda människor. Dock ropar ju varje förbrytelse genom de former den tar sig på förståelse. Tidningarna berättar dagligen om sådana historier, men ger tyvärr oftast bara sista akten. Kan kunskap om de verkliga orsakerna till en förbrytelse leda till ändring i straffpåföljden? Inte så länge det gäller att döma skyldig och straffa. Men så småningom skulle det kanske kunna uppstå en insikt om att den anklagade inte är den ende skyldige, något som mycket klart kommer fram i fallet Bartsch, utan är ett offer för många tragiska omständigheter. Även då kan fängelsestraffet inte undvikas om allmänheten ska skyddas. Men det är skillnad på att enligt den "svarta pedagogikens" principer *straffa* en förbrytare med fängelse och att inse en människas tragedi och därför bereda honom tillfälle att få psykoterapi i fängelset. Utan större kostnader kunde man t ex ge fångarna möjlighet till målning eller bildhuggeri i grupper. På så

sätt skulle de eventuellt kunna ge kreativa uttryck åt den för dem
själva fördolda tidigaste perioden av sitt förflutna, för den miss-
handel de utstått och de hatkänslor de lagrat, och därigenom skulle
behovet att genom handlingar iscensätta och i våld leva ut detta
minska.

För att bli fri att inta en sådan attityd måste man ha förstått att
det egentligen inte sker någonting i och med att någon förklaras
skyldig. Vi sitter så fast i skuldschemat att vi har mycket svårt att
anlägga någon annan synpunkt. Därför tolkar man mig ofta så som
om föräldrarna enligt min åsikt vore "skuld" till allt, och sam-
tidigt förebrår man mig för att jag talar för mycket om offer, allt-
för lätt "urskuldar" föräldrarna och därvid glömmer att varenda
människa dock måste ta ansvar för sina gärningar. Dessa före-
bråelser är också symtom på den "svarta pedagogiken" och visar
konsekvenserna av den tidigaste skuldbelastningen. Det måste vara
mycket svårt att förstå att man kan *se en förföljares eller mördares
tragik utan att fördenskull förringa grymheten i hans brott eller
hans farlighet.* Om jag kunde stryka det ena eller det andra från
min inställning skulle jag passa bättre in i den "svarta pedagogi-
kens" schema. Men det är just *att komma ifrån detta schema* som
jag är angelägen om, och därför inskränker jag mig till att infor-
mera och *avstår från att moralisera.*

Pedagoger har särskilt svårt med mina formuleringar därför att
de här, som de skriver, "inte har någonting att hålla sig till". Om
det var så att de höll sig till käppen eller till sina uppfostrings-
metoder vore det ingen större förlust. För pedagogen själv skulle
förlusten av uppfostringsprinciperna i alla händelser leda till att
han själv fick uppleva den rädsla och de skuldkänslor som en gång
bankats in i honom eller bibringats honom med mer raffinerade
metoder så snart han inte fick tillfälle att avleda dem på andra,
på barnen. Men just upplevelsen av de förut avvärjda känslorna
skulle ge honom ett djupare och mer äkta innehåll än pedagogiska
principer kan förmedla (jfr A Miller 1979).

Jag hade en gång en patient vars far hade haft en mycket svår
barndom som han dock aldrig talade om. Denne far plågade ofta
grymt sin son, i vilken han återsåg sig själv. Varken han själv eller

sonen hade fäst någon större vikt vid denna grymhet som de båda
uppfattade som "uppfostringsåtgärder". När sonen började analys
med svåra symtom, sade han att han var mycket "tacksam" mot
sin far för den hårda uppfostran och "stränga tuktan" han fått.
Sonen som hade påbörjat en pedagogisk utbildning upptäckte
under sin analys Ekkehard von Braunmühl och hans antipedago-
giska skrifter och blev entusiastisk över dem. Vid denna tidpunkt
besökte han en gång sin far och upplevde för första gången fullt
tydligt hur hans far ideligen kränkte honom i det han antingen
inte alls hörde på vad han sade eller också hånade och gjorde sig
lustig över det. När sonen påpekade detta sade fadern, som var
professor i pedagogik, på fullt allvar: "Det kan du vara tacksam
mot mig för. Du kommer säkert ofta i livet att få stå ut med att
man inte bryr sig om vad du säger eller inte tar det på allvar. Men
då är du van vid det för att jag har lärt dig det. Det man lär sig i
sin ungdom kan man livet igenom." Den 24-årige sonen blev all-
deles häpen. Han hade ofta hört sådana uttalanden förr och aldrig
ifrågasatt riktigheten i dem. Men den här gången blev han arg och
citerade några rader som han hade läst hos von Braunmühl: "Om
du vill fortsätta att uppfostra mig enligt de där principerna så
borde du egentligen slå ihjäl mig, för en gång måste jag ju dö
också. Och då vore jag väl förberedd av dig på det." Fadern ankla-
gade honom förstås för att vara en oförskämd besserwisser, men
för sonen var denna episod avgörande. Från och med då fick
hans studier en helt ny inriktning.

Det kan vara svårt att avgöra om den här historien passar som
exempel på "svart" eller "vit" pedagogik. Jag kom att tänka på
den därför att den för mig leder över till fallet Jürgen Bartsch.
Denne begåvade 24-årige student plågades under sin analys av
sådana grymma och sadistiska fantasier att han många gånger i
panik tänkte att han skulle kunna bli barnamördare. Men tack
vare att fantasierna bearbetades i analysen och att han kunde upp-
leva sin tidigare relation till fadern och till modern så försvann
denna ångest tillsammans med de andra symtomen och ersattes av
en sund och fri utveckling. Fantasierna om hämnd, som alltid
handlade om att mörda ett barn, kunde tolkas som förtätningar
av hans hat mot fadern som hindrat honom i livet och som identi-

fikation med angriparen, som mördar det barn som han själv var. Jag har beskrivit detta exempel innan jag börjar min framställning av fallet Jürgen Bartsch därför att jag här ser tydliga likheter i psykodynamiken, trots att utgången för dessa båda individer blev så olika.

"Från klar himmel"?

Jag har talat med många människor som har läst boken *Schwarze Pädagogik* och blivit djupt skakade över hur grymt barn uppfostrades "förr". De hade intryck av att den svarta pedagogiken definitivt tillhör det förgångna, deras farföräldrars barndomstid, ungefär.

I slutet av 60-talet hölls en uppseendeväckande rättegång i Förbundsrepubliken. Den anklagade var en så kallad "lustmördare" vid namn Jürgen Bartsch. Den unge mannen som var född 1946 hade redan vid 16–20 års ålder begått flera ohyggliga barnamord. I sin 1972 utgivna bok, *Das Selbstporträt des Jürgen Bartsch* (tyvärr utgången på förlaget), berättar Paul Moor följande fakta:

Den 6 november 1946 föddes Karl-Heinz Sadrozinski – senare Jürgen Bartsch – som utomäktenskapligt barn till en tuberkulös krigsänka och en holländsk säsongarbetare. Hans mor lämnade kvar honom på sjukhuset och gav sig i hemlighet iväg därifrån i förtid. Några veckor senare dog hon. Några månader efter barnets födelse kom Gertrud Bartsch, hustru till en välbärgad slaktare i Essen, till samma sjukhus för att genomgå en "radikaloperation". Hon och hennes man beslöt att ta sig an det övergivna barnet trots de betänkligheter som adoptionsmyndigheterna hade på grund av barnets ovissa härkomst och som var så starka att den faktiska adoptionen genomfördes först sju år senare. De nya föräldrarna uppfostrade barnet strängt och höll honom under de första åren helt isolerad från andra barn för att han inte skulle få veta att han var adopterad. När fadern öppnade en andra köttaffär (i tanke att så tidigt som möjligt skaffa Jürgen en egen rörelse) och fru Bartsch måste arbeta i den hade först mormodern och sedan en rad tjänsteflickor hand om barnet.

Vid tio års ålder placerades Jürgen Bartsch av sina föräldrar i ett barnhem i Rheinbach där det bodde ungefär tjugo barn. Från denna relativt vänliga atmosfär kom han vid tolv års ålder till en katolsk skola där trehundra pojkar, av vilka en del var svårfostrade, fostrades i strängt militärisk disciplin.

Mellan 1962 och 1966 mördade Jürgen Bartsch fyra pojkar och beräknar att han gjorde mer än hundra ytterligare misslyckade försök. Varje mord hade vissa särdrag men i huvudsak följde de samma procedur: Först lockade han in en pojke i en tom före detta skyddsbunker vid Heegerstrasse i Langenberg, helt nära Bartschs bostad, slog honom så att han blev foglig, band honom med skinksnören, manipulerade hans könsorgan samtidigt som han oftast själv masturberade och dödade sedan barnet genom slag eller strypning. Därpå skar han upp kroppen, tömde buk- och brösthålan fullständigt och begravde kvarlevorna. Till de olika varianterna hörde styckning av liket, avhuggande av lemmarna, halshuggning, kastrering, utstickande av ögonen, utskärande av köttstycken ur säte och lår (som han luktade på) och misslyckade försök till analt könsumgänge. I sin egen, utomordentligt detaljerade beskrivning vid förundersökningen och under förhandlingarna framhöll Bartsch att höjdpunkten av sexuell upphetsning nådde han inte när han masturberade utan vid själva skärandet som medförde ett slags ihållande orgasm. Vid det fjärde, sista mordet lyckades han till sist med det som från början föresvävat honom som högsta mål: han band sitt offer vid en påle och slaktade det skrikande barnet utan att först ha dödat det (s. 22 f).

När sådana gärningar blir allmänt kända väcker de begripligt nog en storm av upprörda känslor, ja av fasa. Man fattar inte att en sådan grymhet över huvud taget är möjlig, och detta hos en pojke som var vänlig, sympatisk, intelligent och sensibel och inte alls hade sådana drag som man tänker sig att en grym förbrytare skulle ha. Därtill kom att hela hans förhistoria och barndom vid första anblicken inte uppvisade några drag av grymhet. Han växte upp i ett välordnat borgerligt hem likt många andra, i en familj som man lätt kan identifiera sig med. Många människor kunde tänka: "Det var ju ungefär som hos oss, det är väl helt normalt, då skulle ju alla bli förbrytare om man skulle skylla allt på barndomen." Man kunde knappast föreställa sig något annat än att denne pojke måste ha varit "abnorm" från början. Även de neurologiska experterna betonade hela tiden att Jürgen Bartsch inte kom från någon miljö där han vanvårdats utan ur en familj som tagit väl hand om honom, "ur skyddade förhållanden", och därför ensam bar ansvaret för sina gärningar.

Liksom i Adolf Hitlers fall framträder här bilden av hyggliga, anständiga föräldrar hos vilka den gode Guden eller den onde djävulen av ofattbar anledning placerat ett odjur i vaggan. Men odjuren skickas inte till de fromma borgerliga hemmen vare sig från himlen eller från helvetet. Om man väl en gång har satt sig in i mekanismerna för identifikation med angriparen, bortträngning (se fotnot s 88) och projektion och överföring av de egna barndomskonflikterna på barnet, vilket allt gör uppfostran till förföljelse, då kan man inte längre låta sig nöja med medeltida förklaringar. Om man därtill vet hur starkt dessa mekanismer verkar hos den enskilde, hur intensivt och tvångsmässigt de kan driva honom, då ser man *i varje sådant "odjurs" liv den logiska följden av hans barndom.* Jag ska i det följande försöka illustrera dessa tankar med Bartschs liv som exempel.

Men först uppställer sig frågan varför det är så svårt att göra den psykoanalytiska kunskapen om människan tillgänglig för folk i allmänhet. Paul Moor, som är uppvuxen i Förenta staterna och sedan 30 år bosatt i Förbundsrepubliken, förundrade sig under den första rättegången över vederbörande tjänstemäns människouppfattning. Han kunde inte förstå att de som var engagerade i processen inför denna situation inte märkte allt det som genast hade frapperat honom, som var född utomlands. I varje rättssal speglas naturligtvis samhällets normer och tabun. Vad samhället inte får se, det ser inte heller dess domare och statstjänstemän. Men det vore alltför lättvindigt att här bara tala om "samhället", för experter och domare är ju också människor. De blev kanske uppfostrade på ungefär samma sätt som Jürgen Bartsch, de har från sin barndom idealiserat detta system och funnit väl anpassade möjligheter att avreagera sig. Hur skulle de nu kunna slås av det grymma i denna uppfostran – det skulle ju betyda att en hel byggnad rasade samman. Det är just ett av den *"svarta pedagogikens" huvudsyften, att från början göra det omöjligt att se, varsebli och bedöma det som tillfogas en under barndomen.* I utlåtandena återkommer ideligen den betecknande frasen att "även andra människor" uppfostrades på det sättet utan att bli sexualförbrytare. Så rättfärdigas det bestående uppfostringssystemet, när man kan hänvisa till att det *bara är enstaka*, "abnorma" människor som växt fram ur detta system som brottslingar.

Det finns inga objektiva kriterier som gör det möjligt för oss att beteckna den enes barndom som "särskilt svår" och den andres som "inte så svår". Hur ett barn upplever sitt öde beror också på dess sensibilitet, och den är olika från individ till individ. Dessutom finns det för varje barn halvt omärkliga omständigheter, ibland räddande, ibland förödande, och dessa kanske inte märks för en utomstående betraktare. Sådana ödesdigra faktorer låter sig knappast förändras.

Men vad som kan och ska förändras är *våra kunskaper om följderna av vad vi gör*. Ser vi på miljöskyddet så är det inte heller här längre frågan om altruism eller "hyfsat uppträdande" när vi nu *vet* att nedsmutsningen av luft och vatten är en angelägenhet som gäller våra chanser att överleva. Först då kan man genomföra lagar som sätter stopp för den hämningslösa nedsmutsningen av miljön. Det har ingenting att göra med moraliserande, det är ren självbevarelsedrift.

Något liknande gäller i fråga om psykoanalysens kunskaper. Så länge barn betraktas som ett slags container där man ostraffat kan slänga allt "affektavfall" kommer den "svarta pedagogikens" metoder inte att ändras mycket. Samtidigt frågar vi oss varför psykoser, neuroser och narkotikamissbruk tilltar så bland ungdomen, vi upprörs av de sexuella perversionerna och det sexuella våldet och övar oss att betrakta massmord som en ofrånkomlig del av vårt liv.

Men om de analytiska kunskaperna tränger in i det allmänna medvetandet – och det kommer säkert så småningom att ske, tack vare enstaka yngre människor som växt upp i frihet – då kan vi i mänsklighetens intresse inte längre försvara den barnens rättslöshet som är förankrad i lagen om föräldrarnas makt. *Det kommer inte längre att vara självklart att föräldrar ohämmat kan låta sitt raseri och sina vredesutbrott gå ut över barnen medan man redan av små barn kräver att de ska behärska sina affekter.*

Något måste dock ändras även i föräldrarnas uppträdande när

de får veta att det som de hittills har praktiserat i god tro och kallat "nödvändig fostran" i grund och botten är en historia om förnedring, kränkningar och misshandel. Och dessutom kommer det med allmänhetens ökande förståelse för sambandet mellan brott och tidiga barndomsupplevelser inte längre att vara en bland fackfolk bevarad hemlighet att varje förbrytelse avslöjar en dold historia som kan *avläsas i gärningens* olika detaljer och utforskning. Ju noggrannare vi studerar dessa sammanhang, dess mer bidrar vi till att riva de skyddsmurar bakom vilka hittills *framtidens förbrytare ostraffat har misshandlats*. Upphovet till senare hämndakter är den omständigheten att den vuxne kan låta sina aggressioner få fritt utlopp över barnet medan barnets känsloreaktioner, som är ännu starkare än den vuxnes, undertrycks med våld och med stränga förbud.

När man från den psykoanalytiska praktiken vet med vilka uppdämda känslor och aggressioner och till vilket pris i fråga om nedsatt hälsa väl anpassade och "normala" människor måste leva, då måste man tänka att det är tur men långt ifrån självklart att en del inte har blivit sexualförbrytare. Det finns givetvis andra möjligheter att leva med dessa uppdämda känslor, till exempel psykos, läkemedelsmissbruk eller perfekt anpassning. Det senare gör det i alla händelser möjligt för individen att delegera de uppdämda känslorna på det egna barnet (som i exemplet på s 198 f.). Men i sexualförbrytelsernas förhistoria finns specifika faktorer som faktiskt är mycket vanligare än man vill medge. De dyker ofta upp i analysen i form av fantasier, som *inte behöver omsättas i handling* just därför att de upplevs och sålunda kan integreras och mogna.

Vad säger oss ett mord om mördarens barndom?

Paul Moor ansträngde sig att förstå människan Jürgen Bartsch, inte bara genom en mycket lång brevväxling utan också genom att han talade med många människor som hade något att berätta om Bartsch och var villiga att göra det. Hans forskningar om det första levnadsåret visade följande:

Redan vid sin födelse, den 6 november 1946, befann sig Jürgen Bartsch i en patogen miljö. Omedelbart efter förlossningen skildes han från sin tuberkulösa mor som dog några veckor senare. Det fanns ingen som kunde träda i moderns ställe. I Essen träffade jag syster Anni, som alltjämt var i tjänst på barnbördshuset. Hon hade ett klart minne av Jürgen: "Det var så ovanligt att vi behöll ett barn på sjukhuset mer än två månader. Men Jürgen blev kvar hos oss i elva månader." Den moderna psykologin vet att det första levnadsåret är det viktigaste för människan. Moderns värme och kroppskontakten med henne är ett oersättligt värde för barnets senare utveckling.

Men redan i babysängen på sjukhuset började detta barns liv styras av de blivande adoptivföräldrarnas ekonomiska och sociala ställning. Syster Anni: "Fru Bartsch betalade extra för att han skulle få stanna hos oss. Hon och hennes man ville adoptera honom, men myndigheterna tvekade därför att de hade betänkligheter beträffande barnets härkomst. Hans mor var liksom han själv född utom äktenskapet. Hon hade också en tid varit omhändertagen av barnavårdsmyndigheten. Vem fadern var visste man inte säkert. Normalt skickade vi föräldralösa barn efter en viss tid till ett annat hem, men det ville inte fru Bartsch tillåta. På det andra hemmet fanns det ju alla möjliga barn, även med asociala föräldrar. Jag kan än idag minnas vilka strålande ögon det där barnet hade. Han log mycket tidigt, följde med blicken, lyfte huvudet, allt mycket, mycket tidigt. En gång upptäckte han att om han tryckte på en knapp så kom syster, och det hade han så roligt åt. Han hade inga svårigheter med att äta då. Han var ett helt normalt utvecklat barn med normala reaktioner."

I vissa avseenden var utvecklingen patologiskt tidig. Systrarna på sjukhuset måste hitta på undantagsmetoder eftersom ett så stort barn i och för sig var ett undantag. Jag hörde till min häpnad att de hade fått barnet "torrt" redan vid elva månader. Syster Anni tyckte uppenbarligen att min förvåning var underlig. "Ni måste ju förstå hur det var då, bara ett år efter ett förlorat krig. Vi arbetade utan avbytare." På mina frågor hur hon och hennes kolleger hade åstadkommit det svarade syster Anni en aning otåligt. "Vi satte honom på pottan, helt enkelt. Här på sjukhuset hade vi barn som kunde gå redan vid elva månader och de var också nästan 'torra'." Under sådana omständigheter kunde man inte vänta sig så upplysta barnuppfostringsmetoder av en tysk sjuksyster av den generationen, inte ens av en så godhjärtad . . .

Efter elva långa månader av denna patogena tillvaro kom barnet, som nu kallades Jürgen, till adoptivföräldrarna Bartsch. Var och en som känner fru Bartsch närmare har fäst sig vid att hon har "städmani". Kort efter utskrivningen från sjukhuset fick barnet ett "återfall" från sin onaturligt tidiga "torrhet". Det fann fru Bartsch obehagligt.

Bekanta till familjen Bartsch fäste sig på den tiden vid att barnet ideligen hade blåmärken. Fru Bartsch kom alltid med olika förklaringar till märkena, men de var föga övertygande. Åtminstone en gång under denna tid anförtrodde den betryckte fadern Gerhard Bartsch en vän att han övervägde skilsmässa: "Hon slår barnet så, jag kan inte stå ut med det längre." En annan gång när han sade adjö hade han ursäktat sin brådska med orden: "Jag måste hem, annars slår hon ihjäl barnet för mig." (Moor, 1972, s 80 f)

Om den tiden kan Jürgen själv givetvis inte berätta något, men de många ångesttillstånd som han berättar om är troligen en följd av denna misshandel: "Som litet barn redan var jag alltid förfärligt rädd för min fars bullersamma sätt. Och något som jag redan då fäste mig vid, jag har nästan aldrig sett honom skratta."

"Vad rädslan berodde på, som jag skrev om? Jag var inte så rädd för bikten som för de andra barnen. Ni vet ju inte att jag var strykpojke för de första klasserna, och allt vad de gjorde med mig. Försvara sig? Försök med det, när ni är minst i klassen! Jag var så rädd i skolan så jag kunde varken sjunga eller gymnastisera. Ett par orsaker till det: Klasskamrater som ingen träffar utanför skolan blir inte erkända, man menar: 'Han behöver väl inte vara med!' Om han inte vill eller inte får, det gör barn ingen skillnad på. Jag fick inte. Ett par eftermiddagar hos min lärare herr Hünnemeier, ett par dagar fick jag sova på golvet hos min mormor, annars var jag på eftermiddagarna i affären i Katernberg. Följden: Överallt och ingenstans hörde jag hemma, inga kamrater, inga vänner, för att man ingen känner. Det är huvudorsakerna, men en viktig sak till är att jag fram till skolans början hölls inspärrad, nästan alltid i det gamla fängelset om dagarna, med gallerfönster och lampljus. Tre meter höga murar runtom. Ut får man bara komma vid mormors hand, aldrig leka med andra små barn. Inte på *sex år*. Man kunde ju smutsa ner sig, 'och förresten är den och den ingenting för dig!' Man stannar alltså snällt inne, men därinne är man bara i vägen och skjutsas från det ena hörnet till det andra, får stryk när man inte har förtjänat det och inget när man har förtjänat. Föräldrarna har inte tid. För far är man rädd därför att han jämt skriker, och mor var på den tiden alldeles hysterisk. Men framför allt: Ingen kontakt med jämnåriga, det var som sagt förbjudet! Hur ska man då anpassa sig? Driva ut ängslan för vad man kan råka ut för under leken? Efter sex år är det för sent!" (s 56 f).

Att han varit instängd kommer sedan att spela en viktig roll. Den vuxne mannen låser in småpojkar i en underjordisk bunker för att där ta livet av dem. Eftersom han som barn inte har någon som förstår hans nöd kan han inte uppleva den utan måste undertrycka smärtan, "inte låta märka sin olycka".

"Jag var inte alltigenom en fegling, och det hade jag varit om jag hade låtit någon märka hur jag led. Det kanske inte är riktigt, men så tänkte jag i alla fall. För varje pojke har ju sin stolthet, det vet ni säkert. Nej, jag tjöt inte var gång jag fick stryk, det tyckte jag var "mesigt", och jag var åtminstone modig på en punkt, nämligen i det att jag inte lät någon märka min olycka. Men allvarligt talat, vem skulle jag ha gått till, vem skulle jag ha utgjutit mitt hjärta för? Mina föräldrar? Hur vi än håller av dem måste vi dock med förfäran konstatera att de inte hade det minsta, inte kunde uppdriva ett tusendels gram sinne för den här sortens saker. *Kunde,* säger jag, så där ser ni min goda vilja. Och en annan sak som inte heller är någon förebråelse utan helt enkelt ett faktum: Jag är fast övertygad om att mina föräldrar aldrig kunde umgås med barn, det har jag upplevt på min egen kropp" (s 59).

Först i fängelset riktar Jürgen för första gången förebråelser mot sina föräldrar:

"Ni borde inte ha hållit mig skild från andra barn, för då blev jag bara en fegis i skolan. Ni skulle aldrig ha skickat mig till de där svartrockade sadisterna, och när jag smet för att patern hade förgripit sig på mig så skulle ni aldrig ha skickat tillbaka mig till hemmet. Men det visste ni

ju inte. Och boken med sexualupplysning som jag skulle få av faster
Martha, den borde mamma inte ha kastat i spisen, när jag var elva eller
tolv år. Varför lekte ni inte en enda gång med mig på tjugo år? Men
allt det där kunde kanske ha hänt med andra föräldrar också. För er
var jag i alla fall ett önskat barn. Även om jag inte märkte av det på
tjugo år utan först idag, när det är förbaskat sent."

"När min mor slet draperiet åt sidan och kom farande som en dragon
ut ur affären och jag var i vägen, så smack, smack! fick jag ett par ör-
filar. Bara för att jag var i vägen, det var ofta enda anledningen. Ett
par minuter senare var jag plötsligt den rara pojken som hon måste ta
i famnen och kyssa. Och sedan undrade hon över att jag spjärnade emot
och var rädd. Redan som helt liten var jag rädd för denna kvinna, och
det var jag för min far också, men honom såg jag ännu mindre av. Idag
frågar jag mig bara hur han stod ut med sitt liv. Många gånger arbetade
han oavbrutet från klockan fyra på morgonen till tio eller elva på kväl-
len, för det mesta med korvtillverkning. Ibland gick det flera dagar utan
att jag såg honom, och när jag hörde eller såg honom då var han alltid
på språng och vrålade. Men när jag var blöjbarn och bajsade i blöjan
var det han som tog hand om mig. Han berättade det själv: 'Det var
jag som alltid fick tvätta och byta blöjorna. Min fru gjorde det aldrig,
hon kunde inte förmå sig till det.'

Jag ville aldrig förarga min mor. Jag tycker om min mor, jag älskar
henne, men jag tror inte att hon är en människa som är i stånd till
någon vidare insikt. Min mor måste älska mig mycket. Jag tycker verk-
ligen att det är frapperande, för annars skulle hon inte göra så mycket
som hon gör för mig. Förr fick jag mig ofta en omgång. Hon slog sön-
der klädgalgar på mig när jag t ex inte gjorde läxorna riktigt eller fort
nog.

Det där med badandet blev som en inrotad vana. Min mor badade
mig alltid. Hon slutade aldrig med det och jag sa aldrig ett pip fast jag
gärna hade velat säga: 'Men milda tider . . .' Men jag vet inte, det kan
nog lika väl hända att jag *ända till slutet betraktade det som något själv-
klart*. Men min far hade i alla händelser inte fått komma in. Då hade
jag skrikit.

Ända tills jag var nitton och blev häktad var det så: Jag tvättade själv
händer och fötter. Min mor tvättade huvudet, halsen och ryggen på mig.
Det hade kanske varit normalt, men hon gick över magen också och

låren, alltså praktiskt taget uppifrån och ända ner. Man kan säga att hon gjorde mycket mer än jag. Jag gjorde för det mesta ingenting, fastän hon sade: 'Tvätta dina händer och fötter.' Men jag var för det mesta ganska lat. Varken min mor eller min far sade någonsin till mig att jag skulle hålla könsorganet rent under förhuden. Det gjorde inte min mor heller när jag badade. *Om jag fann det hela besynnerligt?* Det är *en känsla som kommer på periodiskt några sekunder eller minuter och kanske är nära att bryta igenom men inte kommer riktigt upp till ytan.* Jag kände det, men inte direkt. Jag kände det bara indirekt, om man nu alls kan känna något indirekt.

Jag kan inte påminna mig att jag någonsin spontant visade min mor någon ömhet, att jag tog om henne och försökte kela med henne. Jag kan dunkelt minnas att ibland på kvällarna när vi tittade på TV och jag låg i sängen mellan mina föräldrar, då hon tog om mig, men det kan ha förekommit kanske två gånger på fyra år, och då värjde jag mig nog snarast. Min mor var aldrig glad åt det, men jag hade alltid som ett slags skräck för henne. Jag vet inte vad man ska kalla det, kanske ödets ironi eller något ännu sorgligare. *När jag som liten pojke drömde om min mor så var det antingen att hon sålde mig eller också att hon kom emot mig med en kniv. Det senare blev gunås också verklighet längre fram.*

Det var 1964 eller 1965. Jag tror att det var en tisdag, för på den tiden var min mor bara i affären i Katernberg på tisdagar och torsdagar. Vid middagstid packades köttstyckena om och diskarna tvättades av. Min mor tvättade ena hälften och jag den andra. Knivarna diskades också, de stod i en hink. Jag sade att jag var färdig, men hon hade en av sina dåliga dagar och sade: 'Du är inte färdig på länge än!' – 'Jodå', sade jag, 'titta själv.' Hon sade: 'Titta bara på speglarna, dom måste du göra om igen allihop.' Jag sade: 'Dom gör jag inte om, dom är ju blanka och fina.' Hon stod bakom vid spegeln. Jag stod tre eller fyra meter ifrån henne. Hon böjde sig ned över hinken. Jag tänkte, vad är det nu? Hon tog upp en lång fin slaktarkniv och kastade den mot mig, i axelhöjd ungefär. Jag vet inte nu om den studsade mot en våg eller var, men den landade i alla fall på ett skärbräde. Om jag inte hade vikit undan i sista ögonblicket hade hon träffat mig med den.

Jag stod stel som en bräda. Jag visste knappt var jag var. Det hela var liksom så overkligt. Det var något som man inte kunde föreställa sig. Då kom hon emot mig, spottade mig i ansiktet och började skrika att jag var en riktig skit. Och hon skrek: 'Jag ska ringa till herr Bitter' – han var ordförande i barnavårdsnämnden i Essen – 'så han kan hämta dig och ta dig dit där du är kommen från, för där hör du hemma!' Jag sprang in i köket till affärsbiträdet, fru Ohskopp, som stod och diskade middagsdisken. Jag ställde mig vid skåpet och höll fast mig i det. Jag sade: 'Hon kastade en kniv efter mig.' – 'Du pratar', sade hon, 'du är inte riktigt klok.' Jag sprang nerför trappan ner på klo och satte mig där och stortjöt. När jag sedan kom upp igen rusade min mor omkring i köket och hade telefonkatalogen uppslagen. Hon hade antagligen sökt efter numret till herr Bitter. Sedan talade hon inte till mig på länge. Tydligen menade hon att *den som låter en kasta en kniv på sig och bara hoppar undan, det är en dålig människa, jag vet inte.*"

"Ni skulle bara höra min far! Hans röst är något enastående, som en riktig underofficer, en sergeant, en fanjunkare. Fruktansvärt! Det kan vara alla möjliga olika orsaker – hans fru eller något annat som inte passar honom. Många gånger blev det ett fruktansvärt vrålande, men jag är övertygad om att han inte alls kände det så själv. Han bara är sådan. Som barn tyckte jag att det var hemskt. Jag har många sådana minnen.

Jämt höll han på och kommenderade och grälade. Han är bara sådan, det har jag sagt flera gånger. Men han har så förbaskat mycket om sig så det får man inte ta så illa upp.

Under den första rättegången sade domaren till min far: 'Herr Bartsch, hur var det egentligen, i det där hemmet i Marienhausen lär pojkarna ha fått så mycket stryk, det lär ha varit väldigt hårt där.' Min far svarade ordagrant: 'Nåja, dom slog i alla fall inte ihjäl honom.' Det var ett klart svar.

I regel kunde jag inte på hela dagarna få kontakt med mina föräldrar. Min mor rusade naturligtvis då och då förbi i snälltågsfart, men det gick ju inte för ett barn att göra sig hörd hos henne. Jag vågade knappast öppna munnen, för jag stod i vägen överallt, och vad man kallar tålamod har min mor aldrig haft. Det hände ofta att *jag fick några slängar därför att jag ville fråga eller be henne om något och då stod i vägen för henne.*

Jag har aldrig riktigt kunnat förstå henne. *Jag vet att hon älskade mig och alltjämt älskar mig,* men sådant måste ett barn också få märka, det tänkte jag ofta. Ett exempel bara (det är inget undantagsfall, liknande saker upplevde jag ofta): Min mor tyckte inte det var något konstigt i att hon ena stunden tog mig i famnen och kysste mig och i nästa stund fick se att jag hade glömt att ta av mig skorna och då tog en klädgalge och slog mig med den tills den gick av. Liknande saker hände ofta och *var gång var det som om något gick sönder i mig.* Den här behandlingen, de här sakerna har jag aldrig kunnat glömma och kommer aldrig att glömma, här står jag och kan inte annat. Många skulle säga att jag är otacksam. Det stämmer nog knappast, för allt det här är varken mer eller mindre än det intryck, det upplevda intryck jag har, och sanningen är väl egentligen bättre än fromma lögner.

Mina föräldrar borde aldrig ha gift sig i första hand. När två människor som knappt kan visa några känslor bildar en familj måste det enligt min åsikt ske någon olycka. Det hette alltid: 'Håll mun, du är yngst, du har hur som helst ingenting att säga, barn ska inte tala om dom inte är tillfrågade.' "

"Ledsammast är det när jag är hemma, där allt är så sterilt att man nästan måste gå på tå, för allting är sååå rent och fint, när det är julafton och jag går ner i vardagsrummet. Där finns många presenter åt mig, det är inte klokt, och åtminstone den här kvällen behärskar min mor någorlunda sitt växelbadstemperament så att man tänker att i kväll kanske du faktiskt kan glömma din (alltså min) egen ondska ett tag, men det sprakar på något sätt i luften av spänning så att man vet att det kommer att gå åt skogen igen. Om man åtminstone kunde sjunga en julsång, och mor säger: 'Sjung i alla fall en julsång!' och jag säger: 'Äsch, lägg av, det kan jag ju inte, jag är i alla fall för stor för sånt', men tänker gör jag: 'En barnamördare som sjunger julsånger, det är ju så man kan bli galen.' Jag öppnar mina presenter och 'blir glad', låtsas det åtminstone. Mor tar upp sina presenter från mig och blir verkligen glad. Under tiden har maten blivit färdig, hönssoppa med hönan i, och far kommer, två timmar efter mig, han har arbetat ända tills nu. Han slänger till mor något husgeråd av något slag, hon får tårar i ögonen av rörelse, och han brummar något som skulle kunna betyda 'God jul'. Han sätter sig vid matbordet: 'Nå, hur är det, kommer ni nån gång?' Tigande slevar vi i oss soppan, hönan rör vi inte.

Inte ett ord blir sagt på hela tiden, bara radion hörs lite svagt, den

212 Jürgen Bartsch – återblick över ett liv

har varit på i flera timmar. 'All jordens tröst han bliva skall Och ljus och hjälp för världen all . . .' Vi är färdiga med maten. Far lutar sig tillbaka och vrålar åt oss: 'Fint! Och vad ska vi göra nu då?' så högt han kan, det låter riktigt vulgärt. 'Vi ska inte göra nånting!' skriker mor och rusar gråtande ut i köket. Jag tänker: 'Vem är det nu som straffar mig, ödet eller den gode Guden?' men jag vet genast att så är det inte, och jag kommer att tänka på en sketch som jag har sett på TV: 'Likadant som förra året, madame?' – 'Likadant som *alla* år, James!'

Jag frågar tyst: 'Kan du inte i alla fall titta efter vad vi har givit dig?' – 'Nej!' – Han bara sitter där och stirrar med tom blick på bordduken. Klockan är inte ens åtta än. Jag har inget mer att göra här nere, drar mig upp på mitt rum, går där fram och tillbaka och tänker på fullt allvar: 'Ska jag hoppa ut genom fönstret eller inte?' Varför har jag detta helvete, vore det inte bättre att vara död än att behöva uppleva sånt här? Är det för att jag är en mördare? Men det stämmer inte, för det var inte annorlunda idag än alla år. Den här dagen var alltid den allra värsta, särskilt de sista åren förstås när jag ännu var hemma. Allt kom liksom över en, precis allting på en enda dag.

Naturligtvis hör min far (och min mor naturligtvis också) till dem som är övertygade om att nazisternas "uppfostran" också hade sina goda sidor. 'Självklart', skulle jag nästan vilja säga, har jag också hört min far säga (i samtal med äldre människor som ju nästan *alla* tycker likadant), 'då fanns det disciplin, då var det ordning, då fick de inga dumma idéer utan fick lära sig veta hut', osv. Jag tror att de flesta unga människor liksom jag helst avstår från att närmare ta reda på vad våra anhöriga hade för sig i Tredje riket, därför att vi var och en måste känna en viss oro för att det skulle kunna komma fram något som vi helst inte vill veta något om.

Episoden med min mor och slaktarkniven i affären var med säkerhet efter det tredje dådet, men liknande saker hade förekommit tidigare (naturligtvis bara med min mor) fast inte så direkt. Ungefär en gång i halvåret, redan före det första dådet. Alltid när hon slog mig. Hon blev alltid rasande när jag undvek slagen. Jag skulle liksom stå rak och stel och ta emot prygeln. Från det att jag var ungefär sexton och ett halvt tills jag var nitton, när hon då tänkte slå mig med något tillhygge så tog jag helt enkelt ifrån henne det. Det var kanske det allra värsta för henne. Hon uppfattade det som uppstudsighet fast det bara var självförsvar, för svag är hon verkligen inte. Och i sådana stunder hade hon utan vidare kunnat göra mig illa. Sådant märker man. Det var alltid sådana tillfällen då jag antingen hade gjort något som upprörde hennes ordningssinne ('Förmaket är städat, dit in kommer ingen idag!') eller hade svarat emot" (från Moor, 1972, s 63–79).

Jag har låtit Jürgen Bartsch berätta en stund utan att avbryta honom, för att förmedla något av atmosfären vid en analytisk behandlingstimme till läsaren. Man sitter där och hör på, och om man tror på patienten, inte uppfostrar honom och inte lägger fram teorier öppnas det ofta mitt i det trygga föräldrahemmet ett helvete som varken föräldrarna eller patienten förut hade anat.

Skulle man kunna tänka sig att Jürgen Bartschs föräldrar hade varit bättre föräldrar om de hade vetat att deras sons beteende längre fram skulle göra deras eget allmänt känt? Det är inte uteslutet, men det är också möjligt att de på grund av ett eget inre tvång inte kunde handskas med honom annorlunda än de gjorde. Men man får förmoda att om de hade vetat bättre skulle de inte ha tagit honom från det bra barnhemmet till Marienhausens internat och inte tvingat honom att återvända dit när han hade rymt. Det Jürgen Bartsch berättar i sitt brev till Paul Moor om Marienhausen och det som kom fram under processen i vittnesutsagorna visar hur starkt den "svarta pedagogikens" inflytande är ännu i vår tid. Här följer några citat:

"Marienhausen var i jämförelse därmed helvetet, inte bara för PaPüs skull, och att det var ett katolskt helvete gör inte saken bättre. Jag tänker då på hur dessa svartrockar jämt slog oss, i skolan, i kören och till och med i kyrkan, inte ens det drog de sig för. På de sadistiska straffen (stå i givakt i timmar i nattdräkt i en ring på gården, tills någon sjönk ihop), på det olagliga barnarbetet i stark hetta ute på åkrarna, hela eftermiddagarna i veckor (vända hö, plocka potatis, gallra betor, käpprapp åt långsamma barn), det skoningslösa fördömandet av de (för utvecklingen nödvändiga!) o så fula 'svinerierna' pojkar emellan, det onaturliga 'silentium' vid måltiderna, från ett bestämt klockslag, och de förvirrande, för barn onaturliga påbuden, som: 'Den som så mycket som *ser* på en av våra köksbiträden får stryk!' " (s 105).

214   Jürgen Bartsch – återblick över ett liv

"Diakon Hamacher sopade till mig en kväll i sovsalen (jag hade sagt något och där rådde det absolut tystnad om kvällarna) så att jag kanade iväg under flera sängar. Kort innan hade 'pater katechet' slagit sönder en stor linjal på baken på mig och krävde på fullt allvar att jag skulle betala den.
En gång i sjätte klassen hade jag influensa och låg i sjukavdelningen hos kateketen. Han var inte bara religionslärare utan sjukvårdare också. Bredvid mig låg en pojke som hade hög feber. Kateketen kom in, stoppade in termometern någonstans på honom, gick ut, kom tillbaka på några minuter och tog ut termometern, tittade på den och började sedan slå pojken alldeles bedrövligt. Pojken, som i alla fall hade svår feber, jämrade sig och skrek. Jag vet inte om han alls fattade något av det hela. I alla fall var kateketen alldeles rasande och vrålade: 'Han har hållit termometern mot värmeledningen!' – varvid han förstås glömde att det inte var vinter så att värmen inte alls var på" (s 106).

Här får barnet lära sig att ta emot de vuxnas nyckfulla och orimliga beteende utan att säga emot och utan att gripas av hat, och längtan efter kroppslig och själslig närhet till en människa, något som kunde ha gjort denna press lättare att uthärda, måste barnet fördöma och utrota hos sig själv. Det är *ett omänskligt krav som bara ställs på barn, som man aldrig väntar sig att vuxna ska uppfylla.*

"PaPü sade först: 'Om vi bara kunde ertappa två tillsammans!' Och när sedan det hände, då fick de först den vanliga omgången stryk, fast förmodligen värre än vanligt, och det vill inte säga lite. Och sedan blev de genast, redan nästa dag, ivägskickade. Gode Gud, vi var väl mindre rädda för att bli bortkörda än för denna prygel. Och så de vanliga budorden i dessa sammanhang, om hur man skulle kunna känna igen sådana pojkar osv, alltså ungefär som att den som är fuktig om händerna är homosexuell och har svinerier för sig, och den som har sådant för sig är en förbrytare. Ungefär i den stilen gick det, och framför allt sades det att just såna där brottsliga svinerier kom närmast efter mord – ja, just med de orden: närmast efter mord.
PaPü talade nästan varje dag om att det var ju inte som om inte han också någon gång hade varit utsatt för frestelser. Han sade att det var i sig något naturligt, att 'blodet stockar sig', som han sade. Jag tyckte alltid

att det var ett otäckt uttryck ... Han hade aldrig dukat under för Satan, och det var han stolt över. Det där fick vi höra praktiskt taget varenda dag, inte på lektionerna men dessemellan. Sex eller halv sju fick vi alltid stiga upp på morgnarna. Absolut tystnad. Tyst förberedelse och sedan på dubbla led i god ordning nedför trappan och in i kyrkan där mässan hölls. Ut ur kyrkan, alltjämt i dubbla led och under tystnad" (s 108 f).

"Personlig kontakt, vänskap som sådan var förbjudet. Att en pojke lekte för ofta med en annan, det var förbjudet. Till en viss grad kunde man kringgå det förbudet, för de kunde ju inte ha ögonen överallt, men förbjudet var det. De ansåg att vänskap som sådan var något misstänkt, och att om någon blev riktigt god ·vän med någon så skulle han bara börja treva i byxorna på honom. Bakom varje ögonkast vädrade de genast något sexuellt.

Man kan banka in en del i barn med stryk, det är klart. Det fastnar också. Detta bestrids ofta idag, men om det sker under de rätta förutsättningarna så att man vet att man måste behålla det, då fastnar det också, och *en hel del sitter där än idag*" (s 111).

"När PaPü någon gång ville veta vem som hade gjort något jagade han ner oss på skolgården, och där fick vi springa runt tills någon tappade andan och bröt ihop.

Han berättade mycket ofta (eller ännu oftare) detaljerat om de ruskiga massmorden på judar i Tredje riket och visade också många bilder av det för oss. Det gjorde han inte ogärna, verkade det (s 118).

I kören kunde PaPü ofta sopa till vem som helst som han nådde och såna gånger hade han fradga kring munnen. Ofta när han delade ut prygel gick käppen av och då blev han också så där obegripligt ursinnig och fick fradga kring mungiporna" (s 120).

Samme man som alltid varnar för det sexuella och hotar med åtgärder lockar Jürgen till sin säng när pojken är sjuk:

"Han ville ha igen sin radio. Sängarna stod ganska långt ifrån varandra. Jag steg upp fast jag hade feber, och gick till honom med radion. Då sade han med ens: 'När du nu ändå är här så lägg dig här hos mig.'

Först tänkte jag inte att det var något särskilt med det. Vi låg en stund bredvid varandra, men så tryckte han mig intill sig och stoppade in sin hand baktill i mina byxor. Det var i och för sig något nytt, men ändå inte alldeles nytt. Om morgnarna på läktaren kan det ha hänt, kanske fyra gånger, kanske sju gånger, när vi satt bredvid varandra att han gjorde några rörelser så att han kom åt mina kortbyxor.

Där i sängen stack han in sin hand baktill i byxorna på min nattdräkt och 'smekte' mig. Det gjorde han där fram också och försökte onanera med mig, men det gick väl inte därför att jag hade feber.

Jag vet inte nu vilka ord han använde men i alla fall sade han till mig att han skulle *minsann göra slut på mig om jag knystade det minsta*" (s 120).

Det är otroligt svårt för ett barn att utan hjälp ta sig ur en sådan situation. Ändå vågar Jürgen sig på att rymma, något som ännu tydligare uppenbarar för honom hur hopplöst hans läge är, hur *ensam i hela världen* han är.

"I Marienhausen har jag egentligen aldrig känt någon hemlängtan före det här med PaPü, men då med en gång, när mina föräldrar körde mig tillbaka till Marienhausen, då längtade jag hem alldeles förfärligt. Jag hade mycket att göra med PaPü, och jag kunde inte tänka mig att vara kvar där längre. Nu var jag därifrån, och jag kunde inte tänka mig att återvända. Å andra sidan räknade jag ju med det: När du nu kommer in, får du alldeles förfärligt mycket prygel. Det var jag rädd för. *Jag kom varken fram eller tillbaka.*

I närheten av vårt hus finns det en stor skog och jag gick in i den. Där drev jag omkring hela eftermiddagen ända till skymningen. Med ens var min mor där i skogen. Tydligen hade någon fått syn på mig. Jag såg henne bakom ett träd. Hon ropade: 'Jürgen? Jürgen? Var är du?' Och så gick jag med henne. Det blev naturligtvis genast gräl och skrik i stor stil.

Sedan telefonerade mina föräldrar genast till Marienhausen. Jag berättade ingenting för dem. I flera dagar höll de på och talade med Marienhausen i telefon, sedan kom de till mig och sade: 'De ger dig alltså en chans till. Du får komma tillbaka.' Det är klart att jag tjöt och jämrade mig: 'Snälla, snälla, jag vill inte tillbaka dit!' Men den som känner mina föräldrar vet att det inte tjänade något till" (s 123).

Jürgen Bartsch beskriver inte Marienhausen bara ur sitt eget per-
spektiv, han skildrar t ex en kamrats öde:

"Han var en god kamrat. Han hade varit länge i Marienhausen när jag
kom dit. Han var från Köln, och han var minst i vår klass. Ingen fick
säga något ont om hans 'Kölle'. Jag kan inte säga hur ofta han var i
slagsmål därför att någon hade talat illa om hans stad. Det finns ju
ingen 'stad', bara människor som betyder något för någon, så det vill
väl säga att han led av ständig hemlängtan.
    Han var kvar där längre än jag också. I kören måste han alltid stå i
första raden eftersom han verkligen var minst, och fick alltså alltid vid
repetitionerna sin andel av slag i ansiktet och i magen. Ja, Gud, *mer*
än sin andel, för de som stod i bakre raden var ju relativt skyddade. Hur
ofta han blev sparkad och slagen kan jag inte säga. Här ska inte ske
någon hjälteförklaring, det skulle han aldrig förlåta. För han var ingen
hjälte och ville inte vara det. När PaPü eller den tjocke kateketen hade
honom under behandling skrek han värre än någon annan, då vrålade
han ut sin smärta så man kunde tro att de förhatliga heliga murarna
skulle rasa.
    År 1960 hade vi ett tältläger i Rath vid Niedeggen, och en sommar-
kväll lät Pater Pülitz 'röva bort' honom. Det skulle vara en rolig lek.
Men det visste inte Herbert, för det hade ingen talat om för honom. Man
släpade honom långt in i den kvällsmörka skogen, band honom och satte
munkavle på honom och stoppade in honom i en vit sovsäck och lät
honom ligga. Ända till midnatt låg han där. Ångest, böner, förtvivlan,
ensamhet, det behöver inte sägas vad allt han kände. Efter midnatt blev
han utskrattad, hånad och förlöjligad, det var en rolig lek.
    Ett par år efter det att han hade lämnat Marienhausen men långt
innan han blev vuxen störtade han och omkom vid en tur i bergen.
Han föddes för att bli slagen och plågad och sedan dö. Han var den
minste i vår klass. Han hette Herbert Grewe. Och han var en god kam-
rat" (s 126).

Marienhausen är bara ett exempel bland många . . . :

"I början av 1970 var det ett slags skandal i Don-Bosco-hemmet i Köln,
som gav eko i press och radio. Samma förhållanden som ingen hade upp-

rörts av i Marienhausen fick nu barnavårdsnämnden i Köln att flytta alla barn de hade ansvar för från Don-Bosco-hemmet i Köln, enligt uppgift därför att de inte ansåg sig kunna ta på sitt samvete att låta barnen stanna kvar i ett sådant hem. Lärarna ska ha drivit barnen nerför trappan med hugg och slag, trampat på dem med skorna på, kört ner deras huvud i toaletten osv. Samma saker alltså som de gjorde med oss i Marienhausen. Precis detsamma, och det var också ett Don-Bosco-hem, drivet av de goda salesianer-patrarna. Det stod också i rapporten att fyra lärare regelbundet hade förgripit sig på sina skyddslingar. Efter 1960 var Pater Pülitz några år lärare just vid detta hem i Köln" (s 130).

I detta helvete upplever Jürgen Bartsch ändå något positivt, som han är tacksam för: För första gången är han inte den ende strykpojken som hemma och i skolan. Här finns det solidaritet "mot de sadistiska lärarna":

"Denna goda sida betydde så mycket för mig att jag kanske hade kunnat härda ut med ännu värre saker i utbyte. Huvudsaken är och förblir upplevelsen av det underbara i att inte stå utanför. Det rådde en enastående solidaritet oss elever emellan mot de sadistiska lärarna. Jag läste en gång ett arabiskt ordspråk: Min fiendes fiende är min vän. Det var något man måste uppleva för att förstå, denna oerhörda solidaritetskänsla, denna sammanhållning. Minnet lär ju förgylla mycket, men jag tror verkligen inte att jag förskönar. Där var jag för en gångs skull ingen outsider. Vi hade alla hellre låtit dem slå sönder oss än vi hade förrått en kamrat. Det var något helt otroligt" (s 131).

Förföljelsen av den "onda driften" fortsätter i den psykiatriska behandling som hoppas kunna hjälpa Bartsch genom kastration, en operation som han dör av 1977. Som skäl till operationen angavs att han inte skulle kunna behärska sin "alltför starka drift". Denna idé är nästintill grotesk när man tänker på att Jürgen höll sig torr redan vid 11 månader. Ett barn som så tidigt lär sig det, och därtill på ett sjukhus där han saknar en fast referensperson, måste vara ovanligt begåvad. Med detta bevisar ju Bartsch att han i högsta grad är i stånd att "behärska sina drifter". Men just det blev hans öde. Hade han inte kunnat behärska sig så bra och så länge hade hans fosterföräldrar kanske inte alls adopterat honom eller också hade de lämnat över honom till någon som hade kunnat möta honom med större förståelse.

Jürgens begåvning kunde till en början *hjälpa honom att anpassa sig till de förhållanden han mötte så att han kunde överleva:* låta allt gå ut över sig utan att mucka, *inte protestera* mot inspärrning i källaren och ändå lyckas få goda resultat i skolan. Men hans försvarsmekanismer klarade inte av pubertetens anstormning av känslor. Liknande saker kan vi iaktta bland missbrukare av olika slag. "Lyckligtvis", vore man frestad att säga, om inte följderna av detta sammanbrott hade medfört en fortsättning på tragedin:

"Det är klart att jag allt emellanåt sade till min mor: 'Vänta bara tills jag blir tjugoett!' Så pass mycket vågade jag ju säga. Då sade hon förstås: 'Ja, ja, inbilla dig det du, du är i alla fall alldeles för dum för att kunna existera någon annanstans än hos oss. Och om du verkligen skulle komma ut i livet skulle du nog få se att om två dagar vore du här igen.' I den stund hon sa det trodde jag det. Jag hade inte trott mig själv om att kunna existera på egen hand längre än två dagar. Varför vet jag inte. Och jag visste väl att jag *inte* skulle komma att ge mig iväg. Det stod fullt klart för mig, men jag måste ju lätta lite på trycket ibland. Men att jag hade tänkt mig in i det riktigt på allvar, det är helt orimligt. Det hade jag aldrig gjort.

När jag började i yrket sade jag aldrig: 'Det här passar mig', men jag sa inte heller: 'Det här är förskräckligt.' Jag tänkte egentligen inte mycket på det" (s 147).

Varje hopp om ett eget liv kvävdes alltså i sin linda för denne man. Kan man kalla det något annat än mord på själen? Den här sortens mord har kriminologin hittills aldrig sysslat med, ja den har inte ens lagt märke till dem, eftersom de är helt lagliga, de ingår i uppfostran. Det är bara den sista i en lång kedja av handlingar som är straffbar inför rätta, och den speglar ofta i detalj, men för gärningsmannen omedvetet, hela den smärtsamma förhistorien till förbrytelsen.

De noggranna beskrivningar av sina "dåd" som Jürgen Bartsch ger Paul Moor visar hur föga dessa brott egentligen har att göra med "sexualdriften", trots att Jürgen Bartsch själv var övertygad om motsatsen och till sist beslöt sig för kastration just av det skälet. Analytikern kan av dessa brev lära sig en del om en sexuell perversions narcissistiska ursprung, en del som ännu inte är tillräckligt bearbetat i facklitteraturen.

Jürgen Bartsch förstår egentligen inte själv och undrar ofta över att hans sexualdrift inte hade något att göra med det som skedde. Det fanns kamrater i hans ålder som han kände sig dragen till, som han älskade och gärna hade velat bli vän med, men han drar en bestämd gräns mellan detta och det som han gjorde med de små barnen. Med dem onanerade han knappast ens, skriver han. Här iscensatte han den situation *som upplevts av den lille pojken i skinnbyxor som han en gång var, då han förödmjukades, hotades, fråntogs all värdighet, var maktlös och skrämd.* Han blev speciellt upphetsad av att se in i offrets skrämda, undergivna, hjälplösa ögon. I dem mötte han sig själv, och så spelade han gång på gång under stark upphetsning upp förintelsen av sitt själv – men nu var han inte längre det hjälplösa offret utan den mäktige förföljaren.

Då Paul Moors skakande bok är utgången, ska jag här citera några längre avsnitt ur Bartschs beskrivningar av sina handlingar. De första försöken gjorde han med Axel, en grannpojke.

"Ett par veckor senare var det så likadant igen. 'Kom med ut i skogen', sa jag, och Axel invände: 'Nej, då blir du så där galen igen!' Men jag fick honom med mig ändå, för jag lovade att jag inte skulle göra något med honom. Men sedan blev jag som galen igen. Med våld klädde jag av pojken naken, och så fick jag som en blixt en djävulsk idé. Jag skrek åt honom: 'Lägg dig som du är här över mitt knä med baken upp! Du får sprattla med benen om det gör ont men armarna och allt annat måste du hålla precis stilla! För nu skall jag slå tretton slag på stjärten på dig och hårdare och hårdare! Om du inte vill så tar jag livet av dig!' Det där med att 'ta livet av' var bara ett tomt hot den gången, det var jag åtminstone själv övertygad om! 'Vill du?'

Han ville – han hade ju inget val. När han hade lagt sig över mitt knä med baken upp gjorde jag precis som jag hade sagt. Jag slog och slog, allt hårdare, och pojken sprattlade som tokig med benen men gjorde annars inget motstånd. Jag slutade inte vid tretton utan först då jag hade så ont i handen att jag inte kunde slå mer.

Och efteråt likadant: djup besinning, en känsla av obeskrivlig förnedring inför sig själv och någon som man dock tycker så bra om, den djupaste förtvivlan, kan man säga. Axel *grät* förresten *inte,* han var inte heller 'överdrivet' ängslig efteråt. Han var bara mycket tyst och stilla en lång stund.

'Slå mig', bad jag honom. Han hade kunnat slå ihjäl mig, jag skulle inte ha gjort motstånd, men han ville inte. Till sist var det jag som tjöt. 'Nu vill du säkert inte veta av mig mer', sa jag till honom när vi var på hemväg. Inget svar.

Men nästa dag på eftermiddagen kom han till min dörr igen, men på något sätt tystare och försiktigare än annars. 'Snälla du – inte mer', sa han bara. Ni kan väl knappt tro det, jag trodde det inte heller först, men han hyste inget agg mot mig! Vi lekte ofta tillsammans under en tid, tills han flyttade, men såvitt jag vet blev jag så förfärad inför mig själv efter den nyss beskrivna händelsen att jag var lugn en tid. 'En liten tid', som det står i bibeln" (s 135).

"Om de värsta sakerna kan jag bara säga att jag alltid hade känslan av att jag från en bestämd tidpunkt (då jag var tretton eller fjorton år) inte längre hade något direkt inflytande på det, jag kunde faktiskt inte låta bli. Bad gjorde jag och hoppades att det åtminstone skulle hjälpa, men det tjänade ingenting till det heller."

"De var så små allihop, mycket mindre än jag. De var alla så rädda så de gjorde inget motstånd alls" (s 137).

"Fram till 1962 var det bara fråga om att klä av och känna på dem och så. Längre fram, när dödandet kom till, då började sönderskärandet också ganska direkt. Först tänkte jag mig alltid rakblad, men efter det första dådet tänkte jag efterhand också på knivar, på våra knivar" (s 139).

En inskjuten kommentar är viktig att ha i minnet:

"Om jag älskar någon personligen, som en pojke kan älska en flicka, är det något mer än om han motsvarar mina idealföreställningar om offer för min drift. Det är inte som om jag då måste anstränga mig för att liksom avhålla mig, det är snack. I ett sådant fall existerar inte driften, helt enkelt" (s 155).

Helt annorlunda var det med de små pojkarna:

"I det ögonblicket hade jag gärna velat att pojken skulle ha gjort motstånd, även om barnens hjälplöshet i regel var en eggelse för mig. Men jag var ärligt övertygad om att pojken inte hade haft en chans mot mig. Frese försökte jag kyssa, men det var inte på något sätt planerat. Det bara gav sig själv i samma stund. Jag vet inte hur, önskan kom på från ena sekunden till den andra. Jag tänkte att det vore ju rätt tokigt, så där inemellan. Det var något nytt för mig. Viktor och Detlef kysste jag aldrig. Om jag nu säger att han ville bli kysst så säger väl alla: 'Ditt svin, vem tror du går på det!' – men det är faktiskt sant. Det kan enligt min åsikt bara förklaras av att jag dessförinnan hade slagit honom så gräsligt. När jag försökte tänka mig in i hans situation kan jag bara föreställa mig att det enda som betydde något för honom var vad som var värre, vad som gjorde mer ont. Jag menar att bli kysst av någon som är mig vedervärdig är ändå bättre än om samma person ger mig en spark i skrevet. Ur den synpunkten kan det förklaras. Men den gången blev jag rätt häpen. Han sa: 'Mer! Mer!' Och då gjorde jag det. Det kan vara så att det enda som betydde något för honom var vad som var lättare att uthärda" (s 175).

Det är anmärkningsvärt att Jürgen Bartsch så ofta och utförligt berättar om hur han misshandlade barnen, trots att han vet vilka känslor det måste väcka hos andra, medan han däremot högst ogärna, fåordigt, vagt och endast när han är tvungen släpper fram minnen om situationer där *han var det hjälplösa offret*. Vid åtta års ålder blev han sexuellt förförd av sin 13-årige kusin och sedan vid 13 års ålder i sängen hos sin lärare. Här är diskrepansen mellan den subjektiva och den sociala verkligheten särskilt markerad. Enligt den lille pojkens värdesystem upplever Jürgen Bartsch i mordscenerna sig själv som den mäktige med ett starkt självmedvetande, trots att han vet att alla fördömer honom för detta. I de andra scenerna stiger det förödmjukade offrets avvärjda smärta upp inom honom och utlöser en outhärdlig skamkänsla. Detta är en av orsakerna till att så många människor antingen inte alls kan komma ihåg den aga de fick som barn eller också minns utan tillhörande känslor, dvs helt likgiltigt och "cool".

När jag här berättar Jürgen Bartschs barndomshistoria med hans egna ord gör jag det inte för att "urskulda" honom, som domare brukar anklaga psykoanalysen för att göra, och inte heller för att kasta skulden på hans föräldrar utan för att visa att varje enskild handling hade en mening som man emellertid inte kan upptäcka förrän man befrias från *tvånget att blunda för sammanhanget.* Jag blev visserligen skakad av tidningsrapporterna om Jürgen Bartsch men inte moraliskt upprörd, därför att jag vet att det som Jürgen Bartsch gjorde ofta dyker upp hos patienter i form av fantasier när de får möjlighet att låta sina bortträngda hämndkänslor från den tidigaste barndomen komma upp i medvetandet (jfr s 199). Men just därför att de får möjlighet att tala om det och anförtro någon sina känslor av hat, vrede och hämndlystnad behöver de inte omsätta sina fantasier i handling. Jürgen Bartsch hade inga som helst möjligheter i den vägen. Under sitt första levnadsår hade han ingen fast referensperson, sedan fick han ända till skolåldern aldrig leka med andra barn och föräldrarna lekte inte heller med honom, och i skolan blev han fort nog strykpojke. Det är lätt att förstå att ett barn som varit så isolerat och som hemma med stryk uppfostrats till lydnad inte kunde hävda sig i kretsen av jämnåriga. Han var förfärligt rädd, och just därför blev han ännu mer förföljd av de andra barnen. Händelserna efter rymningen från Marienhausen visar hur gränslöst ensam denne pojke var mellan sitt "trygga" borgerliga hem och det fromma internatet. Behovet att berätta allt därhemma och vetskapen om att ingen skulle tro honom, rädslan att ge sig till känna för föräldrarna och längtan att få gråta ut hos dem – är det inte en situation som tusentals ungdomar upplever?

På hemmet rättar sig Jürgen som sina föräldrars duktiga son efter förbuden, och han reagerar därför med häpnad och vrede när en gammal skolkamrat vid rättegången berättar att han "naturligtvis" hade legat med andra pojkar. Det fanns alltså möjlighet att kringgå förbuden, men inte för pojkar som redan som spädbarn hade fått lära sig lyda för att överleva. Sådana barn är tacksamma att få tjänstgöra som ministranter så att de får komma närmare åtminstone någon levande varelse, nämligen prästen. Den kombination av våld och sexuell upphetsning som helt små barn får uppleva när föräldrarna utnyttjar dem som sin egendom kommer mycket ofta till uttryck i perversioner och brottsligt beteende. Många element från barndomen speglas förfärande exakt även i Jürgen Bartschs mordhandlingar:

1. Det underjordiska gömställe där han tar livet av barnen påminner om Bartschs beskrivningar av hur han var inspärrad i källaren med gallerfönster och om de tre meter höga murarna.

2. Dåden föregicks av "sökande". Även han söktes före adoptionen och blev senare (inte snabbt utan långsamt) hindrad att leva sitt liv.

3. Han skar upp barnen med en kniv, "med vår kniv", som han skriver.

4. Han blev upphetsad när han såg in i deras skrämda, hjälplösa ögon. I dessa ögon mötte han sig själv med de känslor som han hade måst undertrycka. Samtidigt upplevde han sig själv i rollen som den upphetsade vuxne, förföraren som han en gång varit utlämnad åt.

Flera olika saker kommer till uttryck i Jürgen Bartschs mordgärningar:

1. Ett förtvivlat försök att i hemlighet tvinga ödet att ge honom den förbjudna "drifttillfredsställelsen";

2. utlopp för det *uppdämda och av samhället fördömda hat* mot föräldrar och lärare, som förbjöd honom att leva spontant och som bara var intresserade av hans "beteende";

3. *iscensättningen av hur det är att vara utlämnad* åt föräldrar och lärare, något som nu projiceras på småpojkar i korta skinnbyxor (sådana som Jürgen Bartsch också hade på sig när han var barn);

4. den tvångsmässiga provokationen av allmänhetens avsky och motvilja, liknande den som hans mor en gång kände när Jürgen under sitt andra levnadsår på nytt började väta ner sig och göra på sig.

I upprepningstvånget liksom vid många perversioner är det den tidiga barndomens modersblick som söks. Jürgen Bartschs "dåd" ger nu anledning till (välgrundad) fasa, i likhet med t ex Christianes provokationer som egentligen var avsedda att manipulera hennes oberäknelige far (jfr s 118), men som orsakade portvakten, lärarna och polisen verkliga svårigheter och obehag.

Den som anser att motiven till barnamord endast är att söka i "sjuklig sexualdrift" får svårt att förstå många av våldsdåden i vår tid. Jag ska här helt kort berätta om ett fall där det sexuella inte spelar någon särskild roll men där den egna barndomshistorien tydligt återspeglas på ett tragiskt sätt.

"Die Zeit" av den 27.7.1979 innehåller en artikel om elvaåriga Mary Bell, som 1968 av en engelsk domstol dömdes till livstids förvaring på anstalt på grund av dråp i två fall. Hon är nu 22 år, sitter i fängelse och har hittills inte fått någon psykoterapeutisk behandling. Jag citerar ur denna artikel::

Två småpojkar, tre och fyra år, har blivit mördade. Domaren vid rätten i Newcastle uppmanar den anklagade att stå upp. Den lilla svarar att hon står redan. Mary Bell, anklagad för barnamord i två fall, är hela elva år gammal.

Den 26 maj 1957 födde 17-åriga Betty Mc C. barnet Mary på Dilston Hall Hospital, Corbridge, Gateshead. "Ta bort kräket", lär Betty ha ropat och dragit sig undan när hennes baby några minuter efter födelsen lades på hennes arm. När Mary var tre år gick hennes mor Betty en dag ut och promenerade med henne – i hemlighet förföljd av Bettys syster som hade sina misstankar. Betty gick med Mary till en adoptionsbyrå. En gråtande kvinna kom ut ur rummet där intervjuerna hölls och sade att man inte ville ge henne någon baby därför att hon var för ung och skulle utvandra till Australien. Betty sade till henne: "Jag har tagit hit den här för att adoptera bort henne. Ta henne." Därmed sköt hon fram lilla Mary till den främmande kvinnan och gick sin väg. /.../

I skolan väckte Mary uppmärksamhet. Hon slog, knuffade och klöste ständigt andra barn. Hon ströp duvor, hon knuffade ner sin lilla kusin från en luftskyddsbunker så att han föll två och en halv meter ner på ett betonggolv. Dagen därpå *klämde hon ihop halsarna på tre småflickor på lekplatsen.* Vid nio års ålder kom hon in i en ny skola, där två lärare som undervisade henne senare förklarade: "Det är bäst att man inte snokar alltför noga i hennes liv och förhållanden." Längre fram berättade en polissyster som lärde känna Mary under förundersökningen: "Hon hade tråkigt. Hon stod i fönstret och tittade på en katt som klättrade uppför stuprännan och frågade om hon fick ta in den ... Vi öppnade fönstret och hon lyfte in katten och började leka med den på golvet med en garnända ... Så tittade jag dit och såg först att hon höll katten i nackskinnet. Men så upptäckte jag att hon höll katten så hårt att djuret inte kunde andas och tungan hängde ut på det. Jag rusade dit och ryckte undan hennes händer. Jag sade: 'Så där får du inte göra, du gör den ju illa.' Hon svarade: '*Äsch, den känner inte det, och i alla fall får jag göra illa små kräk som inte kan försvara sig.*'"

Till en annan polissyster sade Mary att hon gärna skulle vilja bli sjuksköterska – "för då får jag sticka nålar i människor. *Jag tycker om att göra människor illa.*" Marys mor Betty gifte sig med tiden med Billy Bell, men hade vid sidan om en ganska speciell rörelse. Efter Marys rättegång förklarade Betty för en polis vad hennes "specialitet" bestod i. "Jag piskar dom", sade hon i en ton som röjde förvåning över att han inte visste det. "Men jag har alltid brukat gömma piskorna för barnen."

Mary Bells beteende visar utan minsta spår av tvivel att hennes mor, som födde henne vid 17 års ålder och stötte bort henne, och som hade till yrke att piska sina kunder, *plågade, hotade och sannolikt också försökte döda henne* liksom Mary gjorde med katten och de två småbarnen, men det finns ingen lag som kunde förbjuda henne det.

En psykoterapeutisk behandling är inte billig, det framhålls ofta. Men är det billigare att spärra in ett 11-årigt barn på livstid? Och vad ska det leda till? Ett barn som så tidigt blivit misshandlat måste på något sätt få berätta om den oförrätt det utsatts för, de mord man begått mot det. När det inte hittar någon att berätta för hittar det heller inget språk och kan bara berätta genom att göra samma saker som man gjort mot det. Då väcker det fasa hos oss. Men vi borde känna fasa över det första mordet, det som begåtts i hemlighet och ostraffat. Då skulle vi kanske också kunna hjälpa barnet att medvetet uppleva sin historia och inte behöva berätta den genom att iscensätta den med fara för andras liv.*

* När jag läser korrektur på den här boken får jag genom tidningen veta att Mary Bell får lämna fängelset, att hon under tiden har blivit en "tilldragande kvinna" och "önskar bosätta sig i närheten av sin mor".

Tigandets murar

Jag har tagit upp Jürgen Bartschs historia för att med konkret material kunna visa hur detaljerna i en mordhandling kan hjälpa oss att förstå hur själamord på ett barn går till. Ju tidigare ett sådant själamord sker, dess svårare är det att förstå för den drabbade, dess omöjligare är det att bekräfta med minnen och ord, och han är därför hänvisad till att iscensätta sina upplevelser om han vill meddela sig. Av den anledningen inriktar jag mig på de tidigaste upplevelserna när jag vill försöka förstå de djupare rötterna till en människas utveckling till förbrytare. Trots min intresseinriktning hände mig följande: När jag hade skrivit hela kapitlet färdigt och än en gång kontrollerade de ställen jag strukit för i boken kunde jag konstatera att jag hade förbisett det ställe som var viktigast ur min synpunkt. Det var citatet om aga av spädbarnet.

Att jag förbisett detta ställe som dock är så betydelsefullt som bekräftelse på min tes visade mig hur svårt det är för oss att föreställa oss ett spädbarn som agas av sin mor, att låta bli att förneka denna bild och att emotionellt till fullo tillåta oss att se dess konsekvenser. Det är väl anledningen till att även psykoanalytiker befattar sig så lite med dessa fakta och till att följderna av sådana barndomsupplevelser alltjämt blivit så föga undersökta.

Det vore att missförstå och förvränga mitt syfte om man ur detta kapitel skulle läsa ut en anklagelse mot fru Bartsch. Min önskan är att *lämna allt moraliserande och endast peka på orsaker och verkningar,* nämligen att barn som blir slagna slår vidare, de som blir hotade hotar, de som blir förödmjukade försöker förödmjuka och *de som får sin själ dödad själva dödar.* Vad moralen beträffar måste det sägas att ingen mor slår sitt spädbarn utan orsak. Vi vet ingenting om fru Bartschs barndom, och dessa orsaker förblir därför höljda i dunkel. Men säkert finns de där, liksom det fanns orsaker för Alois Hitler. En mor som slår sitt spädbarn kan man fördöma och sedan skjuta det hela ifrån sig, vilket är lättare än att se sanningen i ögonen men vittnar om *en mycket tvivelaktig moral.* En moralisk indignation isolerar nämligen ännu mer de föräldrar som misshandlar sitt spädbarn och ökar deras nöd, den nöd som får dem att begå detta våld. Dessa föräldrar står under tvånget att utnyttja barnet som ventil, just *därför att de inte kan förstå sin egen verkliga nöd.*

Att förstå det tragiska i detta innebär dock inte att man stillatigande ska se på hur föräldrar förstör sina barn själsligt och kroppsligt. Det borde egentligen vara självklart att man tar ifrån dessa föräldrar rätten att ta hand om sina barn och erbjuder dem psykoterapeutisk behandling.

Idén att skriva om Jürgen Bartsch har jag inte själv kommit på. En för mig obekant läsare av min förra bok, *Det självutplånande barnet,* skrev ett brev till mig, och med hennes tillåtelse citerar jag här ett stycke ur det.

"Böcker kan visserligen inte hjälpa till att öppna fängelser, men det finns böcker som stärker ens mod att med nya krafter bulta på fängelsedörrarna. Er bok har för mig haft en sådan verkan.

På ett ställe i er bok talar ni om kroppsaga av barn (jag hittar inte stället just nu och kan inte hänvisa direkt till det) och säger att ni inte kan uttala er om Tyskland därför att ni inte känner till läget där.* Jag kan lugna er med att era värsta aningar är riktiga. Tror ni att nazisttidens koncentrationsläger hade varit möjliga om inte fysisk terror i form av stryk med käppar, rottingar, spanskrör eller läderpiskor hade varit regeln i tyska barnkammare? Själv är jag nu 37 år och mor till 3 barn, och jag försöker ständigt med högst varierande framgång övervinna de psykiskt förödande följderna av denna stränghet från föräldrarna för att åtminstone mina barn ska få växa upp i större frihet.

I nästan 4 år har jag nu fört en 'hjältemodig' kamp men lyckas inte driva ut den aggressivt straffande fadern ur mitt inres struktur, eller göra honom mänsklig. Om er bok kommer ut i en andra upplaga så tror jag ni kan sätta Tyskland högst på listan vad beträffar misshandel av barn. På våra gator dör de flesta barnen i alla europeiska länder, och det som i våra barnkammare förmedlas från generation till generation ligger gömt bakom en tjock försvarsmur av tigande. Och de som av sin inre nöd tvingas att söka

---

* Innebörden i mitt uttalande i boken är inte riktigt rätt uppfattad här (jf AM: *Det självutplånande barnet* s 70).

analys och som stärkta av den tittar bakom murarna, de *kommer att tiga därför att de vet att ingen kommer att tro dem* när de berättar vad de sett. För att ni inte ska dra några felaktiga slutsatser kan jag berätta att det inte är i något hem för asociala som jag har blivit pryglad utan i en välordnad miljö, i ett 'harmoniskt hem' i övre medelklassen. Min far är präst."

Det var det här brevets författare som gjorde mig uppmärksam på Paul Moors bok och jag har henne att tacka för att jag började sätta mig in i detta öde som jag har lärt så mycket av. Även på den här punkten upplevde jag något om mitt eget försvar. Jag hade ju på sin tid hört talas om Jürgen Bartsch-processen, men hade inte satt mig närmare in i saken. Det var först brevet från denna läsare som ledde mig in på en väg som jag sedan inte kunde undgå att fullfölja ända till slutet.

På det sättet fick jag också klart för mig att det inte alls är så att barn i Tyskland blir värre misshandlade än i andra länder. Vi har ofta mycket svårt att uthärda en nedslående sanning och försöker då försvara oss mot den med hjälp av illusioner. En vanlig form för försvar är förskjutning i tid och rum. Vi har t ex lättare att föreställa oss att barn blev misshandlade förr i tiden eller i avlägsna länder, men inte här och nu, inte hos oss. Och en omvänd förhoppning förekommer också: Om en människa, som den ovan citerade brevskriverskan, modigt beslutar sig för att inte längre skygga för sanningen om sitt förflutna, att för sina barns skull se den i ögonen, då vill hon åtminstone gärna få behålla tron att sanningen inte är lika nedslående *överallt,* att det är eller var bättre och humanare i andra länder och vid andra tider än i hennes omedelbara närhet. Vi orkar knappast leva utan något slags hopp, och hoppet förutsätter kanske ett visst mått av illusioner. I förvissning om att läsaren kan bevara de illusioner han behöver vill jag här lämna några uppgifter om den uppfostringsideologi som man än idag tolererar och skyddar genom att tiga om den, även här i Schweiz, inte bara i Tyskland. Jag citerar bara några exempel ur den omfångsrika dokumentationen av samtal till "Sorgentelephon" i Aeflingen, i kantonen Bern i Schweiz. Den sändes ut till över 200 tidningar, men av dessa var det bara två som ägnade en artikel åt de fakta som här beskrivs.*

5.2., Aargau: 7-årig pojke misshandlas svårt av sin far (som slår honom med knytnävarna, med piska, stänger in honom osv). Enligt moderns utsago slår han henne också. Orsak: Alkohol och ekonomiska svårigheter.

St Gallen: 12-årig flicka orkar inte bo hemma längre, hennes föräldrar slår henne med läderremmar så fort det är något.

Aargau: 12-årig flicka blir boxad med knytnävarna av fadern och pryglad med livrem. Orsak: Hon får inte ha några vänner, för fadern vill ha dottern för sig själv.

7.2., Bern: 7-årig flicka rymmer hemifrån. Orsak: Hennes mor brukar slå henne med en rotting som straff. Modern anser att till dess att barn är skolmogna kan man slå dem, för innan dess kan de inte ta någon psykisk skada av det.

8.2., Zürich: 15-årig flicka är mycket strängt hållen av sina föräldrar. Som straff drar de henne i håret eller vrider om båda örsnibbarna samtidigt. Föräldrarna anser att dottern måste köras med strama tyglar, för livet är hårt och ett barn måste få känna av den hårdheten som barn, annars kan det bli för svagt längre fram.

14.2., Luzern: En far lägger sin 14-årige son med ryggen mot sitt knä och böjer honom bakåt tills det knakar i ryggen. Läkarundersökningen utvisar kotförskjutning i ryggraden. Orsak till misshandeln: Sonen hade stulit en fickkniv på ett varuhus.

15.2., Thurgau: 10-årig flicka är förtvivlad. Hennes far har för att straffa henne dödat hennes hamster och skurit sönder den i hennes åsyn.

16.2., Solothurn: 14-årig pojke blir absolut förbjuden att onanera. Hans mor hotar med att skära av hans penis om han gör det igen. Enligt henne kommer alla som gör så till helvetet. Sedan hon upptäckt att hennes man också gör det tar hon till alla medel för att bekämpa denna skamlighet.

Graubünden: En far slår sin 15-åriga dotter i huvudet så hårt han orkar. Flickan förlorar medvetandet. Läkarundersökningen utvisar spricka i skallen. Orsak till misshandeln: Flickan kom hem en halvtimme för sent.

17.2., Aargau: 14-årig pojke är djupt olycklig därför att han inte kän-

* Under korrekturläsningen får jag veta att ytterligare tre föräldratidskrifter har beslutat sig för att publicera dessa dokument.

ner någon människa som han kan tala med. Egentligen är det *hans eget fel*, för han är rädd för andra människor, särskilt för flickor.

18.2., Aargau: 13-årig pojke tvingas av sin farbror till sexuella handlingar. Pojken vill ta livet av sig, inte bara för denna händelses skull utan mera därför att han är rädd att han nu är homosexuell. Till sina föräldrar kan han ingenting säga, då riskerar han bara stryk.

Basel-Land: 13-årig flicka blir slagen av sin vän (18 år) och tvingas till samlag. Flickan är så rädd för sina föräldrar att hon inte vågar säga något.

Basel: 7-årig pojke har svår ångest. Ångesten kommer alltid vid middagstid och håller i sig till långt fram på eftermiddagen. Modern vill inte skicka honom till psykolog: Dels har hon inga pengar, dels är han ju inte sinnessjuk. Men hon är bekymrad för han har två gånger försökt hoppa ut genom fönstret.

20.2., Aargau: En far slår sin dotter och hotar att sticka ut ögonen på henne om hon fortsätter att sällskapa med sin pojkvän. Orsak: De båda har stuckit iväg och varit borta två dagar.

21.2., Zürich: Far hänger upp sin 11-årige son i benen mot väggen i 4 timmar. Efteråt doppar han honom i kallt vatten. Orsak: Sonen har stulit något på stormarknaden.

29.2., Zürich: 15-årig flicka får sedan sex år stryk av sin mor med kvast, träsked, elektrisk sladd. Flickan är förtvivlad och vill komma bort från modern.

Under de två år som denna "Sorgentelephon" har fungerat har de som har hand om den fått höra om följande metoder för fysisk misshandel:

Slag: Örfilar: täta, hårda slag med ena handen på örat, med knytnäven, med tummen i vinkel.

Sandwich-örfilar: Här slår man med båda händerna samtidigt, med båda knytnävarna eller med båda händernas tummar i vinkel. *Handen:* hårda slag på kroppen med båda händerna växelvis. *Knytnäven:* slag med knutna nävar på kroppen. *Dubbelknytnäve:* slag mot kroppen med båda händerna knutna tillsammans. *Armbågen:* kraftiga knuffar mot kroppen med armbågen. *Armarna:* man slår mot kroppen med arm och armbåge omväxlande. *Mot huvudet:* man slår eller drar över huvudet med vigselringen. *Handplagg:* Både föräldrar och lärare använder alltjämt linjalen att slå med, och plastlinjalerna är särskilt praktiska. Handplagg ges på handens insida, på handlovarna, på handryggen, på fingertopparna. Mindre vanligt är slag med linjalen på kant.

Ström: En del barn hade fått göra bekanskap med det *"brännande riset ur väggkontakten"*: de hade fått korta stötar eller handtaget på barnkammardörren hade gjorts strömförande.

Köttsår: Slag så att det uppstår sår: med blotta handen (varvid naglarna klöser upp sår), med knytnäven (en ring river upp sår), med gaffel, kniv, sked, med elektrisk sladd, med gitarrsträng (använd som piska). Sticksår av nålar, strumpstickor, saxar.

Benbrott kan uppstå då barn slängs åt sidan, knuffas baklänges, kastas ut genom fönster, knuffas nerför trappor, då bildörrar slås igen, av att man trampar på dem så att revbenen knäcks, genom knytnävsslag i huvudet (spricka i skallen), genom slag med handens kant.

Brännsår kan barn få av att brinnande rökverk eller tändstickor släcks mot kroppen, de kan brännas med lödkolvar, hett vatten, elektrisk ström eller cigarettändare.

Strypning: med blotta händerna, med elektrisk sladd, med bilfönster (fönstret vevas upp när barnet har stuckit ut huvudet.)

Kläm- och krosskador kan åstadkommas genom slag, genom att bildörrar stängs så att ett barns fingrar, armar, ben eller huvud skadas, genom att man trampar på eller boxar barnet. *Hår slits av* i testar från huvudet, i nacken eller på sidan, från mustascher eller skägg (på ynglingar).

Hängning: Barn har berättat hur deras far till straff har hängt dem i benen mot väggen och låtit dem hänga i timmar.

Vridning: Ena örat eller båda samtidigt vrids om, armarna böjs bakom ryggen och pressas uppåt. *Gnuggning* med knogarna mot tinningar, nyckelben, skenben, bröstben, under öronen, i nacken. *Knäckning:* barnet läggs med ryggen över knät och trycks ihop.

Åderlåtning (sällsynt): På en 10-åring skar man upp armbågsvenen och tappade av blod tills barnet svimmade – då var dess synder förlåtna.

Kylning (sällsynt): Barn kyls ner och doppas i kallt vatten. Upptiningen medför smärtor.

Doppning: barn som stänker badvatten doppas flera gånger ner under vattnet.

Sömnhinder (sällsynt): En 11-årig flicka straffades på det sättet att hon under två dygn aldrig fick sova ut ordentligt. Var tredje timme väcktes hon eller doppades sovande i kallt vatten. Även sängvätare straffas med att väckas ofta. En automatisk väckare i sängen väcker barnet var gång det har kastat vatten. En pojke fick t ex i tre år aldrig sova en natt utan avbrott. Hans nervositet "avhjälptes" med mediciner. Det gick allt sämre för honom i skolan. Ändå gav modern bara tabletterna sporadiskt. Till följd av detta blev barnet alltmera stört i sitt sociala beteende, vilket i sin tur gav anledning till kroppsaga.

Tvångsarbete: en metod som helst används på landsbygden. Barnet måste till straff: arbeta hela natten, göra ren källaren tills han är helt utmattad, i en vecka eller månad arbeta på kvällarna efter skolan till klockan 23 och börja 5 på morgonen (även söndag).

Ätande: Barnet måste äta uppkastningar. Efter maten sticker man fingret i munnen på barnet för att få det att kräkas. Sedan måste det äta upp sina uppkastningar.

Injektioner: Koksaltlösning sprutas in i baken, i armen eller i låret (sällsynt). En tandläkare har använt denna metod.

Nålar: Barn har flera gånger berättat att när de gick och handlade tog föräldrarna med sig särskilt preparerade nålar. När barnen vill ta något ur ställen stryker föräldrarna mjukt över huvudet och sticker till dem i nacken.

Tabletter: För att lösa insomningsproblemet ger man barnen sömnmedel i allt högre doser. Ett 13-årigt barn kände sig varje morgon vimmelkantig och fick anstränga sig för att kunna lära sig något.

Alkohol: Man blandar öl, brännvin, likör i spädbarns diflaskor. Då somnar barnen lättare och stör inte grannarna med sitt skrikande.

Böcker (sällsynt): Barn måste hålla en eller två böcker med utsträckta armar tills de får "kramp". En flicka berättade att hon därtill hade tvingats att stå på knä på ett vedträ.

"Skallar": En pojke berättade: Hans far höll sitt huvud nära sonens. Efter en kort stund slog han snabbt och hårt sitt huvud mot barnets. Fadern skröt med sin teknik som måste vara inövad för att han inte själv skulle känna smärta.

Återslag: Detta är ett sätt att framkalla en olyckshändelse. Barnet ombeds att hjälpa till att bära något tungt. Medan man nu bär tillsammans släpper den vuxne plötsligt taget. Ofta skadas barnets finger, hand eller fot när den tunga saken faller.

Tortyr: Ett barn och dess farmor anmälde: Fadern hade inrättat en tortyrkammare i den tidigare kolkällaren. Han band barnet på en ställning och piskade det. Allt efter straffets stränghet använde han speciella piskor. Ofta lät han barnet ligga fastbundet hela natten.

Varför har nästan alla tidningar förbigått just dessa skakande beskrivningar med tystnad, trots att de ju huvudsakligen ägnar sig åt "samhällsreportage"? Vem skyddar vem och för vad? Varför ska inte den schweiziska allmänheten få reda på att otaliga barn i deras vackra land i sin ensamhet utsätts för svåra lidanden? Vad vill man uppnå när man förtiger detta? Kan det inte tänkas att det vore en hjälp även för de misshandlande föräldrarna att få uppleva att det slagna barnets nöd, som de ju själva en gång lidit, äntligen blir sedd och tagen på allvar? Många förbrytelser mot barn är i likhet med Jürgen Bartschs dåd ett omedvetet försök att meddela allmänheten något om det egna, ofta knappt åtkomliga förflutna. Den som "inte fick märka" vad man gjorde med honom kan inte berätta på annat sätt än genom att göra samma saker som han själv utsatts för. Men massmedia, som är angelägna om att förbättra samhället, borde kunna lära sig detta språk, kan man tycka, så snart det inte längre är förbjudet för dem att märka vad som sker.

Slutanmärkningar

Kanske läsaren tycker att det är egendomligt att få tre så helt olik-artade öden beskrivna för sig. Men jag har velat ta fram dem och ställa dem sida vid sida just därför att de trots olikheterna har gemensamma drag som kan gälla för många människor:

1. I alla tre fallen är det fråga om *extrem destruktivitet.* Hos Christiane är den riktad mot självet, hos Adolf Hitler mot verkliga och förmenta fiender och hos Jürgen Bartsch mot småpojkar i vilka han om och om igen dödar sig själv men samtidigt tar livet av andra barn.

2. Jag uppfattar denna destruktivitet som *urladdning av tidigt uppdämt, barnsligt hat* och dess förskjutning på *andra objekt* eller på *självet.*

3. Alla de tre här nämnda barnen blev *svårt misshandlade och förödmjukade* och det inte bara undantagsvis. Från späd ålder växte de upp i en grym atmosfär.

4. En normal, sund reaktion på en sådan behandling skulle hos ett sunt och normalt barn vara *narcissistisk vrede av stark intensitet.* Men i samtliga tre familjers auktoritära uppfost-ringssystem måste *vreden undertryckas stenhårt.*

5. Ingen av dessa tre hade under hela sin barndom och ungdom någon *vuxen person som de hade kunnat vända sig till och* anförtro *sina känslor, framför allt sitt hat,* åt.

6. Hos alla de tre här beskrivna personerna fanns en *stark önskan att meddela världen de upplevelser de haft,* att på något sätt *artikulera sig.* Alla tre hade också en *begåvning för att uttrycka sig verbalt.*

7. Eftersom *möjligheter till* förtroendefull, riskfri, *verbal kom-*

munikation helt saknades för dessa människor kunde de bara meddela sig med omvärlden i form av *omedvetna iscensätt-ningar.*

8. *Alla dessa iscensättningar förmedlar till världen känslan av fasa och förfäran,* men det är först *sista akten i dramat* som väcker denna känsla hos andra människor, inte informationen om misshandlade barn.

9. Det hör till upprepningstvånget för de här människorna att de visserligen lyckas väcka den *största uppmärksamhet* med sina iscensättningar men till sist ändå *går under* genom dem, liksom ett regelbundet misshandlat barn får en viss uppmärksamhet, men en negativ. (Christiane är här ett undantag därför att hon i puberteten mötte två människor som hon kunde tala med.)

10. Alla dessa tre fick *uppleva ömhet bara som objekt, som för-äldrarnas egendom,* aldrig som de personer de var. Längtan efter ömhet parad med ett genombrott av destruktiva känslor från barndomen drev dem under puberteten och ungdomstiden till deras ödesdigra iscensättningar.

De tre här beskrivna människorna är inte bara individer utan representerar bestämda grupper. Det är lättare att förstå dessa grupper (t ex drogmissbrukare, ungdomsbrottslingar, självmördare, terrorister eller en viss typ av politiker) om man följer ett individu-ellt öde tillbaka till barndomens fördolda tragik. Alla dessa män-niskors iscensättningar ropar i grund och botten med sina olika varianter efter förståelse, men de gör det i en sådan form att de får allt annat än förståelse från allmänhetens sida. Det hör till det tragiska i upprepningstvånget att man ständigt hoppas på att kunna finna en bättre värld än den man hade att leva i som barn men ändå om och om igen skapar samma konstellationer.

Om man inte kan berätta om de grymheter man upplevt därför att man upplevde dem så tidigt att minnet inte når så långt tillbaka, då måste man *demonstrera grymhet.* Christiane gör det genom självförstörelse, de andra genom att söka upp offer. Har man barn finns sådana offer nära till hands och demonstrationen kan ske ostraffat och utan att väcka allmän uppmärksamhet. Men har man inga barn, som i Hitlers fall, kan det undertryckta hatet få sitt utlopp över miljoner människor, och såväl offer som bödel står aningslösa inför en sådan omänsklig grymhet. Det har gått några årtionden sedan Hitler fick sin idé att utrota människor som ohyra, och de tekniska medlen för ett sådant förfarande har säkert hunnit bli oändligt mycket mer sofistikerade. Dess viktigare är det att vi hejdar denna utveckling och gör klart för oss var ett så intensivt och omättligt hat som Hitlers kan ha sitt ursprung. De historiska, sociologiska och ekonomiska förklaringarna i all ära – den funktionär som öppnar gaskranen för att gasa ihjäl barn och den som har tänkt ut metoden är människor och har en gång varit barn. Så länge människor i allmänhet inte har utvecklat något sinne för att det dagligen begås otaliga själamord på barn, med konsekvenser som samhället får lida av, famlar vi som i en mörk labyrint – trots alla välmenande nedrustningsplaner.

När jag var färdig med utkastet till hela den här delen av boken anade jag inte att den skulle leda fram till fredsforskningsfrågorna. Jag hade bara ett behov av att förmedla till föräldrar de erfarenheter jag gjort av pedagogik under min 20-åriga praktik som psykoanalytiker. Om mina patienter ville jag inte berätta, utan i stället valde jag människor som själva hade trätt fram och tilldragit sig offentlig uppmärksamhet. Men författandet liknar en äventyrlig resa – man vet inte vid resans början vart den ska leda. När jag alltså gav mig in på fredsforskningens område var det bara som förbiresande, för dessa frågor går långt utöver min kompetens. Men sysslandet med Hitlers liv och det psykoanalytiska försöket att utifrån barndomens förnedring och förödmjukelse förstå hans senare handlande kunde inte bli utan följder. Det ledde mig oundvikligen till fredsforskningsfrågorna. De resultat jag kommit till har både en pessimistisk och en optimistisk aspekt:

Pessimistisk vill jag kalla tanken att vi mer än vi gärna vill erkänna är beroende av enskilda individer (inte bara av institutioner!) som kan få makt över massan, så snart de *framstår som representanter för dess uppfostringssystem. Människor som har blivit "pedagogiskt" manipulerade redan som barn, märker som vuxna inte vad man gör med dem. Ledargestalten,* som för massan blir en fadersgestalt, är i grund och botten (liksom den enskilde auktoritäre fadern) *ett barn som hämnas* och som använder massan för sitt syfte (hämnd). Och detta andra beroende, den "store Führerns" beroende av sin barndom, *av den oberäkneliga, aldrig integrerade hat-potentialen* i sitt eget inre, är väl den största faran. Men vi får inte glömma den *optimistiska* aspekten av denna undersökning. I allt det som jag på sista tiden har läst om förbrytares, även massmördares, barndom har jag aldrig kunnat hitta odjuret, det elaka barnet, som pedagogerna behöver uppfostra till "godhet". Överallt har jag helt enkelt funnit värnlösa barn som misshandlats av vuxna som anser sig uppfostra och som ofta har de *högsta ideal.* Min optimism vilar alltså på förhoppningen att allmänheten inte längre kommer att tillåta att misshandel i uppfostringssyfte tystas ner. Men först måste människor inse

1. att denna uppfostran i grund och botten inte sker för barnets bästa utan för att tillfredsställa *uppfostrarens behov av makt och hämnd,* samt att

2. denna misshandel har *konsekvenser som vi alla,* inte bara det misshandlade barnet kan *bli offer för.*

Fruktan, vrede och sorg
— men inga skuldkänslor —
på vägen till försoning

Även oavsiktlig grymhet gör ont

Om man fördjupar sig i de pedagogiska skrifterna från de senaste 200 åren upptäcker man så småningom vilka *medel som systematiskt använts för att göra det omöjligt för barnen att märka och längre fram komma ihåg* hur deras föräldrar har behandlat dem. Med utgångspunkt i tvånget att upprepa maktutövningen har jag försökt förstå och tolka *varför* de gamla uppfostringsmetoderna alltjämt används i så stor utsträckning. Vad en människa har fått uppleva av oförrätt, förödmjukelse, misshandel och våld blir *inte utan verkan,* trots den gängse uppfattningen att det inte skadar. Det tragiska är bara det att *verkan av misshandeln överförs på nya, oskyldiga offer, även om vetskapen om den inte har hållit sig kvar i offrets medvetande.*

Hur ska denna onda cirkel kunna brytas? Man ska förlåta den oförrätt man lidit, säger religionen, först då blir man fri att älska och fri från hatet. Det är i och för sig riktigt, men hur hittar man vägen till äkta förlåtelse? Kan man tala om förlåtelse när en människa *knappast vet vad man egentligen gjorde med henne och varför?* Och i den situationen befann vi oss ju alla som barn. Vi kunde inte begripa varför de förödmjukade oss, lät oss falla omkull, skrämde oss och skrattade åt oss, varför vi behandlades som träbitar och varför man ena stunden lekte med oss som med en docka för att nästa slå oss blodiga. Och vi fick inte ens bli medvetna om att allt detta hände med oss, därför att man förklarade att *misshandeln var nödvändiga åtgärder för vårt bästa.* Det finns inget barn som är så klipskt att det genomskådar en sådan lögn när den kommer från de älskade föräldrarna, som också har så många goda och kärleksfulla sidor. Barnet måste tro att den behandling det utsätts för verkligen är rätt och bra för det, och det hyser inget agg mot föräldrarna. Men som vuxen kommer det själv att behandla sina egna barn på samma sätt för att därmed bevisa för sig att föräldrarnas uppfostran var riktig och bra.

Är det inte det de flesta religioner menar med *förlåtelse:* att i fädernas tradition "kärleksfullt" tukta barnet och uppfostra det till respekt för föräldrarna? Men en förlåtelse som vilar på ett förnekande av sanningen och som utnyttjar ett värnlöst barn som ventil är ingen verklig förlåtelse, och därför kan hatet inte besegras av religionerna på det sättet utan blir tvärtom *ofrivilligt underblåst.* Den strängt förbjudna, intensiva barnsliga vreden mot föräldrarna förskjuts bara till andra människor och till det egna självet, men det utplånas inte utan genom den helt accepterade möjligheten att låta den få utlopp mot de egna barnen sprids den som en pest i hela världen. Därför ska man inte förundra sig över att det finns religiösa krig även om det egentligen är en självmotsägelse.

Till verklig förlåtelse kommer man inte genom att gå förbi vreden utan genom att gå rakt igenom. Först när jag kan bli upprörd över den oförrätt som tillfogats mig, bli medveten om förföljelsen som sådan, uppleva förföljaren som förföljare och hata honom, först då är vägen till förlåtelse öppen för mig. Den undertryckta vreden, hatet och raseriet kommer inte längre att fortplantas för evigt om man kan upptäcka historien om hur man blev förföljd som liten. De förvandlas till sorg och smärta över att sådant behövde hända, och i den smärtan finns det plats för äkta förståelse, *förståelsen hos den nu vuxne,* som får inblick i sina föräldrars barndom och som när han till sist befriats från sitt eget hat kan ha äkta, mogen medkänsla. Denna förlåtelse kan inte tvingas fram med föreskrifter och påbud, den upplevs som en nåd och infinner sig spontant när själen inte längre förgiftas av undertryckt, förbjudet hat. Solen behöver inte tvingas att skina, när molnen har dragit förbi, den bara skiner. Men det vore ett misstag att förbise att molnen hindrar solskenet så länge de finns där.

En vuxen människa som haft lyckan att tränga fram till sin *privata, individuella oförrätts ursprung* i barndomen och uppleva den med medvetna känslor kan med tiden av sig själv och bäst utan varje pedagogisk eller religiös uppmuntran förstå att hans föräldrar i de flesta fall inte plågade eller missbrukade honom av glädje, styrka eller livskraft utan därför att de inte kunde annat, eftersom de själva en gång varit offer och därför trodde på de traditionella uppfostringsmetoderna.

För många människor är det oerhört svårt att fatta det enkla faktum att varje förföljare en gång varit ett offer. Däremot har en människa som från sin barndom fått känna sig fri och stark inget behov av att förnedra andra. I Paul Klees dagböcker återges följande minne:

En liten flicka, som inte var söt och som hade benställningar som hjälp mot sina krumma ben, försökte jag emellanåt göra lite illa. Jag ansåg att hela familjen, särskilt hennes fru moder, stod på ett lägre plan, och ibland förställde jag mig till snäll gosse och bad hos högre instans om lov att få förtroendet att gå ut och spatsera med den lilla raringen. En liten bit gick vi först snällt hand i hand, men sedan gick vi efter varandra, till exempel på någon åker där potatisen stod i blom och det fanns nyckelpigor, eller också tidigare. *Vid lägligt tillfälle gav jag min skyddsling en lätt knuff.* Hon föll omkull och leddes tjutande vid handen hem till modern, där jag urskuldande förklarade: "Hon ramla." Jag upprepade manövern några gånger utan att fru Enger anade sanningen. Jag måste ha bedömt henne rätt (fem till sex år) (Klee, 1957, s 17).

Utan tvivel spelar lille Paul här ut något som han själv har fått ta emot, förmodligen från sin far. Om fadern finns det bara en kort passus i dagboken:

Länge *trodde jag reservationslöst på Pappa och varje ord från honom ansåg jag som ren sanning (Pappa kan allt).* Det var bara den gamle herrns försmädliga stunder som jag inte kunde med. En gång när jag trodde jag var ensam höll jag på med pantomimartade fantasilekar. Ett plötsligt, hånfullt "pf!" störde mig och sårade mig. Även andra gånger kunde jag få höra det där "pf!" (s 16).

Hån från en älskad och beundrad människa är alltid sårande, och man kan tänka sig att det tog den lille Paul hårt.

Det vore fel att säga att det lidande vi tillfogar andra av tvång inte är något lidande, och att lille Paul inte gjorde flickan illa därför att vi förstår orsaken till hans beteende. Inser vi båda delarna ser vi också det tragiska, och då blir en vändning möjlig.

Insikten om att vi trots vår goda vilja inte är allsmäktiga, att vi står under tvång, att vi inte kan älska våra barn så som vi skulle vilja *kan leda till sorg men inte till skuldkänslor, därför att sådana förutsätter att vi har en makt och en frihet som vi inte har.* Tyngs vi av skuldkänslor kommer vi dessutom att belasta våra barn med skuldkänslor och binda dem vid oss på livstid. Sorgen däremot hjälper oss att frige dem.

Om vi lär oss skilja mellan sorg och skuldkänsla kan det kanske också bidra till att bryta tystnaden mellan generationerna i samband med nazitiden. Förmågan att sörja är motsatsen till skuldkänslor. Sorg är *smärta* över att det *var* så och över att det förflutna inte går att ändra. Denna smärta *kan man dela med barnen* utan att behöva skämmas, men skuldkänslor försöker man antingen tränga bort eller skjuta över på barnen eller båda delarna.

Eftersom sorgen löser känslor ur förstelningen kan den leda till att unga människor får klart för sig vad deras föräldrar en gång har tillfogat dem med sin välmenande tidiga fostran till lydnad. Det kan leda till utbrott av berättigad vrede och till den smärtsamma upplevelsen att ens egna föräldrar, som nu är över 50, alltjämt försvarar sina gamla principer, inte kan förstå det vuxna barnets vrede och reagerar på dess förebråelser med att bli kränkta och sårade. Då skulle man helst vilja ta tillbaka vad man sagt och göra allt ogjort, för då vaknar den gamla välkända rädslan för att man med sina förebråelser driver föräldrarna i graven. Om man har fått höra det tidigt och ofta nog kan sådana fraser behålla sin verkan livet igenom.

Men trots detta, trots att man kanske är ensam igen med denna nyväckta vrede därför att de åldrande föräldrarna inte kan stå ut med den bättre än förut, kan bara det att man tillåter sig denna känsla leda ut ur självalienationens återvändsgränd. Då får till sist det äkta barnet leva, det sunda barnet, det barn som *omöjligen kan förstå varför föräldrarna gör honom illa och samtidigt förbjuder honom att skrika av smärta, att gråta eller ens tala.* Det begåvade, välanpassade barnet försökte alltid förstå detta absurda beteende och tog det som något självklart. Men det fick betala för pseudoförståelsen med sin känsla, med känsligheten för de egna behoven, dvs med sitt eget själv. Det normala, vredgade, oförstående och upproriska barnet hade hela tiden varit oåtkomligt. Men när detta barn i den vuxne nu blir fritt, då upptäcker det sina levande rötter och krafter.

Att man tillåter och upplever förebråelser från sin tidiga barndom betyder inte att man från och med nu blir en förebrående människa utan *tvärtom*. *Just därför* att man fått uppleva dessa känslor som var riktade mot föräldrarna behöver man inte avreagera sig på några substitut. Det är det *hat som riktas mot substitut som är omättligt och aldrig tar slut*, vilket vi sett i exemplet Adolf Hitler, och det beror på att känslan i medvetandet är skild från den person som den från början gällde.

Av dessa anledningar anser jag att ett utbrott av förebråelser mot de egna föräldrarna är en chans: Det öppnar vägen till den egna sanningen, löser förstelningen, möjliggör sorgen och i lyckligaste fall också försoningen. I alla händelser hör det till det psykiska tillfrisknandet. Men det vore att helt missförstå vad jag menar om någon trodde att jag personligen riktar förebråelser mot dessa gamla föräldrar. Det har jag varken rätt eller orsak till: Jag har inte varit deras barn och av dem tvingats att tiga, jag har inte uppfostrats av dem, och som vuxen människa vet jag att de liksom alla andra föräldrar över huvud inte kunde bete sig annorlunda än de gjorde.

Just därför att jag vill uppmuntra barnet i den vuxne till att känna, dvs också till att förebrå, men *inte hjälpa honom av med känslorna* och samtidigt inte heller lägga skulden på föräldrarna tycks jag göra det svårt för många läsare. Det vore så mycket enklare att säga att allt är barnets fel eller föräldrarnas fel, eller att skulden ska fördelas lika. Men det är just det jag inte vill säga därför att jag som vuxen vet att här handlar det inte alls om skuld utan om att inte kunna annat. Men då ett barn inte kan förstå det och då han blir sjuk av sina försök att förstå, vill jag hellre hjälpa honom till *att inte behöva förstå mer än han förmår*. Det menar jag att hans barn en gång kommer att dra nytta av, därför att de kommer att få växa upp med en far och en mor som har äkta känslor.

Antagligen kan dessa utläggningar ändå inte klara upp de miss-
förstånd som så ofta förekommer i de här sammanhangen, för de
har inte sitt upphov i den intellektuella tankeförmågan. Den som
redan som liten fick lära sig att känna sig skyldig för allt möjligt
och uppleva sina föräldrar som höjda över alla förebråelser kom-
mer med nödvändighet att känna fruktan och skuld inför mina
tankar. Hur stark denna tidigt invanda attityd är kan man bäst
konstatera hos äldre människor. Så snart de kommer i en situa-
tion där de är kroppsligen hjälplösa och beroende kan de känna
skuld för varenda småsak, och de upplever till och med sina vuxna
barn som stränga domare ifall de inte längre är lydiga som förr.
Det leder åter till att man måste behandla dem skonsamt, och av
hänsyn och fruktan för konsekvenserna tvingas deras vuxna barn
åter till tigande.

Det finns många psykologer som aldrig har haft tillfälle att fri-
göra sig från denna fruktan och uppleva att föräldrar inte behöver
dö av att deras barn säger sanningen, och dessa har en tendens att
så snabbt som möjligt försöka åstadkomma en "försoning" mellan
sina klienter eller patienter och deras föräldrar. Men om den vrede
som funnits där inte får upplevas först blir försoningen illusorisk.
Den täcker bara över det uppdämda, omedvetna eller till andra
förskjutna hatet och stöder patientens oäkta själv, ofta på barnens
bekostnad. De får säkert veta av de sanna känslorna. Men trots
dessa försvårande omständigheter ges det ut fler och fler böcker
där unga människor gör upp med sina föräldrar på ett friare, öpp-
nare och ärligare sätt än man förut har kunnat (jfr Barbara Frank,
Ich schaue in den Spiegel und sehe meine Mutter, 1979, och
Margot Lange, *Mein Vater. Frauen erzählen vom ersten Mann
ihres Lebens*, 1979).

Det finns hopp om att de kritiska författarna lockar fram kri-
tiska läsare som inte låter den "svarta pedagogiken" i den veten-
skapliga litteraturen (på pedagogikens, psykologins, moralfiloso-
fins och personhistoriens områden) skapa eller förstärka skuld-
känslor hos dem.

Sylvia Plath och förbudet mot lidandet

Du frågar mig varför jag tillbringar mitt liv med att skriva?
Finner jag nöje i det?
Är det mödan värt?
Framför allt, lönar det sig?
Om inte, finns det då något skäl? . . .
Jag skriver bara därför att
det finns en röst inom mig
som inte vill vara tyst.
(*Sylvia Plath*, Brev hem, s 34 ,Trevi 1977)

Varje liv och varje barndom är rikt på besvikelser. Något annat är inte tänkbart, för inte ens den bästa mor kan tillfredsställa alla barnets önskningar och behov. Men det är inte smärtan över besvikelserna som leder till psykisk sjukdom utan *förbudet* mot *att uppleva* och *artikulera detta lidande,* denna smärta över de lidna besvikelserna. Förbudet utgår från föräldrarna och syftar i regel till att stärka föräldrarnas försvar. Den vuxne får bli arg på Gud, på ödet, på myndigheterna, på samhället, när man bedrar, förbigår eller förtalar honom, när han utsätts för orättvisa straff eller orimligt höga krav, men barnet får inte bli arg på sina gudar, föräldrar eller lärare. Han får under inga omständigheter ge uttryck åt sina besvikelser, han måste tränga bort eller förneka de känsloreaktioner som trängs inom honom ända tills han blir vuxen. Då får han försöka finna utlopp för dem på de vägar som står till buds. Det kan ske t ex genom förföljelse av egna barn med hjälp av uppfostran eller i olika former av psykiska rubbningar, missbruk, kriminalitet eller självmord.
För samhället är dikten det behagligaste och gynnsammaste sät-

tet att söka utlopp för barndomens förnekade känslor. Den skapar
inga skuldkänslor hos någon. Här kan alla slags förebråelser formu-
leras och döljas bakom påhittade gestalter. Man kan tydligt ur-
skilja detta i ett aktuellt exempel, Sylvia Plaths liv. Här föreligger
nämligen vid sidan av diktningen och det psykotiska sammanbrot-
tets faktum samt det följande självmordet även egna vittnesbörd
i brev samt uttalanden av modern. När det talas om Sylvia Plaths
självmord framhävs alltid de oerhörda prestationskraven och den
ständiga stressen. Modern betonar också ideligen detta. Föräldrar
till människor som tagit sitt liv försöker begripligt nog alltid peka
på yttre orsaker eftersom skuldkänslorna gör det svårt för dem att
se det verkliga förhållandet och uppleva sorgen.

Sylvia Plaths liv var inte svårare än miljoner andra människors. På
grund av sin sensibilitet led hon kanske mer av barndomens besvi-
kelser än många andra men upplevde också glädjen intensivare.
Men orsaken till hennes förtvivlan var inte lidandet utan att det
var omöjligt för henne att tala med någon om detta lidande. I alla
sina brev försäkrar hon sin mor att hon har det så bra. Misstanken
att modern skulle ha undanhållit negativa brev och inte lämnat ut
dem till publicering bottnar i bristande insikt om den djupaste
tragiken i detta liv. Tragiken (och därmed förklaringen till själv-
mordet) ligger just i att *inga andra brev kunde skrivas,* därför att
Sylvias mor behövde detta erkännande eller därför att Sylvia trodde
att hennes mor inte kunde leva utan detta erkännande. Om Sylvia
hade kunnat skriva aggressiva och olyckliga brev till sin mor hade
hon inte behövt begå självmord. Om Sylvias mor hade kunnat sörja
över att hon inte kunde fatta den avgrundsdjupa tragiken i Sylvias
liv, då hade hon aldrig låtit denna brevsamling publiceras därför
att dotterns försäkringar om att hon hade det bra skulle ha smär-
tat henne alltför djupt. Men Aurelia Plath kan inte sörja utan har
skuldkänslor, och breven är för henne bevis på att hon är oskyldig.
Följande citat kan tjäna som exempel på rättfärdigandet:

Följande dikt, som Sylvia skrev när hon var fjorton år, inspirerades av
att ett stilleben i pastell som hon just hade avslutat och ställt upp på
verandabordet för att visa oss blev förstört genom en olyckshändelse.

Medan Warren, mormor och jag satt och beundrade tavlan ringde det på dörren. Mormor tog av sig förklädet, slängde det på bordet och gick för att öppna, och då råkade förklädet svepa över tavlan så att färgerna blev suddiga. Mormor var förkrossad, men Sylvia sade i lätt ton: "Det gör inget. Det där kan jag rätta till." Den kvällen skrev hon sin första dikt med tragisk underton.

Jag trodde jag var osårbar.
Jag trodde att jag måste vara
oemottaglig för lidande –
immun mot själslig smärta
och vånda.

Min värld var varm av aprilsol
mina tankar glittrade av grönt och guld,
min själ var fylld av glädje, men kände
den skarpa, ljuva smärta
som bara glädjen rymmer.

Min själ svävade ovanför måsarna
som andlöst dykande så högt
däruppe, nu tycks snudda
med sina vinande vingar
mot himlens blåa tak.

(Hur bräckligt mänskohjärtat måste vara –
en bultande puls, ett skälvande ting –
ett sprött, blänkande instrument av kristall,
som kan antingen gråta eller sjunga.)

Så plötsligt blev min värld grå,
och mörker sopade bort min glädje.
Ett matt och värkande tomrum blev kvar
där vårdslösa händer hade sträckts ut för att förstöra
min silverslöja av lycka.

Händerna hejdade sig så i förundran,
för då de älskade mig grät de över att se
de söndrade ruinerna av mitt firmament.

(Hur bräckligt mänskohjärtat måste vara –
en tankens spegeldamm. Ett instrument
av glas så djupt och skälvande
att det kan antingen sjunga
eller gråta.)

Sylvias modersmålslärare, mr Crockett, visade dikten för en kollega
som sade: "Ofattbart att en så ung människa kan ha upplevt något
så förödande." När jag upprepade detta uttalande som mr Crockett
hade berättat för mig, log Sylvia okynnigt och sade: "När en dikt
väl har blivit tillgänglig för allmänheten tillhör rätten att tolka den
läsaren."

(*Sylvia Plath*, Brev hem, s 33, Trevi 1977)

När ett sensibelt barn som Sylvia Plath märker att det är livsviktigt
för modern att uppfatta hennes smärta enbart som en följd av att
en pastellteckning förstörts, *inte som följd av den förstörelse av
självet och dess uttryck som symboliseras i pastellen*, då gör det
allt för att dölja sina äkta känslor för modern. Breven vittnar om
detta konstruerade, oäkta själv. Det sanna självet talar i *Glas-
kupan* (1963, sv övers 1974) men dödas genom självmordet. Med
publiceringen av brevsamlingen reser modern ett stort monument
över det oäkta självet.

Av detta exempel kan man lära sig vad självmordet egentligen är:
den enda möjliga artikuleringen av självet till priset av livet.
Många föräldrar har det som Sylvia Plaths mor. De anstränger sig
förtvivlat att *bete sig riktigt*, och i barnets beteende söker de be-
kräftelse på att de är goda föräldrar. Idealet, att vara goda för-
äldrar, dvs att bete sig rätt mot barnet, att uppfostra det rätt, inte
ge för mycket och inte för lite, betyder i grund och botten inget
annat än att vara sina egna föräldrars snälla, duktiga och plikt-
trogna barn. Men vid dessa ansträngningar blir det egna barnets
nöd aldrig uppmärksammat. Jag kan inte med inlevelse lyssna till
mitt eget barn om jag samtidigt i mitt inre är fullt upptagen av att
vara en god mor, jag kan inte vara öppen för vad barnet har att
säga mig. Det visar sig i olika attityder:

Ofta märker föräldrar inte ett barns narcissistiska frustrationer och vet ingenting om det, därför att de från det att de var små har lärt sig att inte ta sådant på allvar hos sig själva. Det kan emellertid också hända att de märker något men menar att *det är bäst för barnet om det ingenting märker*. De försöker prata bort många av dess tidiga varseblivningar och få barnet att glömma de tidigaste upplevelserna, allt i tro att det är för dess bästa därför att det inte skulle kunna stå ut med sanningen utan bli sjukt. Att det tvärtom är *förnekandet av sanningen* som kan göra ett barn sjukt vet de inte. Detta senare har jag särskilt frapperats av i ett fall då en liten baby omedelbart efter födelsen på grund av en medfödd abnormitet måste bindas fast vid måltiderna och matas på ett sätt som påminde om tortyr. Modern försökte längre fram skydda sin vuxna dotter från vetskapen om denna "hemlighet" för att därmed "bespara" henne något som redan hade hänt. Hon kunde därför inte hjälpa dottern att bearbeta detta tidiga vetande som tog sig uttryck i symtom.

Den förstnämnda attityden bottnar enbart i omedvetna upplevelser i den egna barndomen, men i den andra blandar sig den orimliga förhoppningen att det förflutna kan korrigeras med hjälp av förtiganden.

I första fallet ser vi exempel på regeln "det som inte får finnas kan inte finnas", och i det andra "om man inte talar om vad som hänt, har det inte hänt".

Ett sensibelt barn är nästan obegränsat formbart och kan därför ta upp alla dessa påbud i sitt inre. Det kan anpassa sig fullkomligt till dem, men kvar finns ändå något som man skulle kunna kalla kroppsminne och som gör att sanningen kan manifesteras i kroppsliga sjukdomar eller förnimmelser och ofta också i drömmar. Den psykotiska eller neurotiska utvecklingen erbjuder ännu en annan möjlighet att låta själen komma till tals, men det sker då i en form som ingen kan förstå och som blir lika besvärlig för vederbörande själv och även för samhället som barnets reaktioner på lidna trauman en gång var för föräldrarna.

Som jag redan flera gånger har framhållit är det inte traumat som gör människan sjuk utan den *omedvetna, bortträngda, hopp-*

lösa förtvivlan över att inte få tala om det som man har lidit; att inte få visa och heller inte kunna uppleva känslor av vrede, raseri, förnedring, förtvivlan, vanmakt och sorg. Detta driver många människor till självmord, för de finner inte livet värt att leva när de inte alls får leva alla dessa starka känslor som utgör deras äkta själv. Man kan naturligtvis inte ställa krav på att föräldrar ska uthärda vad de inte kan uthärda, men man kan ofta påminna dem om att det inte var lidandet som gjorde deras barn sjuka utan den bortträngning av lidandet som var nödvändig för föräldrarnas skull. Jag har inte så sällan varit med om att vetskapen om detta givit föräldrar en aha-upplevelse, *som öppnar möjligheter till sorg och därmed bidrar till att utplåna skuldkänslorna.*

Smärtan över lidna besvikelser är ingen skam och inget gift. Det är en naturlig mänsklig reaktion. Men om den förbjuds, uttryckligen eller ordlöst, eller drivs ut med våld och slag som i den "svarta pedagogiken" då hindras en naturlig utveckling och det skapas förutsättningar för en sjuklig. Adolf Hitler berättar med stolthet att han en dag lyckades räkna de slag fadern gav honom och därvid varken gråta eller skrika. Han fantiserar om att fadern efter den gången aldrig mer skulle ha slagit honom. Jag menar att det är fantasier, därför att det är osannolikt att Alois motiv för att slå sonen skulle ha försvunnit från den ena dagen till den andra. De låg ju inte i barnets beteende utan i den förnedring han själv upplevt som barn och aldrig blivit förlöst ifrån. Men sonens fantasi säger oss att han från den gången inte kommer ihåg de slag fadern givit honom därför att han trängt bort de psykiska smärtorna genom att identifiera sig med angriparen och därmed också trängt bort minnet av senare misshandel. Detta är ett fenomen som man ofta stöter på hos patienter. När de återfår sina känslor dyker det också upp minnen av händelser som de förut bestämt förnekat.

Den aldrig upplevda vreden

I oktober 1977 fick filosofen Leszek Kolakowski det tyska bok-handelsförbundets fredspris. I sitt festtal talade han om hatet och tog upp en händelse som vid den tidpunkten upprörde många: ett Lufthansaplan hade kapats och flugits till Mogadishu.

Kolakowski menade att det ju alltid har funnits människor som varit fullkomligt fria från hat och som därmed bevisat att man också kan *leva utan hat*. Det är inte att undra på om en filosof talar så, i den mån den mänskliga tillvaron för honom är identisk med det *medvetna* varat. Men för den som dagligen konfronteras med manifestationer av den *omedvetna psykiska verkligheten* och som ideligen upptäcker vilka allvarliga följder det har om man förbiser denna verklighet är det inte längre självklart att indela människor i goda och onda, i kärleksfulla och hatiska. Han vet att moralbegreppen är mer ägnade att dölja sanningen än att avslöja den. Hat är en normal mänsklig känsla, och *en känsla* har ännu aldrig tagit livet av någon. Är det inte fullt adekvat att reagera med vrede eller hat inför misshandel av barn, våld mot kvinnor och tortyr av oskyldiga, i synnerhet om gärningsmannens motiv är höljda i dunkel? En människa som från första början haft lyckan att få reagera med vrede på besvikelser internaliserar empatiska föräldrar och kan umgås med alla sina känslor, även hat, utan analys. Om det finns sådana människor vet jag inte, jag har aldrig träffat några. Vad jag ofta har stött på är människor som faktiskt inte känt till hat som känsla, men som delegerat sitt hat till andra utan att veta om, vilja eller märka det. De utvecklade under vissa omständigheter en svår tvångsneuros med destruktiva föreställ-ningar, eller också hade deras barn en sådan tvångsneuros. Ofta behandlades de i åratal för fysiska sjukdomar som hade psykiska orsaker. Ibland led de av svåra depressioner. Men så snart det blev möjligt för dem att i analysen uppleva *barndomens tidiga hat* försvann dessa symtom och då försvann också ångesten för att kunna skada någon med denna känsla. Det är inte det *upplevda* utan det med hjälp av ideologier avvärjda och *uppdämda hatet* som leder till våldsdåd och förstörelse, vilket man kan studera i detalj i fallet Adolf Hitler. Varje *upplevd känsla* lämnar med tiden rum för en annan känsla, och även det starkaste medvetna fadershat kan inte driva en människa till att för den skull ta livet av en annan människa, än mindre till att förgöra hela folk. Men Hitler stängde till fullständigt om sina barnsliga känslor och ödelade sedan människoliv därför att "Tyskland behövde större livsrum", därför att "judarna var ett hot mot världen", därför att han "ville ha en grym ungdom, för att kunna skapa något nytt"... listan av påhittade orsaker kunde göras hur lång som helst.

Hur kan det komma sig att två tredjedelar av Tysklands befolkning trots de senaste årtiondenas ökade psykologiska kunskaper alltjämt vid en opinionsundersökning visar sig anse att det är nödvändigt, bra och riktigt att uppfostra barn med aga? Hur är det med den sista tredjedelen? Hur många föräldrar agar sina barn tvångsmässigt, mot bättre vetande och vilja? Denna situation är inte omöjlig att förstå om man tänker på följande:

1. För att föräldrar ska kunna märka vad de gör mot sina barn måste de också märka vad de själva i sin egen barndom utsattes för. Men just det var de som barn förbjudna att göra. När *tillgången till denna vetskap är avskuren* kan föräldrar slå, förödmjuka eller på andra sätt plåga och misshandla sina barn utan att märka hur illa de gör dem, de kan helt enkelt inte låta bli.

2. När barndomstidens tragik förblir fullständigt dold bakom idealiseringar för en ärlig människa, då måste den omedvetna vetskapen om det sanna förhållandet komma till uttryck på omvägar. Det sker genom *upprepningstvånget*. En sådan människa skapar av för henne själv ofattbara orsaker om och om igen situationer och förbindelser där hon plågar sin partner eller själv plågas av honom eller båda delarna.

3. Eftersom det är fullt legitimt att plåga barn och kalla det uppfostran kan de uppdämda aggressionerna här finna en nära till hands liggande *ventil*.

4. Eftersom aggressiva reaktioner mot psykisk och fysisk misshandel från föräldrarnas sida är *förbjudna i nästan alla religioner* är människan hänvisad till den sortens ventiler.

Det skulle inte finnas något tabu mot incest, säger sociologerna, om inte sexuell attraktion mellan familjemedlemmar hörde till de naturliga impulserna. Därför påträffar man detta tabu hos alla kulturfolk, och det är från början förankrat i uppfostran.

Det tycks mig då finnas en parallell vad beträffar barns aggressiva känslor mot sina föräldrar. Jag har ingen exakt kunskap om hur andra folk, som inte i likhet med oss har växt upp med fjärde budet, har löst detta problem. Men vart jag vänder mig stöter jag på budet att respektera föräldrarna och ingenstans finns det något bud som kräver respekt för barnet. Skulle detta i analogi med incestförbudet kunna betyda att denna respekt så tidigt som möjligt måste inplantas hos barnet därför att barnets naturliga reaktioner mot föräldrarna kan vara så häftiga att föräldrarna behövde frukta att barnen skulle slå dem eller rentav slå ihjäl dem?

Men ett spädbarns slag kan ju inte göra ont. Vi får ständigt höra om de grymheter som begås i vår tid, men jag tycker mig ändå se en glimt av hopp i tendensen att angripa traditionella tabuföreställningar och ifrågasätta dem. Om det fjärde budet används av föräldrar för att förkväva barnets legitima och naturliga aggressiva impulser från späd ålder, så att barnet inte har någon annan möjlighet än att förmedla dem till nästa generation, då vore det ett stort framsteg om detta tabu kunde brytas. Om denna mekanism blir medveten, *om människor får märka vad deras föräldrar har gjort mot dem,* då skulle de försöka svara uppåt i stället för nedåt. Det skulle till exempel innebära att Hitler inte hade behövt ta livet av miljoner människor om han som barn hade haft möjlighet att direkt sätta sig upp mot sin fars grymheter. Det är lätt att missförstå mitt påstående att de otaliga, svåra förödmjukelser och slag, som Adolf Hitler som barn tillfogades av sin far och inte fick göra motstånd mot har tagit sig uttryck i hans omättliga hat. Man kan invända att en enskild människa inte kan åstadkomma förintelse av ett helt folk i denna omfattning, att de ekonomiska kriserna och motgångarna under Weimarrepubliken skapade en del av förutsättningarna för en sådan katastrof. Det råder naturligtvis inget tvivel om den saken, men det var inte "kriser" och "system" som dödade utan det var människor, människor vilkas fäder redan på ett mycket tidigt stadium kunde vara stolta över sina barns lydnad.

Från en sådan utgångspunkt låter sig många fakta förklaras som sedan årtionden har väckt moralisk harm och förståelig avsky. En amerikansk professor har t ex i flera år gjort försök med hjärntransplantationer. I en intervju för tidskriften Tele berättar han att han redan har lyckats överföra en apas hjärna till en annan apa. Han tvivlar inte på att det inom överskådlig framtid kommer att bli möjligt att genomföra detta också på människor. Läsaren får själv välja: han kan bli begeistrad över att vetenskapen gjort sådana framsteg eller fråga sig hur sådana orimligheter över huvud är möjliga, och vad en sådan operation ska vara bra för. Men det kan också hända att en information vid sidan om får honom att häpna och framkallar en aha-upplevelse. Professor White talar nämligen om de religiösa känslor han har när han sysslar med detta. När intervjuaren frågar honom närmare om det förklarar han att han är sträng katolik och enligt sina 10 barns mening har han uppfostrats som en dinosaurie. Jag vet inte vad som menas med det, men jag kan tänka mig att detta uttryck avser antediluvianska uppfostringsmetoder. Vad har det att göra med hans arbete? Möjligen sker följande i professor Whites omedvetna: I det att han ägnar hela sin energi och vitalitet åt målet att en gång kunna byta ut en människas hjärna mot en annans uppfyller han en länge närd önskan från sin barndom; att kunna byta bort sin fars eller sina föräldrars hjärna. Sadism är ingen infektionssjukdom som plötsligt kan drabba en människa, den förbereds länge i barndomen och har *alltid* sitt upphov i ett barns förtvivlade fantasier, ett barn som söker en utväg ur sin stängda situation.

Varje erfaren analytiker känner till den typ av patienter som har växt upp i prästhem, som aldrig har fått lov att ha så kallade "fula tankar" och som också lyckats låta bli att ha några, fast till priset av svåra neuroser. När sedan i analysen de barnsliga fantasierna äntligen har fått komma fram har de alltid ett grymt, sadistiskt innehåll. I sådana fantasier diktas de hämndfantasier dessa pedagogiskt plågade barn en gång hade ihop med föräldrarnas internaliserade grymhet, dessa föräldrar som en gång med ogenomförbara moraliska föreskrifter försökte och kanske lyckades döda det vitala hos barnet.

Varje människa måste finna sin form för aggressivitet om hon inte vill bli en lydig marionett i andras händer. Den som inte vill låta sig reduceras till ett instrument för en annans vilja måste hävda sina personliga behov och försvara sina legitima rättigheter. Men en sådan måttfull, adekvat form av aggression är oåtkomlig för människor *som växt upp i den orimliga tron att en människa ständigt kan hysa enbart milda, goda och fromma tankar och ändå vara ärlig och sann.* Bara försöket att uppfylla detta omöjliga krav kan driva ett begåvat barn till vansinnets rand. Det är inte underligt om det försöker befria sig ur sitt fängelse med sadistiska fantasier. Men även ett sådant försök är ju förbjudet och måste trängas bort. Den förståeliga och för känslan fattbara delen av dessa fantasier förblir alltså helt dold för medvetandet och täcks av den alienerande, bortträngda (se fotnot s 88), jagfrämmande grymheten som av en gravsten. Under hela livet fruktar och undviker individen denna gravsten som dock i allmänhet är mindre väl dold. Men det finns ingen annan väg i världen till det sanna självet än just denna enda, den som leder förbi den ständigt undvikna gravstenen. Ty innan en människa kan utveckla den form av aggression som passar henne måste hon upptäcka och uppleva de gamla bortträngda, förbjudna hämndfantasierna i sitt inre. Det är bara de som kan leda henne till barnets äkta upprördhet och vrede som kan bereda väg för sorg och försoning.

Som exempel på detta ska jag här ta fram Friedrich Dürrenmatts utveckling, som tycks ha förlupit utan analys. Han växte upp i ett prästhem, och som ung författare kastar han världens groteska orimlighet, förljugenhet och grymhet i ansiktet på läsaren. Fasaden av känslokyla, den bedrägliga cynismen kan här knappast sudda över spåren av tidiga upplevelser. Liksom hos Hieronymus Bosch skildras här ett *upplevt* helvete, även om författaren kanske inte längre har någon direkt vetskap om det.

Den gamla damens besök kunde inte vara skriven av någon annan än en som själv har upplevt att hatet rasar som starkast och grymmast där bindningen är som mest intensiv. Trots alla dessa djupa upplevelser behåller den unge Dürrenmatt konsekvent den kallsinnighetsprincip som ett barn lägger sig till med om det måste hålla sina känslor dolda för omgivningen. För att frigöra sig från prästhemmets moral måste han först avvisa de prisade dygderna, som medlidande, medmänsklig kärlek, förbarmande, och låta de förbjudna grymma fantasierna komma till uttryck, högljutt och i groteska former. Med tilltagande mognad tycks han känna det mindre nödvändigt att dölja sina rätta känslor, och man märker i Dürrenmatts senare verk mindre av provokation än av ett omättligt behov av att ställa människorna inför obekväma sanningar. Därmed gör han oss egentligen en tjänst. För ett barn som Dürrenmatt måste ha kunnat genomskåda sin omgivning ovanligt klart. Genom att han i sin skapande verksamhet kan skildra vad han har sett hjälper han också läsaren att bli mer uppmärksam och vaken. Och eftersom han har sett det med egna ögon har han inga behov av att låta sig korrumperas med ideologier.

Det är en form av bearbetning av barnets hat som redan i sig kommer människosläktet till godo utan att först behöva "socialiseras". Inte heller analysander har behov av att skada andra människor när de väl har fått kontakt med sin barnsliga "sadism". Tvärtom blir de i grund och botten mindre aggressiva när de kan leva *med* sina aggressioner och inte *mot dem*. Det är ingen driftsublimering utan ett normalt mognande som kan börja när hindren undanröjts. Då behövs det ingen ansträngning, eftersom det bortträngda hatet *upplevs* i stället för att *avreageras*. Sådana människor blir modigare än förut, dvs de försvarar sig inte som förut "nedåt" utan direkt "uppåt". De är inte längre rädda för att göra motstånd mot sina överordnade och har inte längre behov av att förödmjuka sina partners eller barn. De har upplevt sig som offer och behöver inte avskärma sin omedvetna "offerposition" och projicera den på andra.

Men oräkneliga människor använder sig av projektion som en utväg. De kan utnyttja den som föräldrar med barn, som psykiatrer med mentalsjuka, som forskare med djur. Ingen ställer frågor, ingen blir upprörd av det. Vad professor White gör med aphjärnor prisas som vetenskap, och han är själv inte lite stolt över det. Vad skiljer då honom från dr Mengele som i Auschwitz gjorde experiment med människor? Eftersom judarna betecknades som icke-människor var hans experiment till och med "moraliskt" fullt legitima. För att förstå hur Mengele kunde förmå sig till att göra sådant behöver vi bara ta reda på vad man gjorde med honom när han var barn. Jag är övertygad om att vi då skulle finna en för utomstående knappast fattbar grymhet, som *han själv* emellertid uppfattar som den bästa uppfostran och som han enligt sin övertygelse "har att tacka för mycket".

Antalet objekt som man kan välja mellan när man söker någon att hämnas på för sina egna lidanden som barn är nästan obegränsat, men de egna barnen ligger närmast till hands. Nästan alla gamla böcker om uppfostran beskriver i första hand hur man ska bekämpa *spädbarnets tyranni* och egensinne och hur man med de strängaste medel bör bestraffa det lilla barnets "halsstarrighet". Föräldrar som en gång i världen har trakasserats i enlighet med dessa råd har naturligt nog brått att så fort som möjligt finna utlopp på något substitut, och de upplever i sitt barns vrede sin egen tyranniske far, som de nu äntligen kan göra som de vill med – som professor White med sina apor.

Under analyser frapperas man ofta av att patienter upplever sina minsta, men vitalt viktigaste behov som ytterst anspråksfulla och därför hatar sig själva. En man som har köpt ett hus åt sin fru och sina barn får t ex inte ha något eget rum i detta hus där han skulle kunna dra sig tillbaka, något som han mest av allt längtar efter. Det vore anspråksfullt eller "borgerligt". Men utan ett sådant rum känner han sig som om han håller på att kvävas och har därför tankar på att lämna familjen och fly ut i öknen. En kvinna som kom till analys efter en rad operationer upplever sig själv som ytterst anspråksfull därför att hon inte är tillräckligt tacksam över allt hon fått av livet utan vill ha ännu mer. Under analysen kommer det fram att hon i åratal har känt ett tvång att ständigt köpa nya kläder som hon knappast behövt och sällan har använt, men att detta beteende bl a varit ett substitut för den autonomi hon hittills aldrig tillåtit sig. Redan som liten hade hon fått höra av sin mor att hon var så anspråksfull. Hon skämdes över det och försökte ständigt vara anspråkslös. Därför kunde hon till en början inte heller tänka sig en psykoanalys. Först när kirurgerna hade fått lov att ta bort en del organ hos henne kunde hon unna sig behandling. Och då framgick det så småningom att denna kvinna hade fungerat som skådeplats för sin mors försök att hävda sig mot sin egen tyranniske far. Mot denne fader hade det över huvud taget inte varit möjligt att bjuda något direkt motstånd. Men dottern kunde tilldelas en sådan roll att alla hennes önskningar och behov från början kunde betecknas som överdrivna och omåttliga krav och anspråk, som modern med moralisk harm värjde sig mot. Hos dottern kom alla impulser till autonomi att väcka skuldkänslor, och hon försökte dölja dem för modern. Hennes högsta önskan var att vara anspråkslös och blygsam, men samtidigt led hon av tvånget att köpa och samla på sig onödiga saker. På det sättet visade hon sig precis så anspråksfull som modern en gång hade tyckt att hon var.

Denna kvinna gick igenom många svåra upplevelser i analysen innan hon lyckades frigöra sig från att upprepa den tyranniska morfaderns roll i familjen. Men då visade det sig att hon i grund och botten var mycket lite intresserad av materiella ägodelar – nu, då hon kunde fylla sina rätta behov och vara kreativ. Hon behövde inte köpa onyttiga saker längre för att demonstrera sin tyranniska anspråksfullhet för modern eller trotsa sig till en hemlig autonomi. Nu fick hon till sist ta sina äkta andliga och själsliga anspråk på allvar utan att behöva ha skuldkänslor.

Detta exempel belyser några av de teser som det här kapitlet behandlar:

1. Även när barnet bara ger uttryck åt de mest harmlösa och normala behov kan det *av föräldrarna upplevas som anspråksfullt, hotande och tyranniskt,* om dessa t ex själva har lidit under en tyrannisk far utan att kunna värja sig mot denne.
2. Barnet kan svara på dessa "tillvitelser" med en anspråksfullhet som härrör från dess *oäkta själv* och på så sätt för föräldrarna förkroppsliga den aggressive far de sökt.

3. Att möta detta beteende hos barnet eller längre fram patienten på driftplanet och rentav vilja "uppfostra" honom till att avstå från sin drift vore att blunda för den verkliga sanningen om detta tragiska ställföreträdande och lämna patienten ensam med det.

4. Om man bara har *funnit rötterna till en aggressiv eller destruktiv handling i människans livshistoria och förstått dem* behöver hon inte sträva efter att "avstå från drifter" eller "sublimera dödsdriften", för då *omvandlas* den psykiska energin av sig själv till *kreativitet,* förutsatt att inga uppfostringsåtgärder tillämpas.

5. *Förutsättningen för denna process är sorg över det som en gång skett och som aldrig kan göras ogjort.*

6. Om denna sorg under analysen upplevs med hjälp av överföring och motöverföring, leder den till en *inompsykisk strukturförändring och inte bara till nya former för interaktion med partners i nuet.* I deta avseende skiljer sig psykoanalysen från andra terapiformer, t ex transaktionsanalys, grupp- eller familjeterapi.

Tillåtelse att veta

Givetvis är föräldrar *inte enbart förföljare* men det är viktigt att veta att de i många fall är det *också* och mycket ofta utan att själva märka det. Detta faktum är i allmänhet föga erkänt, det är tvärtom omstritt även bland analytiker, och därför lägger jag desto större vikt vid att klargöra det.

Kärleksfulla föräldrar borde ju vara särskilt intresserade av att få veta vad de omedvetet gör med sina barn. Om de inte vill veta något om det utan hänvisar till sin kärlek, då är det inte sina barns liv de har i tankarna utan de bekymrar sig om bokföringen i sitt eget syndaregister. Detta bekymmer som de för med sig från barndomen hindrar dem från att fritt utveckla kärleken till sina barn och lära av den. Den "svarta pedagogikens" attityd förekommer inte bara i vissa besynnerliga uppfostringsböcker från förra århundradet. Där framträder de visserligen oförställt och medvetet medan de i vår tid förkunnas mindre högt och mindre öppet, men de genomsyrar alltjämt de viktigaste områdena i vårt liv. Just detta att de förekommer överallt gör det så svårt att upptäcka dem. De liknar ett förödande virus som vi har lärt oss leva med sedan vi var små. Många gånger anar vi inte ens att man kan leva utan det, och det både bättre och lyckligare. Människor med de bästa egenskaper och avsikter, som t ex A:s far (jfr s 100), kan vara drabbade av det utan att veta om det. Om de inte råkade få vara med om en analys hade de ingen möjlighet att upptäcka det, dvs inget tillfälle att någonsin senare ifrågasätta de emotionellt färgade övertygelser de i späda år övertog från sina föräldrar. Trots att de ärligt strävar efter att förverkliga ett demokratiskt samliv låter de självklart barnen förbli rättslösa och diskriminerade, därför att de själva på grund av sina egna barndomserfarenheter knappt kan föreställa sig något annat.

Denna attityds tidiga förankring i det omedvetna garanterar dess stabilitet. Ytterligare en annan omständighet verkar stabiliserande. De flesta vuxna människor är själva föräldrar. I sin uppfostran av barnen har de utgått ifrån den fond av egna barndomserfarenheter de haft, och deras enda möjlighet har varit att göra likadant som deras föräldrar en gång gjorde. När de nu konfronteras med denna kunskap, att det är i barnets spädaste ålder som det kan tillfogas de största och mest bestående skadorna får de naturligt nog skuldkänslor som ofta är outhärdliga. Särskilt för människor som uppfostrats enligt den "svarta pedagogikens" principer kan tanken att de kanske inte var så fullkomliga som föräldrar kännas ytterst svår, därför att de är skyldiga sina egna internaliserade föräldrar att inte ha begått några misstag. De har därför en benägenhet att inte ta emot någon ny kunskap utan i stället desto mer söka skydd bakom de gamla uppfostringsreglerna. De hävdar ännu starkare att behärskning av känslorna, plikt och lydnad öppnar vägen till ett gott och anständigt liv och att man måste lära sig "bita ihop tänderna" om man ska bli vuxen. De känner ett tvång att avvärja all information om den tidiga barndomens upplevelsevärld.

De riktiga informationerna ligger ofta mycket nära till hands. När man har tillfälle att iaktta dagens lite mera fritt fostrade barn kan man lära sig mycket om känslolivets lagbundenhet som var fördolt för äldre generationer. Vi kan ta ett exempel:

På lekplatsen står en mor med sin 3-åriga Marianne, som klänger sig fast vid hennes ben och snyftar hjärtskärande. Hon vill inte leka med de andra barnen. På min fråga varför berättar modern mycket förstående och deltagande att de båda just hade varit på stationen och att Pappa, som de skulle ta emot, inte hade kommit. Det var bara Ingrids pappa som steg av. Jag sade: "Oj, då blev du allt riktigt besviken!" Barnet tittar på mig och stora tårar tillrar över kinderna, men strax efter sneglar hon på de andra barnen och två minuter senare springer hon glatt omkring med dem. Då den djupa smärtan fick upplevas och inte behövde dämmas upp kunde den fort nog lämna rum för andra, muntrare känslor.

En betraktare som är öppen nog att vilja lära sig något av en sådan scen blir kanske bekymrad till mods. Han frågar sig om det verkligen kan vara så att alla de uppoffringar han har måst göra inte hade varit nödvändiga. Tydligen kan vrede och smärta gå fort över bara man släpper fram dem. Kan det vara så att man inte hade behövt kämpa i hela sitt liv mot avund och hat, att deras fientliga makt i ens eget inre är liksom en utväxt och en följd av att de undertrycks? Kan det vara så att den behärskning av känslorna, den återhållsamma, lugna jämvikt som man med sådan möda har tillägnat sig och som man är stolt över i grund och botten är en sorglig utarmning och inte alls något "kulturellt värde" som man hittills velat se det som?

Om betraktaren av den beskrivna episoden förut varit stolt över sin behärskning så skulle det kunna hända att något av denna stolthet här övergår i raseri, raseri över att han i hela sitt liv har gått miste om sina känslors frihet. Om detta raseri verkligen släpps fram och upplevs kan det bereda väg för känslan av sorg över det meningslösa i de egna uppoffringarna som ändå varit ofrånkomliga. Denna övergång från vrede till sorg gör det möjligt att bryta upprepningstvångets onda cirkel. För den som växt upp i en tapperhets- och behärskningsideologi och aldrig upplevt sig själv som offer är risken stor att han *hämnas på nästa generation för den omedvetna offerposition* han tvingats in i. Men den som efter en period av vrede kan sörja, kan också sörja över att hans föräldrar varit offer och behöver inte fortsätta att förfölja sina barn. Förmågan att sörja blir ett band mellan honom och hans barn.

Detta gäller också relationer med vuxna barn. Jag hade en gång ett samtal med en mycket ung man efter hans andra självmordsförsök. Han sade till mig: "Alltsedan puberteten lider jag av depressioner. Mitt liv är meningslöst. Jag trodde att det var studiernas fel, därför att man fick lära sig så mycket som var meningslöst. Men nu är jag klar med alla examina och tomheten känns ännu värre. Men de här depressionerna har ingenting att göra med min barndom, för min mor har berättat att jag hade en mycket lycklig och skyddad barndom."

Några år senare återsåg jag honom, och hans mor hade under tiden genomgått analys. Det var en enorm skillnad mellan dessa två möten. Denne man hade under mellantiden utvecklat sin kreativitet inte bara inom sitt yrke utan i hela sitt uppträdande. Nu var det inget tvivel om att det var *sitt liv* han levde. Under samtalet sade han till mig: "När min mor tack vare analysen kom ut ur sin förstelning föll det som fjäll från hennes ögon, och hon såg vad de båda som föräldrar hade gjort med mig. Först var det visserligen som en börda hon lade på mig genom att hon berättade mer och mer – tydligen för att avlasta sig själv eller få min förlåtelse – om hur de båda med sin välmenande uppfostran faktiskt hade hindrat mig i mitt liv som liten. Till en början ville jag inte alls höra allt det där, jag undvek henne, blev till och med arg på henne. Men så småningom märkte jag att det *som hon berättade för mig* tyvärr var helt sant. Något i mig hade vetat det där länge, men jag *fick* inte veta det. Nu då min mor hade kraft att uthärda hela tyngden av det som skett utan att försköna eller förneka eller förvränga något, därför att hon insåg att också hon själv en gång hade varit ett offer, då fick jag *tillåta min vetskap* om mitt förflutna. Det var en stor lättnad att inte längre behöva inbilla sig något. Och det underliga är att nu upplever jag min mor med hela hennes otillräcklighet som vi båda vet om som mycket mänskligare, närmare och mer varmhjärtad och levande än förr. Jag är också själv mycket mer äkta och fri med henne. Det falska och ansträngda är borta. Hon behöver inte längre visa mig kärlek för att skyla över sina skuldkänslor, jag märker att hon tycker om mig och älskar mig. Hon behöver heller inte längre ge mig föreskrifter om mitt uppträdande, hon låter mig vara som jag är för så får hon själv vara, hon känner sig inte längre så bunden av föreskrifter. En stor börda har lyfts från mig. Jag gläder mig åt livet, och allt detta har kunnat ske utan någon lång analys för min del. Men nu skulle jag inte säga att mina självmordsförsök inte hade något att göra med min barndom. Jag *fick* bara *inte se* att de hade det, och detta måste ha gjort mig ännu mera rådlös."

Vad den här unge mannen beskriver är något som finns med i bakgrunden till många psykiska sjukdomar: den *tidiga barndomens vetande* undertrycks och kan bara manifestera sig i kroppsliga symtom, i upprepningstvång eller i psykiska sammanbrott. John Bowlby har skrivit en artikel med rubriken "On knowing what you are not supposed to know and on feeling what you are not supposed to feel" (1979) där han berättar om liknande erfarenheter.

I samband med denna historia om självmordsrisk var det lärorikt för mig att se att det även i svåra fall kan visa sig överflödigt med analys av unga människor, om nämligen föräldrarna får möjlighet att upphäva tvånget att tiga och förneka och bekräftar för det vuxna barnet att *hans symtom inte är gripna ur luften, inte en följd av överansträngning, "sinnesförvirring", veklighet, dålig lektyr eller dåliga vänner, inre "driftkonflikter"* etc. När föräldrarna inte längre behöver slåss krampaktigt mot egna skuldkänslor som de måste avlasta på barnet utan lär sig att ta på sig sitt öde, ger de barnen frihet att leva *med* sitt förflutna, inte *mot* det. Då kan det vuxna barnets emotionellt-kroppsliga vetande börja överensstämma med det intellektuella. När ett sådant sorgarbete kan ske känner sig föräldrarna stå i *förbund* med sina barn, inte i motsatsställning till dem – ett faktum som är föga känt därför att få tar risken av att göra sådana erfarenheter. Men där så kan ske förstummas pedagogikens felaktiga informationer och ersätts av livets kunskap, som ju vem som helst kan försöka finna så snart han får börja lita på sina egna erfarenheter.

Efterord

När jag var färdig med manuskriptet till den här boken och hade skickat iväg det till förlaget, talade jag med en yngre kollega med stor inlevelseförmåga vars arbete jag sätter högt. Han är själv far till två barn, och vi diskuterade uppfostringsproblem. Han menade att det är synd att psykoanalysen ännu inte har utarbetat några riktlinjer för en human pedagogik. Jag sade att jag tvivlade på att det kunde finnas någon human pedagogik, eftersom jag i mitt analytiska arbete hade lärt mig att ge akt på de finare och mer raffinerade former av manipulering som utger sig för pedagogik. Jag förklarade för min kollega att jag är övertygad om att pedagogiken över huvud är överflödig om barnet bara i sin tidigaste barndom får ha en konstant person i sin närhet och använda henne så som Winnicott talar om utan att behöva vara rädd för att förlora henne eller bli övergiven av henne om det artikulerar sina känslor. Ett barn som tas på allvar, som respekteras och ledsagas på detta sätt kan skaffa sig egna erfarenheter av sig själv och omvärlden och behöver inga straffåtgärder från en uppfostrare. Min kollega var helt överens med mig om detta men menade att det vore viktigt för föräldrar att få lite konkretare råd. Jag återgav då för honom den princip som jag har formulerat på s 137: "Om föräldrarna kunde möta sitt eget barn med samma respekt som de alltid har visat sina egna föräldrar, då skulle detta barn kunna utveckla alla sina färdigheter på ett meningsfullt sätt."

Min kollega skrattade till helt spontant, men tittade sedan allvarligt på mig och sade efter en kort tystnad: "Men det är ju ändå inte möjligt ..." – "Varför det?" frågade jag. "Ja ... därför att ... därför att barnen kan inte hota med några straff eller säga att de tänker gå ifrån oss om vi är stygga. Och även om de skulle säga det så vet vi att de inte skulle göra det ..." Han blev mer och mer eftertänksam och talade nu mycket långsamt: "Vet du vad, jag frågar mig nu om inte det vi kallar pedagogik helt enkelt är en fråga om makt, och om vi inte borde tala och skriva mycket mer om de dolda maktförhållandena i stället för att grubbla över bättre uppfostringsmetoder?" – "Det är just vad jag har försökt i min sista bok", sade jag.

Den väluppfostrade människans tragik ligger i att hon som vuxen inte kan märka vad man gjort med henne och vad hon själv gör, om hon inte fick märka det som barn. Otaliga institutioner och inte minst de totalitära regimerna drar nytta av detta. I vår tid, i det möjligas tidsålder, kan även psykologin ge förödande bidrag till betingning av enskilda, familjer och hela folk. Betingning och manipulering av andra är alltid ett vapen och ett instrument för maktutövning, även om den maskeras med ord som "uppfostran" eller "terapeutisk behandling". Utövning och missbruk av makt över andra har för det mesta den funktionen att det ska förhindra känslor av egen vanmakt, vilket betyder att det hela styrs omedvetet och inte kan hejdas genom etiska argument.

Liksom tekniken i Tredje riket kunde hjälpa till med att på mycket kort tid genomföra massmord, så kan det exaktare vetande om människans beteende som bygger på datorer och kybernetik bidra till snabbare, mer omfattande och effektivare själamord på människor än den gamla intuitiva psykologin. Mot denna utveckling finns det inga medel, inte ens psykoanalysen är något medel utan löper själv risk att användas som maktmedel i utbildningsinstitutionerna. Det enda som återstår är, tycks det mig, att stödja objektet för denna manipulation, *bekräfta hans iakttagelser* och *göra honom medveten om hans foglighet* för att på så sätt hjälpa honom att med egna krafter försvara sig mot det hotande själamordet genom att artikulera sina egna känslor.

Det är inte psykologerna utan diktarna som är föregångare. Under de senaste tio åren har det kommit ut en rad självbiografiska böcker, och man kan lätt övertyga sig om att idealiseringen av föräldrarna tydligt avtar hos den unga generationen författare. Efterkrigsgenerationen är klart bättre beredd att se sanningen om den egna barn-

domen i ögonen och uthärda den. Sådana skildringar av föräldrar
som man kan finna i böcker av t ex Christoph Meckel (1980), Erika
Burkart (1979), Karin Struck (1975), Ruth Rehmann (1979), Brigitte
Schwaiger (1980) och av Barbara Frank (1979) och Margot Lang
(1979) hade knappast varit tänkbara för trettio eller ens tjugo år
sedan. Detta förefaller mig vara ett hoppingivande steg på vägen
till sanningen och dessutom en bekräftelse för att redan en mycket
liten uppluckring av de pedagogiska principerna kan bära frukt – det
blir åtminstone möjligt för diktarna att *märka* något. Att vetenska-
pen får komma lunkande efteråt är ett gammalt välbekant faktum.

Under samma årtionde som diktarna blir emotionellt medvetna om
barndomens betydelse och avslöjar de förödande följderna av den
dolda maktutövning som kallas uppfostran får de psykologistuderan-
de vid universiteten under fyra år lära sig att betrakta människan
som en maskin för att bättre få grepp om hennes sätt att fungera.
När man betänker hur mycket tid och energi som under livets bästa
år används till att slösa bort ungdomens sista chans och att med det
vetenskapliga intellektets hjälp dämpa ner de känslor som framträ-
der särskilt starkt i denna ålder, då kan man inte förvåna sig över
att människor efter ett sådant offer också gör sina patienter och klien-
ter till offer och behandlar dem som instrument för sitt vetande,
inte som självständiga, kreativa varelser. Det finns så kallade objek-
tiva, vetenskapliga publikationer på psykologins område som i sin
iver och sin konsekventa självförnekelse påminner om officeren i
Kafkas *I straffkolonien*. Den dömde straffångens aningslösa, för-
troendefulla attityd kan återfinnas hos dagens student, som så gärna
skulle vilja tro att det bara är sina prestationer, inte sin innersta
substans han behöver satsa under sin fyraåriga studietid.
   De expressionistiska målarna och diktarna som artikulerade sig i
början av vårt århundrade förstod mer om innebörden i den tidens
neuroser (eller gav åtminstone omedvetet uttryck åt mer) än dåtidens
psykiatriprofessorer. I sina hysteriska symtom iscensatte de kvinn-
liga patienterna omedvetet sin egen barndoms trauman. Freud lycka-
des dechiffrera detta för läkarna obegripliga språk, och för detta
skördade han inte bara tacksamhet utan också fiendskap, därför att
han vågat bryta mot den tidens tabun.

Barn som märker för mycket blir straffade för det och internaliserar straffåtgärderna så starkt att de som vuxna inte behöver märka dem mer. Men det finns många som trots alla straffåtgärder inte kan låta bli att "märka", och därför kan man våga hoppas att Kafkas vision av straffkolonin trots den fortskridande tekniseringen av den psykologiska vetenskapen endast ska få giltighet för vissa områden i vårt liv och kanske inte för alltid. Människosjälen är nämligen praktiskt taget outrotlig och dess chans att uppstå från döden finns kvar så länge kroppen lever.

Litteraturförteckning

Ariès, Philippe *Geschichte der Kindheit,* Hanser, München/Wien 1960. (Sv. övers. *Barndomens historia,* Gidlunds, Stockholm 1980.)

Bowlby, John "On Knowing What You Are Not Supposed to Know, and Feeling What You Are Not Supposed to Feel" i *Journal of the Canadian Psychiatric Association* 1979.

Braunmühl, Ekkehard von *Zeit für Kinder,* Fischer, Frankfurt 1978.

— *Antipädagogik,* Beltz, Weinheim/Basel 1976.

Bruch, Hilde *Der goldene Käfig, Rätsel der Magersucht,* Fischer, Frankfurt 1980.

Burkart, Erika *Der Weg zu den Schafen,* Artemis, Zürich 1979.

F., Christiane *Wir Kinder vom Bahnhof Zoo,* utg. Kai Herrmann och Horst Rieck, Stern-Buch, Hamburg 1979.

Fest, Joachim *Hitler, Band I,* Ullstein, Berlin 1978 (Sv. övers. *Hitler,* Berghs, Stockholm 1974.)

— *Das Gesicht des dritten Reiches,* Piper, München 1963.

Frank, Barbara *Ich schaue in den Spiegel und sehe meine Mutter,* Hoffman & Campe, Hamburg 1979.

Handke, Peter *Wunschloses Unglück,* Residenz, Salzburg 1972.

Heiden, Konrad *Adolf Hitler,* Europa, Wien 1936.

Helfer, Ray E. & Kempe, Henry C. *The Battered Child,* University of Chicago Press, Chicago 1974.

Höss, Rudolf *Kommandant in Auschwitz,* utg. av Martin Broszat, dtv, München 1963. (Sv. övers. *Kommendant i Auschwitz,* Pan/N&S, Stockholm 1979.)

Jetzinger, Frank *Hitlers Jugend,* Europa, Wien 1957.

Kestenberg, Judith, "Kinder von Überlebenden der Naziverfolgung" i *Psyche 28,* s 249–265 1974.

Klee, Paul *Tagebücher,* DuMont, Köln 1957.

Krüll, Marianne *Freud und sein Vater.* Beck, München 1979.

Lange, Margot *Mein Vater.* Frauen erzählen vom ersten Mann ihres Lebens, Rowohlt (rororo 4357), Reinbek 1979.

de Mause, Lloyd *Hört ihr die Kinder weinen,* Suhrkamp, Frankfurt 1977.

– "Psychohistory. Über die Unabhängigkeit eines neuen Forschungsgebietes" i *Kindheit I,* s 51–71 1979.

Meckel, Christoph *Suchbild. Über meinen Vater,* Claassen, Düsseldorf 1979.

Miller, Alice *Det självutplånande barnet och sökandet efter en äkta identitet,* Wahlström & Widstrand, Stockholm 1980.

Moor, Paul *Das Selbstporträt des Jürgen Bartsch,* Fischerbücherei 1187, Frankfurt 1972.

Niederland, William G. *Folgen der Verfolgung,* Suhrkamp, Frankfurt 1980.

Olden, Rudolf *Adolf Hitler,* Querido, Amsterdam 1935.

Plath, Sylvia, *Brev hem,* Trevi, Stockholm 1977.

– *Glaskupan,* Trevi, Stockholm 1974.

Rauschning, Herrmann *Gespräche mit Hitler,* Europa, Wien 1973. (Sv. övers. *Samtal med Hitler,* N&K, Stockholm 1940.)

Rutschky, Katharina *Schwarze Pädagogik,* Ullstein, Berlin 1977.

Schatzman, Morton *Die Angst vor dem Vater,* Rowohlt (rororo 7114), Reinbek 1978.

Schwaiger, Brigitte *Lange Abwesenheit,* Zsolnay, Wien/Frankfurt 1980.

Stierlin, Helm *Adolf Hitler, Familienperspektiven,* Suhrkamp, Frankfurt 1979.

Struck, Karin *Klassenliebe,* Suhrkamp, Frankfurt 1973.

– *Die Mutter,* Suhrkamp, Frankfurt 1975. (Sv. övers. *Modern,* Pan/N&S, Stockholm 1975.)

Theleweit, Klaus *Männerphantasien,* Roter Stern, Frankfurt 1977.

Toland, John *Adolf Hitler,* Lübbe, Bergisch–Gladbach 1977.

Zenz, Gisela *Kindesmisshandlung und Kindesrechte,* Suhrkamp, Frankfurt 1979.

Zimmer, Katharina *Das einsame Kind,* Kösel, München 1979.